BURLA TAILANDESA

Para além do processo

PAULO SÉRGIO BAPTISTA DOS SANTOS

NIMBA
EDIÇÕES

TÍTULO: BURLA TAILANDESA

AUTOR: PAULO SÉRGIO BAPTISTA DOS SANTOS
Coordenação Editorial: Luís Barbosa Vicente
Prefácio: José Kaliengue
Revisão: Autor
Concepção gráfica: Nimbedições
N.º pág: 243
Formato: 16,99x24,41
Impressão: Amazon
ISBN: 9798720602697

1.ª Edição, março 2021

EDITORA: Nimbedições

nimba.edicoes@gmail.com | www.nimbartgallery.com

Colecção

Persamentos & Debates

NIMBA
EDIÇÕES

Dedicatória

~ 5 ~

Aos meus queridos pais: Francisco António e Imaculada da Conceição Paulo.

À minha amada esposa Violante Camba Miranda dos Santos pelo apoio incondicional, cumplicidade e os sacrifícios que teve de fazer para a concretização desse sonho.

Aos meus filhos (o trio que nos inspira e impulsiona) Paulo Gabriel Miranda dos Santos, Uziel Miranda dos Santos e o Ezequiel Miranda dos Santos.

Agradecimentos

~ 6 ~

À Deus pelo dom da vida, a misericórdia, amparo e protecção.

Entretanto, por vezes faltam-nos palavras para descrever a nossa gratidão as pessoas que contribuíram, directa ou indirectamente, para a concretização deste trabalho.

Aos meus irmãos António (Tó) Baptista dos Santos, Catarino (Catilson) Baptista dos Santos, Ana Soraya Baptista dos Santos, Wilma Baptista dos Santos, Violante Gonçalves dos Santos, Gonçalves dos Santos, Rodrigues dos Santos, Weza, Dadinho e Tchutchu dos Santos.

Aos meus tios e mentores: José Manuel Baptista "Vado Baptista", Carlos Baptista e Filipe António.

Ao António Setas, meu revisor, por ter acreditado logo no início que seria possível e o apoio prestado para a concretização desse sonho.

Ao jornalista José Kaliengue pelo incentivo e o prefácio.

Ao Luís Gomes Paulo "Paulo Gomes" e à sua equipa da Rádio Mais.

Ao Pedro Adriano Fortunato "Can Be" e ao Manuel Van-Dúnem Neto "Nelinho" (in memória) pelos sonhos que partilhamos e que ficaram por concretizar.

Índice

Prefácio

Os protagonistas (acusados)
Os operadores de direito

Glossário de abreviaturas

APIEX: Agência para a Promoção do Investimento e Exportações de Angola

AIPEX: Agência de Investimento Privado e Promoção das Exportações

AIA: Associação Industrial de Angola

ANIP: Agência Nacional de Investimento Privado

BNA: Banco Nacional de Angola

BNI: Banco Internacional de Negócio

CRIP: Certificado de Registo de Investimento Privado

DNIA: Direcção Nacional de Investigação e Acção Penal

EMGFAA: Estado Maior General das FAA

FAA: Forças Armadas Angolanas

FAN: Força Aérea Nacional

FAS: Fundo de Apoio Social

FALA: Forças Armadas de Libertação de Angola

INE: Instituto Nacional de Estatística

LCC: Laboratório Central de Criminalística

MPLA: Movimento Popular de Libertação de Angola

MP: Ministério Público.

PGR: Procuradoria-Geral da República

PIB: Produto Interno Bruto

SIC: Serviço de Investigação Criminal

SME: Serviço de Migração e Estrangeiro

TS: Tribunal Supremo

TABA: Associação de Negócios Taiwan-África

UNITA: União para a Independência Total de Angola

UTIP: Unidade Técnica para o Investimento Privado

UTAIP: Unidade Técnica de Apoio ao Investimento Privado

UIF: Unidade de Informação Financeira

USD: Dólares Norte-Americano

Prefácio

O autor deste livro é, justamente, a pessoa mais indicada para o ser em Angola, ninguém escreveu tanto quanto Paulo Sérgio sobre os meandros da "Burla Tailandesa". Fê-lo no trilho do seu trabalho como jornalista que nos deve outros livros, os das suas mãos cheias e ainda a sobrar de julgamentos que ele vai continuar a cobrir ao longo dos anos e que merecem, principalmente para estudiosos futuros, uma narração à qual serão apensos mais detalhes e mais alma humana do que na reportagem em forma de página de jornal, com as suas limitações de espaço e exigência do "essencial", ainda que se possa pensar que o curso de alguns julgamentos também se vai deixando influenciar aqui e acolá pelas publicações dos repórteres.

Há um número neste livro - cinquenta mil milhões (de dólares) -, pedra de toque, trave mestra de todo o processo, de todas as ambições e da magia que o dinheiro tem para atrair e, também, trair pessoas de todos os estractos sociais e de todos os tipos de formação, demonstração de que, afinal, é demasiado forte o magnetismo do metal tido como vil. A tal ponto que turva tudo em seu redor, inclusive a vontade de fazer justiça.

Contado em dinheiro, o número é demasiado grande, irresistível indutor de comportamentos inesperados, catalisador de súbitas paixões que, na sua essência, na forma como moldam as fraquezas humanas, assemelham o justiceiro à vítima e esta ao agente que o esgrime.

Mesmo não sendo objecto de estudo académico no seu propósito, nunca poderá dele fugir a academia, que preza, no entendimento futuro, a memória de um dos momentos mais "distintos" da política e do judicial angolanos, nas suas interligações, influências e até contaminação mútua, num súbito agitar de águas demasiado turvas e pesadas e quase petrificadas de anos de um "bem-estar" fictício contrário à sua própria natureza.

Cinquenta mil milhões e dólares são, afinal, a mestra chave para desguarnecer "treinados instintos" de auto-protecção de patentes militares e de altos funcionários do centro do poder, pondo em risco até interesses do Estado, esquivando-se da máxima obrigação da verificação primária da origem da proposta.

Mas, por quê?

E "o porquê", a sua necessidade. Em que assenta a actividade jornalística, é exactamente a questão mais presente ao longo desta "Burla à Tailandesa", narrando a mal sucedida aventura de um burlão, os seus sucessos junto das mais altas esferas militares e políticas angolanas, que, nota-se capítulo após capítulo, inquinam a actividade empresarial no nosso país. É aqui que reside a importância "académica" desta obra, mais do que uma longa reportagem jornalística, mais do que a narração dos meandros de um julgamento em torno de um cheque de cinquenta mil milhões de dólares, é o escancarar de pórticos para a compreensão mais ampla e absolutamente fundamental do percurso do país sob a batuta dos seus dirigentes e subsequentes consequências sociais e económicas. É um retrato daquilo que faz de Angola uma sociedade tão complexa que não consegue tirar partido de todo o seu potencial. A Angola dos nossos dias, que pode, afinal, ser encontrada e compreendida pelos olhos de um jornalista que reflecte sobre o que é capaz a espécie humana, posta à frente de grandes números de um numerário fictício, supostamente atinente às indestrutíveis e cheias de nada "Cavernas de Ali Babá".

José Kaliengue

Os protagonistas (acusados)

Ernesto Manuel Norberto Garcia, mais conhecido por **Norberto Garcia**, de 52 anos de idade. Nascido a 08 de Agosto de 1967 no Waku Kungo, província do Cuanza-Sul, Angola. Filho de Miguel Lúcio dos Anjos Garcia e de Ana dos Santos Luís. Reside na rua Rei Katiavala, em Luanda. Jurista de profissão emprestado à política e ao mundo empresarial. É militante activo do MPLA e, na data dos factos, era o porta-voz do seu Bureau Político. Conciliava essa actividade partidária com a de director da Unidade Técnica para o Investimento Privado (UTIP), órgão afecto ao Presidente da República. Foi justamente nessa qualidade que acabou envolvido neste processo;

Geraldo Sachipengo Nunda, conhecido nas lides militares por **general Nunda**, de 67 anos de idade. Nascido a 13 de Setembro de 1952 em Nharea, província do Bié, Angola. Filho de Feliciano Saianga Nunda e de Befilia Maninha Nunda. Reside no bairro Nelito Soares no distrito do Rangel, em Luanda. Foi um dos quadros seniores das Forças Armadas de Libertação de Angola (FALA), braço armado da UNITA, liderada por Jonas Malheiro Savimbi. Em Janeiro de 1993 encorpou-se nas Forças Armadas Angolanas (FAA), instituição militar criada dois anos antes, no quadro da fusão dos dois exércitos beligerantes: as FAPLA, pertencente ao MPLA, e a FALA. Ascendeu ao cargo de adjunto do Chefe de Estado Maior General das FAA (CEMGFAA) em 1998, tendo aí permanecido até 2010, data em que foi nomeado CEMGFAA e consequentemente promovido a general de quatro estrelas. A mais alta patente nas FAA. Foi exonerado do cargo a 23 de Abril de 2018 e passado à reforma por limite de idade, em Maio de 2019. Foi na vigência do seu segundo mandato que decorreram os factos aqui narrados;

José Arsénio Manuel, mais conhecido por **general Arsénio**, 64 anos dade. Nascido a 10 de Dezembro de 1955 na província da Huila. Filho de Arsénio Kakomonie e de Maria do Rosário. Reside no Condomínio Jardim de Rosas, em Luanda. É brigadeiro das FAA, estando entre os militares que deram o melhor de si em prol da defesa e integridade territorial da pátria. Há décadas que se dedica ao investimento privado no sector imobiliário. É co-fundador e presidente executivo da UNIPREV, promotora de diversos projectos imobiliários no país, sendo o mais conhecido o luxuoso condomínio onde reside. Fruto do sucesso alcançado neste ramo, os seus superiores hierárquicos viram nele a pessoa ideal para dirigir os destinos da Cooperativa N´jango Yetu, afecta às FAA. É na qualidade de Presidente do Conselho de Administração (PCA) dessa cooperativa que se envolveu neste caso;

Celeste Marcelino de Brito António, mais conhecida por **Celeste de Brito**, de 46 anos de idade. Nascida a 3 de Janeiro de 1973, no Cuanza-Sul, Angola. Filha de Martinho António de Brito e de Isabel Marcelino. Tem seis filhos, dos quais, dois menores de idade com necessidades especiais. Também reside no Condomínio Jardim de Rosas, em Luanda. É empresária com investimentos no sector do imobiliário, construção civil, consultoria e promoção de eventos. As suas empresas mais conhecidas são o Grupo Tamar, Lda, o Natrabank, SA e a Celeste de Brito, Lda. É também pastora da Igreja Pentecostal Ministério Aleluia de Angola;

Christian Albano de Lemos, de 51 anos de idade. Nascido a 25 de Novembro de 1968, em Malanje, Angola. Filho de Dionísio Pereira de Lemos e de Maria da Conceição José Gaspar. É licenciado em Letras, na especialidade de Inglês, Espanhol e Alemão por uma universidade cubana. Quadro do Comando Geral da Polícia Nacional destacado na Direcção de Intercâmbio como tradutor. Na data dos factos tinha o grau de subchefe, tendo-se envolvido no grupo como tradutor. Reside no bairro Miramar, em Luanda;

Raveeroj Rithchoteanan, de 52 anos de idade. Nascido a 19 de Julho de 1967, na Tailândia. Filho de Inn e de Swanga. Criador e Presidente do Conselho de Administração da Centennial Energy Thailand, Company, e de uma Fundação com o seu nome que se dedica a ajudar a população carenciada da Ásia. Diz que começou a trabalhar aos 16 anos de idade, tendo constituído uma enorme fortuna. Em 2015, a sua empresa assinou um contrato para investir USD 15 mil milhões no desenvolvimento do Porto de Kalagaun, em Myanmar, até 2025. Actualmente tem projectos de investimentos milionários em outros três países, nomeadamente, Tailândia, Cambodja e Vietname, a serem implementados ao longo do rio Mekong. As autoridades judiciais angolanas catalogaram-no como o cabecilha de um grupo de putativos malfeitores;

Monthita Pribwai, de 30 anos de idade, nascida a 26 de Outubro de 1989, na Tailândia. Filha de Rawat e de Laeiad. Casada com Raveeroj Rithchoteanan, com quem tem dois filhos menores de idade. É licenciada em hotelaria e turismo, sócia e vice-presidente Executiva da Centennial Energy Thailand, Company. Todavia, a sua actividade limita-se a acompanhar o marido nas viagens e reuniões de negócios;

Manin Wanitchanon, 37 anos de idade, nascido a 23 de Fevereiro de 1982, na Tailândia. Filho de Manoon Wanitchanon e de Panida Wanitchanon. É formado em comunicação social. Trabalhou como gerente de bar num hotel em Bangkok, onde conhecera Raveeroj Rithchoteanan, por ser um dos hóspedes frequentes. O alegado magnata tailandês simpatizou consigo e convidou-o a ingressar nos quadros de funcionário da sua empresa. Começou como gestor de base e rapidamente ascendeu a director-executivo. Está na empresa há três anos e foi nessa qualidade que integrou a delegação que veio a Angola;

Theera Buapeng, de 31 anos de idade. Nascido a 19 de Outubro de 1988, na Tailândia. Filho de Somchai Buapeng e de Phatum Peng-Kong. É casado e tem dois filhos, um casal. Estudou até ao 3º ano do secundo ciclo na Tailândia (equiparado ao ensino médio em Angola). É director-executivo da Centennial Energy Thailand, Company. Viria a tornar-se o único arguido que só fala tai, uma língua regional da Tailândia;

André Louis Roy, de 67 anos de idade. Nascido a 3 de Maio de 1952, no Canadá. Viúvo. Filho de Maurice Roy e de Pauline Faureau. Tem três filhos maiores de idade. É engenheiro de construção civil, com especialização em estrutura de edifícios, formado em 1977 na Escola Politécnica de Montreal, no Canadá. É especialista em administração de projectos complexos de infra-estruturas.

Participou no "Boom" de desenvolvimento de infra-estruturas registado no seu país nos últimos 15 anos. Após esse período, começou a procurar novos desafios no mesmo ramo em outros mercados, tendo executado projectos nos EUA. Essa busca levou-o a aceitar o convite do "caçador de investidores" Pierre René Tchio Noukelan, a ir ao Gana, em 2015. Foi então pela primeira vez de visita à África, tendo permanecido cerca de sete dias em Accra. Ambos tiveram um itinerário que previa reuniões diárias sucessivas, com os ministros das Finanças, dos Desportos, das Obras Públicas e da Educação, entre outras entidades.

A sua atenção ficou centrada nos projectos universitários, razão pela qual, nos últimos anos, antes de vir a Angola, visitou cidades de vários países como os EUA, Qatar, Emiratos Árabes Unidos, Egipto, Alemanha, México, China, Singapura e Camarões, para estudar a construção nestes locais e encontrar empresas de arquitectura e engenharia que estivessem interessadas em formar consórcios para projectos futuros;

Million Isaac Haile, de 30 anos de idade. Nascido a 8 de Janeiro de 1989, na Eritreia. Filho de Isaac Haile e de Alganesh Haile. É engenheiro informático, com especialização em gestão de base de dados. Reside em Angola há mais de cinco anos com a irmã e um cunhado. Trabalhava como gestor de estoque na empresa de um dos seus conterrâneos. À data dos factos, decorriam os preparativos derradeiros para dar início a um projecto empresarial familiar denominado AngoMelhor, Comércio, Importação e Exportação.

Os operadores de direito

- **Os juízes:**

Atendendo à função primordial que os juízes exercem na condução do julgamento, optamos por fazer uma pequena incursão somente sobre os percursos, académico e profissional, dos Venerandos Juízes Conselheiros do Tribunal Supremo que julgaram este processo:

Domingos Mesquita, juiz-presidente da Causa. É Licenciado em Direito pela Faculdade de Direito da Universidade Agostinho Neto e fez diversos cursos de Superação Judicial no Instituto Nacional de Estudos Judiciários (INEJ). Iniciou a sua carreira em 1982 no Tribunal Militar da Frente Centro – Huambo, onde exerceu as funções de oficial de diligências, secretário judicial, chefe de secretaria e defensor oficioso. Exerceu a função de juiz vogal do Tribunal da zona Militar do Cuanza–Sul, Huambo e Benguela. Posteriormente ascendeu a juiz-presidente do Tribunal Militar da 9ª Região – Malanje, da Guarnição Militar de Luanda e do Tribunal Provincial de Cabinda. No período compreendido de 2013 a 2016 exerceu em simultâneo os cargos de Inspector do Conselho Superior da Magistratura Judicial e de juiz-presidente do Tribunal Provincial de Luanda.

Daniel Modesto, primeiro juiz-assessor. É Mestre em Ciências Jurídico-Civis pela Faculdade de Direito da Universidade Clássica de Lisboa. Leccionou as disciplinas de Dircito Penal e de Direito Processual Penal nas Universidades Agostinho Neto, Mandume ya Ndemufayo e no Instituto Superior Independente. Actualmente é formador na Área de Jurisdição Penal no INEJ. Ingressou na magistratura judicial como juiz de direito em 1995, exerceu a função de inspector judicial, durante dez anos, e de juiz-presidente do Tribunal Provincial do Namibe, antes de ser nomeado venerando juiz conselheiro.

Aurélio Simba, segundo juiz-assessor. É pós-graduado em *Compliance* e Combate ao Branqueamento de Capitais e Financiamento ao Terrorismo, desde 1998. É professor assistente na cadeira de Direito do Estado, na Faculdade de Direito da Universidade Agostinho Neto e de Direito Constitucional na Universidade Católica de Angola, assim como, na Universidade Lusíada de Angola.

Ingressou na magistratura judicial em 1983 como oficial de diligências da 4ª Região Militar da Província do Huambo, foi secretário judicial, defensor oficioso e juiz vogal.

Foi chefe da repartição de propaganda jurídica e chefe de gabinete do Juiz Conselheiro Presidente do Supremo Tribunal Militar. Em 1999 foi nomeado Juiz Presidente do Tribunal Militar da Frente Centro-Huambo, sete anos depois foi nomeado juiz de direito do Tribunal Provincial do Cuando-Cubango, função que desempenhou por oito anos. Antes de ser nomeado Venerando Juiz Conselheiro do Tribunal Supremo trabalhou quatro anos como inspector judicial do Conselho Superior da Magistratura Judicial.

- **Representantes da instância do Ministério Público:**

Adão António Pedro, procurador-geral adjunto da República.

Maria Teresa Manuela, procuradora-geral adjunta da República.

Yemanjá Arminda Oliveira Fortunato, sub-procuradora-geral da República.

- **Representantes da instância de defesa:**

Alberto Sérgio Raimundo, advogado de Geraldo Sachipengo Nunda, André Louis Roy e de José Arsénio Manuel.

Evaristo António Maneco, advogado de Norberto Garcia.

Carlos Salumbongo, advogado de Celeste de Brito, Raveeroj Ritchchoteanan, Manthita Pribwai, Manin Wanitchanon e Theera Buapeng.

José Carlos Miguel, advogado de Christian de Lemos.

Nilton Cassoma, advogado de Million Haile.

Advogados auxiliares: António João e Manuel Marinho.

I
Caçadores de investidores

A crise económica e financeira que começou a afectar Angola em finais de 2014 atingia o nível mais alto em 2017. O montante existente na Conta Única do Tesouro, em Setembro de 2017, não dava para pagar mais do que cinco meses de salário da Função Pública[1] e as reservas internacionais líquidas do país eram de 15 mil milhões de USD.[2]

O indicador-mor, o preço do barril de petróleo no mercado internacional, dava sinais de que, se o país continuasse a depender única e exclusivamente deste recurso natural como principal fonte de receitas, os cofres do Estado continuariam vazios por longo período. Enquanto o preço do petróleo estava em queda livre, a taxa de desemprego crescia de forma galopante.

Os dados sobre a taxa de desemprego fornecidos à imprensa pelo Instituto Nacional de Estatística (INE), em 2017, divergiam totalmente dos que eram apresentados pela União Nacional dos Trabalhadores Angolanos-Confederação Sindical (UNTA-CS). No entanto, convergiam em dois pontos: nos últimos três anos, milhares de pessoas perderam os seus empregos e as famílias o poder de compra, por causa da desvalorização da moeda nacional, o kwanza.

O ambiente de negócio era pouco atractivo, as barreiras burocráticas impostas pela Lei do Investimento Privado[3] inibiam os potenciais pequenos e médios investidores externos. E, para piorar, a corrupção estava enraizada do topo à base do aparelho do Estado e não só, levando o país a ocupar os lugares cimeiros nos rankings dos países mais corruptos do mundo. Milhares de pequenas, médias e grandes empresas nacionais e estrangeiras, que poderiam ajudar a absorver a mão-de-obra, não resistiram e outras ficaram apenas pelo registo.

O Executivo estava sem meios de combater a pobreza e criar emprego, pois as suas várias investidas para capitalizar o sector privado, como Angola Investe e Crédito Jovem, resultaram em

---

[1] João Lourenço, 3º Presidente da República de Angola, em entrevista colectiva, a 21 de Dezembro de 2018.
[2] José Eduardo dos Santos, 2º Presidente da República de Angola, em conferência de imprensa, a 21 de Novembro de 2018.
[3] Lei nº 14/15 de 11 de Agosto.

autênticos fracassos, sob o olhar silencioso das autoridades governamentais, judiciais e legislativas. Não era tudo. Ocorria também uma fuga desenfreada de mão-de-obra estrangeira qualificada. Milhares de expatriados que tinham adoptado Angola como sua segunda pátria, por conta dos seus postos de trabalho, regressavam aos seus países por não conseguirem enviar dinheiros às suas famílias.

Apesar de tudo isso, 2017 era o ano do renascer da esperança. Ano de eleições. Seis angolanos de gema concorriam à Presidência da República, designadamente, Isaías Henrique Gola Samakuva (UNITA), Quintino António Moreira (APN), Benedito Daniel (PRS), João Manuel Gonçalves Lourenço (MPLA), Lucas Benghi Ngonda (FNLA) e Abel Epalanga Chivukuvuku (CASA-CE). No entanto, logo no início da pré-campanha eleitoral, apenas um deles, João Lourenço, se destacava dos demais. O homem representava o partido político que lidera o país desde a proclamação da independência, a 11 de Novembro de 1975, e propunha alterar a situação para melhor, combatendo males que enfermavam a sociedade. Criar um ambiente favorável para o investimento estrangeiro, combater a corrupção e diversificar a economia, constavam no rol das suas prioridades.

Prometia ainda, caso fosse eleito, que os investidores estrangeiros que aplicassem os seus recursos financeiros, tecnológicos, know-how[4] e equipamentos em Angola, teriam o seu investimento protegido por Lei e facilidades no repatriamento dos lucros. Atribuiria vantagens aos investidores em função da zona, a fim de combater as assimetrias regionais. As promessas não se ficavam por aí. Proliferaram garantias de incentivos fiscais para quem investisse em sectores prioritários, como a Educação, agricultura, unidades e serviços especializados de Saúde, reflorestamento, têxteis, hotelaria, construção, produção e distribuição de energia eléctrica e saneamento básico.

A sua mensagem chegava além-fronteiras e despertava o interesse de "caçadores de investidores". Entre eles, Pierre René Tchio Noukelan, que passaremos a tratar apenas por Pierre René, camaronês naturalizado canadense, que, nos anos anteriores havia priorizado

---

[4] Know-how é o conjunto de conhecimentos práticos (fórmulas secretas, informações, tecnologias, técnicas, procedimentos, etc.) adquiridos por uma empresa ou um profissional.

investir em países como a República dos Camarões e a República do Gana.

Em finais de Abril de 2017, quatro meses antes da eleição do Presidente da República, Vice-Presidente da República e deputados à Assembleia Nacional, marcada para 23 de Agosto, Pierre René pisou pela primeira vez o solo angolano. No Aeroporto Internacional 4 de Fevereiro, em Luanda, estava à sua espera uma equipa de protocolo da empresa Tamar, Lda, liderada por Celeste de Brito, a sua anfitriã que dias antes solicitara o visto de fronteira em seu favor. Tinha chegado o momento de se conhecerem fisicamente, após anos de contactos à distância, a contar de 2014, numa altura em que a Tamar, Lda - empresa de que Celeste de Brito era uma das sócias maioritárias e presidente do Conselho de Administração -, necessitava imperiosamente de desfazer um contrato celebrado com uma companhia norte-americana, responsável pela construção de casas para a cooperativa habitacional Pérola Verde, afecta às FAA. Tratava-se do segundo "golpe" que sofreu das mãos de militares. O terceiro iria medrar na tortuosa preparação deste negócio com uma empresa tailandesa.

O primeiro ocorrera quando, aos 22 anos de idade, a empresária viu-se forçada a abandonar a sua terra natal, Amboim-Gabela, no Cuanza-Sul, que se havia transformado num dos palcos do conflito armado, que durou mais de uma década, entre o MPLA e a UNITA. Entre as vítimas mortais desse conflito estavam o seu pai e o seu irmão mais velho. O vazio que resultou da privação dos cuidados do seu progenitor e do convívio com o irmão, foram suplantados pelo espírito de missão com que encarou a responsabilidade de cuidar de 23 pessoas que, em seu entender, estavam mais carentes do que ela.

O supracitado segundo "golpe", ocorreu quando as feridas na sua alma já estavam a cicatrizar, sem, no entanto, apagar da sua memória um passado que ficou para a história. A vida sorria-lhe. Os negócios prosperavam quando sofreu outro duro abalo. Desta vez, um ardil financeiro executado com maestria, cuja responsabilidade total a empresária atribui a oficiais superiores das FAA, os denominados "Heróis da Pátria", cujos cargos que por ora exercem em época de paz, lhes proporcionam regalias que suplantam de longe as de milhares de heróis anónimos que cerraram fileiras em diferentes frentes de combate. Sobreviveram na linha de fogo, cumprindo ordens dos seus comandantes, alguns dos quais, instalados nos mais altos postos de comando ao abrigo de fortes medidas de segurança. Hoje, pouco fazem para proporcionar melhores condições sociais àqueles que os auxiliaram a vergar o irmão-inimigo.

****

Das três vezes que ouvimos Celeste de Brito falar sobre a forma abrupta como foi impedida de melhorar a vida de 500 mil famílias desses heróis anónimos, vivos e mortos, defensores de ideais considerados nobres, facilmente era perceptível pelo seu tom de voz, que uma dor ainda hoje lhe corrói a alma por ter fracassado. Sacrificou-se para conseguir os financiamentos e acabou por ser sacrificada pela fragilidade da sua causa, marcada por uma detenção de 74 horas numa esquadra de Luanda, por um crime «de abuso de confiança» que nega ter cometido. O processo foi arquivado e, como pastora que é, da Igreja Ministério Aleluia de Angola, Celeste de Brito diz perdoado.

Nesse projecto, alguns dos autores deste "golpe" poderiam adquirir as maiores, mais belas e luxuosas residências que seriam erguidas no condomínio habitacional Pérola Verde, em função das suas respectivas altas posições na hierarquia castrense. Todavia, a ambição empolada pelo financiamento, proveniente do Vietname e de outros parceiros sociais, de mais de USD 3 mil milhões, terá falado mais alto do que a razão.

O dinheiro, que seria destinado à construção das 500 mil residências entre 2012 e 2017 em todas as províncias, para efectivos desmobilizados e viúvas de militares das FAA, despertou interesses, a seu ver, inconfessos. Essa situação gerou desconforto entre os parceiros estrangeiros da Tamar, Lda, entre eles um grupo norte-americano que aventava, naquele longínquo ano de 2014, a possibilidade de intentar uma acção judicial contra a sua empresa junto de um tribunal arbitral, no exterior do país.

Tudo isso porque a Tamar, Lda, criada a 23 de Dezembro de 2003 na cidade do Lubango, província da Huíla, como promotora e gestora do referido projecto imobiliário, não cumpriu o acordo de construção de 500 mil moradias sociais (T3), 70 mil de média renda (T4) e 30 mil de classe alta (T5). Imóveis esses que seriam comercializados ao preço de USD 60 mil o imóvel do tipo T3, com 100 metros quadrados, USD 150 mil o T4, com 175 metros quadrados, e as de maior dimensão, T5, estariam reservadas aos oficiais superiores das FAA, desde que aceitassem desembolsar USD 250 mil.

Face à intenção dos norte-americanos, a Tamar, Lda, que tem como sócios Celeste de Brito, Fábio Wladimir Porfírio Isaías e Fonseca Lopes Martins, os dois primeiros com percentagens iguais, viu-se forçada a recorrer aos serviços de um consultor financeiro internacional, de modo a evitar tal batalha judicial, que se previa ser prejudicial para a imagem da empresa e fastidioso para os seus parceiros estrangeiros que, acreditando na viabilidade do seu projecto, aplicaram os seus recursos financeiros e know-how.

O assunto chegou ao conhecimento da Chancelaria Militar junto da Embaixada de Angola nos Estados Unidos. Diante da aflição dos gestores da empresa angolana, cuja presidência do Conselho de Administração estava a cargo de Celeste de Brito, a Chancelaria tentou ajudá-la, fornecendo-lhe uma relação nominal dos consultores internacionais, especialistas em mediar situações do género, na qual constava o nome de Pierre René. A sua origem africana e a proximidade que mantinha com o continente berço da humanidade levou a que Celeste de Brito e a sua equipa acreditassem que Pierre René era o consultor ideal.

Depois de várias trocas de correspondência entre Celeste de Brito, a missão diplomática de Angola nos EUA e Pierre René, uma delegação da Tamar, Lda, deslocou-se a Washington, D.C, para tratar do assunto. A única ausente deste encontro foi ela, razão pela qual só em Abril de 2017 se conheceram pessoalmente. Os resultados foram animadores. O consultor internacional esteve à altura do desafio e a Tamar, Lda livrou-se de pagar uma pesada multa no final das negociações.

Graças a esse êxito, Pierre René e Celeste de Brito continuaram a manter contactos. Trocaram experiências, partilharam informações e sonhos relacionados com as modalidades de financiamento e de investimento que poderiam ser feitos em África.

Foi neste quadro que, segundo Celeste de Brito, Pierre René veio a Angola em Abril de 2017. A solicitação de visto de fronteira, com a duração de 15 dias, foi apresentada dias antes pela sua equipa junto da Unidade do Serviço de Migração e Estrangeiro do Aeroporto Internacional 4 de Fevereiro, em Luanda.

O canadense procurou tirar o máximo de proveito possível da sua estadia em Angola, estabelecendo contactos com empresários nacionais e governantes, alguns dos quais com controlo de áreas atractivas para o investimento privado estrangeiro e financiamento externo. Percorreu algumas províncias com esse intuito na mira. As perspectivas de negócios que havia antes de ele pisar o solo angolano aumentaram consideravelmente.

Entretanto, o povo, ávido por melhorias das condições sociais, acreditava que João Lourenço, então candidato do MPLA a Presidente da República, cumpriria as promessas eleitorais se fosse escolhido. Augurava ainda, que a transição política geracional, nessa altura liderada por José Eduardo dos Santos, viesse a ser ordeira e pacífica, de maneira a que, ao fim de 38 anos de vida dedicada a dirigir os destinos da pátria, maioritariamente nos momentos mais conturbados da guerra civil, o ex-presidente tivesse o descanso merecido. O que até então era a antítese do "déjà vu" político em África.

Satisfeito com o que via e ouvia, Pierre René desdobrou-se para cumprir a sua agenda de encontros de trabalho promovidos por Celeste de Brito junto de diversas individualidades. Motivados, celebraram um acordo de cooperação e de parceria de património intelectual em representação das empresas P&R Management Corporation e a Celeste de Brito, Prestação de Serviço, Lda, sediada no Jardim de Rosas, um dos condomínios mais luxuosos da capital de Angola.

Este contrato atribuía a Pierre René plenos poderes para captar investimentos, tecnologia e seguros para os projectos de Celeste de Brito, inscritos em quatro das sete plataformas internacionais de promoção de projectos de auto-sustentabilidade. Conferia-lhe também o poder de exercer as mesmas funções no Canadá e em outros países onde a sua empresa tinha jurisdição. Em contrapartida, a empresária angolana tinha a responsabilidade de fazer o mesmo em África em nome da P&T Management Corporation. A viagem a Angola acabou por ser o coroar de um périplo que, entre dois a três meses, levou Pierre René, também, à África do Sul e aos Camarões.

No dia da sua partida, as autoridades migratórias só autorizaram o seu embarque após o pagamento de uma multa que lhe foi aplicada pelos cinco ou seis dias que permaneceu no território nacional com o visto de fronteira caducado.

De regresso ao Canadá, Pierre René lançou-se à procura de potenciais investidores interessados em aplicar os seus recursos no promissor mercado africano. Em boa hora, pois conseguiu convencer três empresários canadenses a fazer uma viagem de prospecção a Angola.

Os três empresários canadenses, tal como aconteceu consigo, foram recebidos no Aeroporto Internacional 4 de Fevereiro por uma equipa da empresa de Celeste de Brito e, no final, celebraram um memorando de intenção para que continuassem a trabalhar juntos, caso os projectos em comum viessem a ser efectivados.

****

No final de Setembro de 2017, Pierre René solicitou uma reunião a um engenheiro de construção civil, com especialização em estrutura de edifícios, André Roy, durante a qual o convidou a seguir consigo a Angola. Todavia, antes, teria de o acompanhar à Tailândia, em Outubro, ao encontro do multimilionário tailandês Raveeroj Rithchoteanan, que estaria disposto a investir em diversas infra-estruturas em Angola. Disse-lhe ainda que esse empresário dispunha de um fundo financeiro que só podia investir em países carentes, daí a escolha de Angola em resposta a uma sugestão da sua parte.

Pierre René tinha sido apresentado a André Roy como um empresário com muitos contactos em vários países africanos dois anos antes, em meados de Setembro 2015, durante uma curta reunião de negócios que decorreu nos escritórios da empresa de André Roy, em Montreal, onde ambos residem.

Por outro lado, para além de Pierre René, a empresária angolana tinha uma rede de potenciais investidores disponíveis para investir em Angola, graças à sua participação em vários eventos internacionais ligados ao sector empresarial e gozava do estatuto de KYC,[5] que lhe permitia ter acesso a projectos enquadrados em quatro das sete plataformas mundiais de projectos de auto-sustentabilidade. Uma titularidade certificada pela Organização das Nações Unidas e pelo Banco Mundial, quanto baste para ela poder celebrar contratos de até USD 119 mil milhões, com possibilidade de crescimento. Razão pela qual, se considerava "diplomata civil".

O estatuto de KYC, atribuído por parte da maior organização do planeta, obriga ao cumprimento rigoroso de regras, entre outras, as do combate ao enriquecimento ilícito, à corrupção e ao branqueamento de

---

[5] Sigla em inglês que, em português, significa "Conhecer o seu cliente".

capitais e, nesse quadro, as suas actividades são fiscalizadas por um mentor. Também celebrou um memorando de entendimento com a Casa Civil do Presidente da República de Moçambique, entre outros países africanos.

Para adquirir esse estatuto, capacitando-a a subscrever contratos, fez uma formação em Identificação e Soluções para Projectos Sustentáveis no Instituto de Auto-Suficiência Económica, na Tailândia, equivalente a uma licenciatura num sistema semi-presencial, isso, depois de, no mesmo país, ter frequentado o curso básico de Diagnóstico de Auto-sustentabilidade Económica durante 18 meses na Agro-Natura, instituto do rei da Tailândia, Maha Vajiralongkorn Bodindradebayavarangkun. De notar que tais formações não são reconhecidas pelos Ministérios da Educação e do Ensino Superior, Ciência e Tecnologias de Informação de Angola.

No entanto, isso não constituía empecilho, pois, a Lei de Investimento Privado[6] não impõe a formação académica como condição *sine qua non*[7] para que cidadãos nacionais se dediquem à captação de investimentos privados estrangeiros para o país.

---

[6] Lei n.º 14/15, de 11 de Agosto.
[7] Frase em *latim* que em português significa: "sem a/o qual não pode ser".

II
À Caça de investidores na Ásia

No final da tarde de Quinta-feira, 5 de Outubro de 2017, Pierre René e André Roy embarcaram no voo da companhia aérea Air China que fazia a rota Montreal (Canadá) /Pequim (China). O relógio assinalava 16horas e 20 minutos do dia 6, quando o avião aterrou na capital da China. Decidiram passar a noite nessa cidade, tendo-se, para o efeito, alojado numa das unidades hoteleiras, para, na manhã seguinte, já com as energias recarregadas depois de uma noite tranquila, prosseguirem a viagem num avião da mesma companhia, rumo a Singapura, onde chegaram no período da noite. Como era pronúncio de final de semana e estavam a ser aguardados somente na Segunda-feira em Chiang Mai, na Tailândia, decidiram passar o final de semana nessa cidade-Estado.

Findo esse prazo, refizeram as malas e embarcaram num avião da mesma companhia com destino a Chiang Mai, a sexta maior cidade da Tailândia, porém, com escala de uma hora no principal centro financeiro, corporativo, mercantil, cultural e histórico desse país: a majestosa e imponente cidade de Bangkok.

Antes de embarcar, Pierre René tinha enviado uma mensagem de texto por telefone ao multimilionário Raveeroj Rithchoteanan, seu velho amigo, para lhe recordar o horário de chegada a Chiang Mai, de modo a que estivesse alguém à espera deles no aeroporto. Este, por sua vez, retorquiu que o encontro já não scria naquela cidade por se encontrar em Bangkok. Estaria pessoalmente no aeroporto Internacional de Bangkok-Suvarnabhumi para recebê-los.

Sem fazer qualquer observação, André Roy tentou cancelar as reservas do hotel em que ficariam em Chiang Mai, mas não teve êxito. De seguida, ele e o seu companheiro de viagem deslocaram-se ao balcão da Air China, no Chiang Aeroporto, a fim de cancelar a passagem para Chiang Mai. A balconista que os atendeu teve a amabilidade de lhes revelar um escolho: que ser-lhes-ia vetada a entrada em Bangkok, por não se fazerem acompanhar de passagem de regresso ao Canadá. Para eles, seria impossível comprar os dois bilhetes de regresso por desconhecerem ao certo, naquele momento, o dia em que retornariam para junto das suas famílias.

Pierre René voltou a contactar Raveeroj Rithchoteanan pela mesma via, para o pôr ao corrente do dilema em que se encontravam.

Em menos de 10 minutos, o bilionário tailandês respondeu-lhe que isso não era motivo de preocupação. A mensagem de Raveeroj Rithchoteanan fazia-se acompanhar de fotografias de dois funcionários da migração da Tailândia que haveriam de recebê-los, tão logo a aeronave estacionasse na pista do aeroporto Internacional de Bangkok-Suvarnabhumi.

Assim aconteceu. Quando as portas do avião se abriram, às 18horas e 40 minutos, os dois agentes de migração estavam ali, à espera. Saudaram-nos, receberam as suas bagagens de mão e colocaram-nas num carro eléctrico. De seguida, um dos agentes conduziu-os até ao escritório de emigração, passando à frente dos demais passageiros que haviam feito percurso com eles. A forma como estavam a ser tratados, parecia serem dois traficantes de droga, que haviam sido denunciados pelas autoridades migratórias do Changi Aeroporto.

No balcão do serviço de migração, um dos agentes apresentou os passaportes dos visitantes ao seu colega, que os carimbou sem colocar qualquer questão. Ambos foram à busca das suas malas no carro e dirigiram-se à área de chegadas. Entre as pessoas que lá se encontravam à espera de passageiros, estava Raveeroj Rithchoteanan, trajado de branco, chefiando uma delegação da Centennial Energy Thailand, Company. Pierre René e Raveeroj Rithchoteanan saudaram-se calorosamente, pois, há muito que não se viam.

Segunda-feira, 9 de Outubro de 2017, tornar-se-ia memorável para Pierre René e André Roy, pelas honras com que foram recebidos. No parque de estacionamento do aeroporto Internacional de Bangkok-Suvarnabhumi, estavam viaturas novas, topo de gama, de marca Mercedes, Classe G, com os respectivos motoristas prontos para os levar ao hotel. Dentro do carro em que os dois visitantes subiram havia garrafas de suco e água, enroladas em lenços com fitas bordadas à mão. André Roy viria mais tarde, passado mais de um ano, a descrever as condições proporcionadas por Raveeroj Rithchoteanan como sendo semelhantes às oferecidas ao actor Eddie Murphy, personagem principal do filme "Um príncipe em Nova Iorque".

Como bom anfitrião, Raveeroj Rithchoteanan, co-fundador, sócio maioritário e presidente do Conselho de Administração da Centennial Energy Thailand, Company, convidou-os a acompanhá-lo até ao Shangri-La Hotel Bangkok, de 5 estrelas, localizado em Silom, vizinho da Estação de Skytrain. Nas margens do majestoso rio Chao

Phraya que atravessa a décima cidade mais populosa da Ásia e a vigésima quarta mais populosa do mundo.

O trânsito bastante intenso tornou a viagem longa, mas os passageiros da Mercedes pouco conversavam. André Roy perdeu-se em pensamentos. Afinal, era a primeira vez que se deslocava a Bangkok para entrar em contacto com o multimilionário tailandês. Ainda nem sequer haviam sido devidamente apresentados. Os seus olhos e os de Pierre René, pelos vidros fumados das janelas, vislumbravam uma paisagem desfigurada, mas imponente, de obras arquitectónicas impressionantes. Por sinal, bem concebidas, desenhadas e erguidas por colegas de profissão de André Roy.

Assim que chegaram ao hotel, por volta das 21horas, foram orientados a deixar a bagagem no carro. Uma delicadeza do hotel, obra monumental, que prende a atenção de qualquer visitante, diga-se de passagem, pelo luxo, requinte e a qualidade do atendimento que justificam as 5 estrelas.

Foram à recepção fazer os devidos registos e receberam as chaves dos respectivos quartos, localizados no 22º andar, com uma vista privilegiada para a cidade. Raveeroj Rithchoteanan informou-os que teriam, ainda no mesmo dia, uma pequena reunião de trabalho no 23º andar. À semelhança do que acontece nos encontros de negócio ou de trabalho com altas individualidades, naquele momento todo o andar estava reservado apenas para eles. Pierre René e André Roy tiveram algum tempo para conhecer os seus quartos e aprestarem-se para estar devidamente preparados para a reunião.

Ao chegarem ao 23º andar, encontraram alguns dos membros do Conselho de Administração da Centennial Energy Thailand, Company à sua espera. O engenheiro André Roy tinha consigo, a fim de demonstrar que estava à altura dos desafios que se perspectivavam, uma brochura contendo o historial da sua empresa e de outras, com as quais trabalha. Pierre René apresentou-o aos presentes e, a pedido de Raveeroj Rithchoteanan, André Roy apresentou o seu histórico profissional, socorrendo-se da referida brochura que continha imagens e informações sobre obras realizadas pela sua empresa, Group André Roy Incorporation, no Canadá e nos Estados Unidos da América (EUA).

Raveeroj Rithchoteanan e alguns membros da sua equipa fizeram perguntas que foram respondidas à altura. Assim que terminou o questionário, as atenções voltaram-se para Pierre René.

Embora ele e o magnata tailandês se tivessem conhecido em meados de 2016, por intermédio de um bancário, tendo, desde essa data, mantido contactos por via de e-mail, SMS e Whatsapp, era um desconhecido para os outros sócios e executivos da Centennial Energy Thailand, Company.

Pierre René fez uma incursão sobre a sua empresa de consultoria, a P&T Management Corporation, e apresentou-se como mandatado pelo governo angolano com a missão de captar investimentos privados no exterior. Para Raveeroj Rithchoteanan não constituiu motivo de espanto, uma vez que Pierre René era conhecido no mundo empresarial como sendo um profissional com muitos contactos em África. Os anfitriões não teceram qualquer comentário sobre as actividades desenvolvidas pela Centennial Energy Thailand, Company.

Antes de dar por terminada a reunião, às 23horas e 30 minutos, Raveeroj Rithchoteanan informou os presentes que teriam outra reunião no mesmo local às 10 horas da manhã do dia seguinte.

****

Às 10 horas de Terça-feira, 10 de Outubro de 2017, as partes voltaram a sentar-se à mesma mesa. Desta vez, o Conselho de Administração da Centennial Energy Thailand, Company estava completo e acompanhado por alguns dos accionistas. Raveeroj Rithchoteanan ocupava o lugar de destaque na mesa, como presidente do encontro e da empresa anfitriã, ladeado pela sua mulher Monthita Pribway, sócia e vice-presidente executiva. Nessa mesma condição estavam o japonês Myazaki Yasuo e o tailandês Kanphitchaya Kanyaprasit.

Os outros assentos da mesa estavam ocupados por Manin Wanitchanon, Theera Buapeng, Thipsiri Chumnongnit e pelo britânico Geoffrey Graham Robertsaw, de 71 anos (o mais velho do grupo), directores executivos da Centennial Energy Thailand, Company. Os canadianos André Roy e Pierre René sentaram-se nos lugares a eles reservados.

Raveeroj Rithchoteanan deu início à reunião, dirigindo-se aos presentes em língua inglesa, consciente de que alguns dos seus colaboradores directos que não dominam essa língua, não o estavam a perceber. Apresentou a sua empresa como sendo uma multimilionária com investimentos em vários países Asiáticos, dos quais o Myanmar (Birmânia), Tailândia e República Democrática Popular do Laos. Fez uma incursão sobre aquilo que já fizeram, o que estavam a fazer, o que pretendiam fazer e qual era a sua missão em prol da humanidade. Monthita Pribway viria mais tarde a declarar, em Luanda, que todos os projectos da referida empresa encontram-se em estudo de viabilidade. Já os benefícios das acções desenvolvidas pela Fundação Raveeroj Rithchoteanan eram mais visíveis. São projectos sociais e de desenvolvimento em países pobres da Ásia, cujos financiamentos são do seu marido, pai dos seus dois filhos com idades compreendidas entre 3 e 6 anos.

Pierre René, André Roy e os demais presentes na sala ouviam atentamente as explicações, como se estivessem numa palestra e o orador tivesse hipnotizado a plateia. Fazendo fé nas informações que recebera de Pierre René, Raveeroj Rithchoteanan reafirmou que vão ponderar a possibilidade de fazer um grande investimento em África, mais concretamente, em Angola. Diante do espanto dos seus visitantes, provenientes do Canadá, recorreu a um dispositivo electrónico para provar-lhes que tinha capacidade financeira para o fazer. Acedeu a três contas bancárias domiciliadas em igual número de bancos sediados em Nova Iorque, nos EUA, nas quais tinham sido depositadas astronómicas somas monetárias.

Ao manejar uma das contas, Raveeroj Rithchoteanan exibiu-lhes um documento contendo várias páginas autenticadas e carimbadas, no qual constava a existência de USD 1,7 triliões numa conta. O somatório dos valores existentes nas referidas contas bancarias totalizavam USD 3,3 triliões.

André Roy, tão impressionado ficou com o que lhe era exibido, que não fez qualquer pergunta, quer em relação ao investimento que seria feito, como sobre o que deveria fazer para que a sua empresa ficasse encarregada do levantamento, concepção dos projectos arquitectónicos e a execução ou fiscalização das obras.

No final da reunião, Raveeroj Rithchoteanan convidou André Roy e Pierre René a participar num coquetel que seria servido em outro hotel. Nesse local, conversaram sobre o mundo empresarial e não só, durante várias horas, ao som de música de fundo tailandesa. Tinham à disposição uma mesa farta com vinhos do melhor que existe na Tailândia. Tudo à custa do anfitrião.

Por volta das 22horas e 30 minutos, André Roy e Pierre René regressaram ao hotel Hotel Resort Shangri, onde estavam hospedados. Ao longo do trajecto, após completar 47 horas em Bangkok, André Roy informou ao seu companheiro de viagem que regressaria no dia seguinte a Montreal, num vôo que partiria às 18horas e 30 minutos, ao que ele não se opôs. A pressa para regressar devia-se ao facto de ter nos próximos dias de honrar compromissos profissionais no Canadá.

Pierre René, por sua vez, decidiu que permaneceria na Tailândia até ao dia 22 de Outubro, com o intuito de conhecer melhor o império do bilionário com quem trocava ideias há mais de um ano somente por e-mail, SMS e Whatsapp. Pretendia ainda aclarar alguns aspectos sobre como seria feito o investimento. Seja dito também que, já em Luanda, entre os dias 27 de Novembro a 22 de Dezembro de 2017, André Roy veio a aperceber-se de que, dias depois de ter saído de Bangkok, outro canadense, cujo nome e ocupação não soube precisar, se teria juntado a Pierre René naquele país.

Dois dias depois, 12 de Outubro, Pierre René e o tailandês Raveeroj Rithchoteanan chegaram a um acordo sobre como se procederia aos investimentos em Angola e os benefícios para as partes.

III
Da Tailândia para Taiwan e de Taiwan para Angola

A 12 de Outubro de 2017, em Taipé, capital de Taiwan, a plateia, constituída quase que na sua totalidade por asiáticos, aplaudia o discurso que acabava de ouvir, proferido por Celeste de Brito. Era um dos mais importantes, agendados para o primeiro dia do Fórum de Negócios Taiwan-África, que decorreria até ao dia 15 do mesmo mês e ano.

Antes de aí chegar, ela percorrera de avião os milhares de quilómetros que separam Luanda, capital da Angola, de Taipé, a capital da pequena nação insular, Taiwan. Sobrevoou durante mais de 20 horas, a bordo de um "gigante de ferro" os espaços aéreos da República Democrática do Congo, Uganda, Quénia, Etiópia, Somália, o Mar Arábico (no Oceano Indico), Myanmar (Birmânia) e a República Popular da China, antes de aterrar no Aeroporto Internacional de Taipé, em Taiwan, ilha que é, ao mesmo tempo, chinesa e enxerto, à revelia, da China.

Os referidos aplausos representavam um gesto de satisfação pela clareza da sua abordagem, feita em inglês, e também de conforto pelo esforço praticado, fundamentalmente para apresentar as possibilidades de negócios em Angola.

A Cultura chinesa não lhe era estranha. Já estava minimamente familiarizada e sabia bem como se virar nesta cidade que se tornara num dos principais centros do mundo de <u>língua chincsa</u>, por ser o centro político, económico, educacional e cultural de Taiwan.

A solidão também não lhe trazia desconforto porque se fazia acompanhar por um dos seus colaboradores directos, com quem podia partilhar ideias, sem os formalismos exigidos nas reuniões de negócios. O seu maior desafio era lidar com a saudade dos seis filhos, dos quais dois autistas com idades inferiores a 10 anos. Como mãe zelosa, só se ausentava por poucos dias, quando tivesse a certeza de que estaria assegurada a atenção especial que ambos requerem. Contava, para o efeito, com o apoio dos seus filhos de maior idade, capitaneados pela sua primogénita, de 30 anos de idade.

A iniciativa da viagem foi por sua conta e risco, todavia, o privilégio de discursar na cerimónia de abertura nesse magno evento, que reuniu homens de negócios e influentes de Taiwan, não lhe foi concedido apenas por estar à procura de potenciais investidores para o seu país. Muito menos por ser sócia e presidente dos Conselhos de Administração das empresas Natrabank, SA, Celeste de Brito, Lda e da Tamar, Lda, ou por ser formada em Identificação de Soluções para Projectos Sustentáveis pelo Instituto de Auto-Suficiência Económica da Tailândia. Esse privilégio fora-lhe concedido por outra razão.

Passado mais de um ano depois do seu regresso ao país, ela viria a revelar que se deslocara a essa ilha, que dista a 180 km a leste da República Popular da China, na condição de representante comercial de Taiwan em Angola. Sem, no entanto, esclarecer se esse título lhe foi atribuído pelo Conselho de Desenvolvimento do Comércio Externo de Taiwan (TAITRA),[8] pelo Escritório de Comércio Exterior do Ministério de Assuntos Económicos de Taiwan ou pela Associação de Negócios Taiwan-África (TABA).[9]

Entre os participantes ao Fórum, estavam algumas pessoas que conhecera numa reunião em Luanda, ainda no decurso de 2017, aquando da realização de uma visita promovida pela TABA, direccionada a várias empresas sediadas em Taiwan e na República da China, interessadas em exportar os seus produtos para Angola. Tal encontro possibilitou-lhe ter uma noção dos projectos empresariais que poderiam ser implementados em Angola e noutros países africanos, através de parcerias bem conseguidas com empresários taiwaneses.

De facto, o convite para participar neste Fórum, tinha-lhe sido feito meses antes, em Julho de 2017, durante a primeira visita, desde a proclamação da nossa independência, de uma delegação empresarial taiwanesa a Angola. A entrada da delegação no território angolano, que integrava 31 representantes de 24 empresas, marcava o início de uma nova era nas relações comerciais entre os dois países. Tinham passado cinco anos de reiteradas tentativas fracassadas desencadeadas pela Associação de Comércio Exterior, alegadamente por indisponibilidade das autoridades angolanas.

****

A referida delegação Taiwanesa, encabeçada por Jef Sun,[10] presidente da TABA, apesar de ter permanecido em território

---

[8] Em inglês Taiwan External Trade Development Council.
[9] Em inglês Taiwan-África Business Association.
[10] SUN; Jef. Entrevista concedida ao jornal Valor Económico. Edição de 07

angolano somente entre os dias 3 e 4 de Julho de 2017, procurou tirar o maior proveito possível dessa iniciativa. Em dois dias, esses empresários apresentaram os seus produtos a potenciais parceiros e clientes angolanos, em um evento que decorreu numa das unidades hoteleiras de Luanda, promovido pela novel empresa Celeste de Brito, Lda. Já lá chegamos.

Um dos participantes ao evento, foi o presidente da Associação da Indústria Angolana (AIA), José Severino. Ao intervir na cerimónia de abertura, esse perito em Economia manifestou-se feliz pela visita, por considerar que a indústria de alta tecnologia asiática pode contribuir para a evolução deste sector em Angola. Entre os distintos convidados nacionais, estava também o general Arsénio, presidente do Conselho de Administração da cooperativa habitacional N'jango Yetu. O oficial general das FAA ficou particularmente impressionado com os equipamentos de recursos hídricos expostos e oriundos desse país asiático. Nessa época, as trocas comerciais entre Taiwan e o continente africano estavam limitadas a 18 dos 57 países que o constituem, o que se transformara num entrave à expansão da TABA. Organização criada oficialmente a 12 de Julho de 1995.

Para ultrapassar esta situação, a estratégia dos seus promotores consistia em conquistar primeiramente alguns dos países mais influentes do continente, em termos geo-estratégicos e geopolíticos, tendo, para o efeito, criado representações na África do Sul e na Nigéria. Para eles, Angola seria um dos mercados a conquistar a partir de 2017, em três fases destintas. A primeira fase estava justamente a começar com a visita ao nosso país do grupo de exportadores afectos à Associação. Grupo esse, repita-se, que veio a Angola fundamentalmente com a missão de dar a conhecer os produtos que tinham à venda.

Caso tais negócios viessem a se concretizar com êxito, atendendo à dinâmica da organização, passariam para a segunda fase. Entraria em cena o grupo de importadores, ou seja, empresas interessadas em comprar produtos de Angola. O desempenho dessa segunda vaga de empresários seria determinante, uma vez que o terceiro grupo de investidores só viria a Angola se os seus conterrâneos, pioneiros deste projecto, tivessem êxito nas suas acções, devido aos riscos que se corre neste tipo de aplicação, na medida em que as leis do investimento privado de qualquer país estabelecem, por de Julho de 2017.

regra, que os investimentos se realizem por conta e risco dos seus promotores.

Jef Sun esclareceu que a continuidade desta cooperação com Angola seria no sentido de conhecer as três possibilidades. «Se encontrarmos um ambiente favorável para fazer uso da relação comercial que já existe entre Taiwan e Angola, de onde somos grandes importadores de petróleo (a balança comercial é totalmente favorável a Angola), vamos reforçar este intercâmbio comercial para que possa haver mais produtos taiwaneses em Angola e vice-versa. Em relação ao investimento, se surgirem oportunidades, os empresários de Taiwan têm todo o interesse em fazer de Angola uma base de produção de produtos para o consumo doméstico, como de exportação para os países da região».[11]

Neste processo, Celeste de Brito tornara-se uma peça fundamental. Os taiwaneses consideravam o programa de industrialização de Angola, previsto no Programa de Governo de 2017-2022, que iria a sufrágio eleitoral a 23 de Agosto de 2017, como uma grande oportunidade para exportarem as suas máquinas, equipamentos e know-how. Aparentavam descartar a possibilidade de os discursos de João Lourenço, enquanto candidato favorito às eleições presidenciais, serem mera retórica política.

A insistência com que este general na reforma apregoava que durante os próximos cinco anos o seu governo daria maior relevância à agricultura, no âmbito da diversificação da economia, era outro factor motivacional para os empresários asiáticos. Para eles, Angola poderia fazer parte da carteira alargada de mercados estrangeiros para onde exportam sementes agrícolas produzidas localmente. O respeito e a admiração com que as pessoas falavam do cabeça de lista do MPLA alimentavam a certeza de que o nosso país, rico em recursos naturais, entraria a breve trecho na rota do desenvolvimento. Sentiam que se encaixavam com perfeição no leque de empresários estrangeiros que o futuro Presidente da República de Angola pretendia atrair.

A TABA, sublinhe-se, congrega na sua maioria, detentores de pequenas e médias empresas, segundo Jef Sun, que representam cerca de USD 4 mil milhões no volume global de negócios do seu país.[12]

---

[11] Idem

[12] SUN; Jef. Entrevista concedida ao jornal Valor Económico. Edição de 07 de Julho de 2017.

Ciente de que os taiwaneses viam a África como um mercado bastante apetecível, Celeste de Brito direccionou o seu discurso do dia 12 de Outubro de 2017, no Fórum de Negócios Taiwan-África, nesse sentido. Apresentou-lhes uma Angola muito além daquela que era propagada nos discursos políticos. A Angola de negócios, real. Um país de oportunidades que, com o novo governo eleito a 23 de Agosto de 2017, passaria a estar mais aberto ao investimento estrangeiro directo. A sua crença baseava-se nos sinais emitidos por João Lourenço durante a pré-campanha e a campanha eleitoral. Sinais esses reafirmados no dia 26 de Setembro de 2017, aquando do seu empossamento como 3º Presidente da República de Angola.

Não era para menos. Contam-se aos milhares as testemunhas, entre as quais Chefes de Estados e de Governos que presenciaram no Memorial António Agostinho Neto, em Luanda, o candidato João Lourenço, nosso futuro presidente reafirmar que cumpriria o que prometera.

A mensagem de Celeste de Brito visava, acima de tudo, não só despertar o interesse daqueles que não conheciam o continente africano, mas também aclarar os empresários que integrariam a delegação que tinha em agenda, por via da TABA, uma futura viagem a Angola nos meses subsequentes. Os empresários asiáticos voltariam para estabelecer possíveis parcerias com os empresários locais. Porém, a viagem não chegou a acontecer. Pelo menos, até meados de 2019.

*****

A cerimónia aqui referenciada, de abertura do Fórum de Negócios Taiwan-África, bem como a intervenção de Celeste de Brito, nas vestes de representante comercial de Taiwan em Angola, mereceram destaque nos principais serviços informativos de diversos órgãos de comunicação social local e além-fronteiras.

A sua aparição nos *ecrãs* em horário nobre entusiasmou Pierre René, com o qual tinha sido estabelecido meses antes um acordo de parceria para atracção de investidores estrangeiros em Angola. Este empresário canadiano, como já revelámos, encontrava-se nessa altura no principal centro financeiro e comercial da Tailândia, na cidade de Bangkok, em visita de negócio a um empresário que se apresentava como detentor de mais de USD 3,3 triliões, em três diferentes instituições bancárias norte-americanas.

Pierre René, atento ao que se passava em Taipé, telefonou de imediato a Celeste de Brito, manifestando que tinha seguido de Bangkok a sua intervenção no Fórum de Negócios Taiwan-África, através de um dos canais noticiosos asiático. Entretanto, não era só para felicitá-la que tinha telefonado, tinha, sim, uma boa nova a transmitir-lhe: Raveeroj Rithchoteanan estava decidido a avançar com o investimento de USD 50 mil milhões em Angola, caso o governo local manifestasse interesse em recebê-lo. Pierre René garantiu-lhe que o potencial investidor reunia os requisitos invariavelmente exigidos por ela aos seus potenciais parceiros.

Feliz com o que acabara de ouvir do seu interlocutor no outro lado da linha, Celeste de Brito retorquiu que tudo faria, antes mesmo de regressar ao seu país, para que tal plano se concretizasse. Para o efeito, supunha vir a contar com um forte aliado, o recém-empossado Vice-Presidente da República de Angola, Bornito de Sousa, seu conhecido. No seu entender, ele não hesitaria a ajudá-la e alistaria, entre os projectos que beneficiariam, o consórcio Natrafas, organismo resultante de uma parceria celebrada entre o seu banco, Natrabank e o Fundo de Apoio Social (FAS), órgão afecto ao Ministério da Administração do Território.

Na época da assinatura do memorando de que resultou a criação do Natrafas, esta última granjeou o beneplácito de Bornito de Sousa, nessa altura titular da pasta desse Ministério. Com a sua ascensão ao cargo de Vice-Presidente da República de Angola, cuja posse lhe foi conferida às 12horas e 27 minutos, do dia 26 de Setembro de 2017, em substituição de Manuel Domingos Vicente, Celeste de Brito acreditava que não enfrentaria grandes dificuldades para ter o apoio institucional do Estado. Só que havia um elemento que pesava em seu desfavor.

Contrariamente a Manuel Domingos Vicente, cuja estreia na política aconteceu ao ser nomeado, a 30 de Janeiro de 2012, Ministro de Estado e da Coordenação Económica, depois de um longo período como presidente do Conselho de Administração da petrolífera angolana Sonangol, Bornito de Sousa era, em relação ao seu antecessor, pelo essencial, um homem político com passagem por diversas estruturas do partido, Porém, com um fraco domínio em matéria de investimento privado externo.

Para dar início ao processo, Celeste de Brito pediu a Pierre René que enviasse para o correio electrónico celybrito37@gmail.com, informações sobre Raveeroj Rithchoteanan e a sua empresa. Exigiu ainda que no e-mail houvesse algum documento que comprovasse que a Centennial Energy Thailand Company dispunha de recursos financeiros suficientes para concretizar os grandes investimentos que apregoava, além das cartas de intenção e de apresentação.

O seu posicionamento devia-se ao facto de as regras internacionais, que regulam o sistema de captação de investimento, estabelecerem que as pessoas na sua condição não devem manter contacto com o investidor antes de estabelecer o contrato, como viria mais tarde revelar a própria, em tribunal.

Celeste de Brito encarou a proposta de Raveeroj Rithchoteanan como sendo a oportunidade que aguardava para angariar parte do dinheiro de que precisava para materializar os seus sete projectos que se encontravam inscritos em quatro das sete plataformas internacionais para um fundo humanitário, à procura de potenciais parceiros. Nessa altura, segundo ela, procurava menos de 25 % (USD 12 mil milhões, 500 mil) dos USD 50 mil milhões, porque já tinha garantias de investimentos de outros parceiros.

O seu pedido foi atendido com rapidez e eficiência. No dia seguinte, 13 de Outubro de 2017, a caixa do correio electrónico celybrito37@gmail.com assinalava a entrada de uma nova mensagem proveniente do e-mail de Pierre René. Em anexo trazia uma carta de intenção da empresa Centennial Energy Thailand, Company, assinada por Raveeroj Rithchoteanan, na qual confirmava ter à sua disposição 50 mil milhões de USD para investir em Angola. Para fazer prova da sua capacidade financeira constava também, entre os anexos, a fotocópia do cheque de USD 50 mil milhões e 200 milhões, emitido em nome da Centennial Energy Thailand, Company, pelo Banco Nacional SG das Filipinas em Nova Iorque em Outubro de 2017, e certificado pela JPMorgan Chase & Co.

Cinco pessoas tinham acesso à palavra passe deste e-mail que servia de instrumento de trabalho das empresas de Celeste de Brito. No entanto, foi justamente ela quem abriu o correio electrónico. Estava bastante ansiosa para confirmar com os seus próprios olhos, a carta de intenção de investir da Centennial Energy Thailand, Company e ver os outros documentos que comprovariam, preliminarmente, que essa empresa tinha capacidade de concretizar tais investimentos. Não pelo montante, pois até àquela altura, Celeste de Brito já havia recebido em Luanda perto de uma centena de potenciais investidores, alguns com maior poder financeiro, que almejavam investir no nosso país. Contudo, pelos benefícios que traria a Angola, acusou recepção da missiva e, sem delongas, marcou o primeiro passo que achou conveniente para a concretização desse investimento, pois, tanto ela como Pierre René teriam benefícios financeiros com a sua concretização. Tal passo visava obter de uma alta instituição do Estado, uma carta convite endereçada à Centennial Energy Thailand, Company.

IV
Ao Exmo. Senhor Vice-Presidente da República: Bornito de Sousa

A decisão estava tomada. Clicou em reencaminhar no seu computador e, na janela que se lhe abriu, direccionou o olhar para o espaço reservado ao correio electrónico do destinatário da sua missiva. Marcou o cursor e escreveu a inicial do nome. Apareceu-lhe, automaticamente no ecrã todos os contactos da sua agenda que têm a letra B. Não tinha dúvida a quem pretendia reencaminhar o e-mail e escolheu-o sem pestanejar. No espaço reservado ao conteúdo da mensagem, saudou o destinatário com a devida vénia e informou-o que estava em contacto com um multimilionário tailandês interessado em investir 50 mil milhões de USD no país. Acreditava estar a dar uma boa nova a Bornito de Sousa, tendo em conta os estragos causados pela crise económica que se tinha instalado em 2014 e estava sem fim à vista.

Assim, acabava de marcar, no dia 13 de Outubro de 2017, o primeiro passo para a materialização de uma intenção de investimento que julgava vir a melhorar substancialmente a vida de milhares de compatriotas seus, espalhados pelo território nacional. Uma iniciativa com enorme impacto interno começava assim a ser formatada em três pontos do globo, a milhares de quilómetros de Luanda.

Quando isto aconteceu, Celeste de Brito estava em Taipé, no segundo dia do Fórum de Negócios Taiwan-África, que terminaria a 15 de Outubro de 2017. Só lhe restava aguardar pela resposta do Vice-Presidente da República.

O correio electrónico celybrito37@gmail.com, de Celeste de Brito, assinalou, sem tardar, a existência de uma nova mensagem. Tratava-se da resposta de Bornito de Sousa. De forma sucinta e sem apresentar qualquer inquietação, o governante informava-a, a qualquer instante seria contactada por José Maria Varela Borges, director do seu gabinete. Essa resposta criou em si enormes expectativas. Passado muito pouco tempo, no mesmo dia, enquanto participava no magno evento que decorria em Taiwan, recebeu o tão aguardado telefonema via rede social Whatsapp.

Segundo Celeste de Brito, José Varela Borges informou-a que enviaria um e-mail contendo as orientações do Vice-Presidente da República. No decorrer da conversa, a empresária angolana pediu-lhe que fosse emitida uma carta/convite endereçada à Centennial Energy Thailand, Company para assegurar, de antemão, a aplicação dos USD 50 mil milhões no país.

Diante desse pedido, José Varela Borges percebeu que a sua interlocutora tinha fraco domínio sobre a forma como se processa este tipo de operações à luz das leis angolanas. Para si, não estava claro se era financiamento ou investimento. De seguida, emitiu o seu parecer a Bornito de Sousa e, com a sua anuência, orientou Alcino dos Prazeres Izata Francisco da Conceição, assessor Económico e Social do Vice-Presidente da República, a agendar um encontro assim que ela regressasse ao país, de modo a, sobretudo, esclarecer como deveria proceder.

A propósito deste contacto com Bornito de Sousa, Celeste de Brito viria a esclarecer, em julgamento, que tomou essa iniciativa porque, aquando do estabelecimento da parceria entre o Natrabank e o FAS, o governante, nas vestes de ministro da Administração do Território, lhe recomendara que entrasse em contacto consigo, caso conseguisse algum financiamento para os projectos do consórcio Natrafas. Dizia ela ter sido, na ocasião, recomendada por Bornito de Sousa que, fosse qual fosse o acordo que assinasse, não deveria acarretar qualquer ónus para o Estado angolano. Informações essas que foram desacreditadas, no mesmo "palco", por José Varela Borges.

Em todo o caso, naquela altura o tempo passava e Celeste de Brito não recebia o e-mail contendo orientações de Bornito de Sousa que lhe havia sido prometido. Estava a ver a oportunidade escapar-lhe entre os dedos. Temendo isso, voltou a contactar José Varela Borges via telefónica, sem sucesso. Enviou-lhe mensagens de texto, via SMS e rede social Whatsapp, numa das quais anunciava que o investidor tailandês aguardava por uma carta/convite do governo angolano para dar sequência aos preparativos do processo. A sua insistência justificava-se. Afinal, no mundo, não é todos os dias que alguém se vê envolvido num negócio de 50 mil milhões.

Diante da aparente inércia de José Varela Borges em atender ao seu pedido, sem nenhuma justificação em concreto, Celeste de Brito voltou a contactar reiteradas vezes Bornito de Sousa, com o mesmo propósito. O elemento determinante que pesava em seu desfavor era, porém, o facto de o titular deste cargo, criado com a entrada em vigor da Constituição da República de Angola de 2010, não poder responder pela esfera económica, por esta ser da estrita competência do Titular do Poder Executivo. Desconhecia que ao Vice-Presidente da República compete apenas gerir as áreas social, do poder local e da administração do território, caso lhe seja incumbido pelo Presidente da República. Por esse motivo, José Varela Borges suspendeu unilateralmente o contacto com a empresária, sem a informar previamente.

V
À procura de apoio das autoridades

Tudo ficou parado até à primeira semana de Novembro de 2017. Celeste de Brito estava preocupada porque as acções até então desenvolvidas, a partir de Taiwan, não produziram o efeito esperado. O investidor tailandês e os seus parceiros canadianos aguardavam da sua colaboradora angolana uma carta de chamada/convite do Governo da República de Angola, manifestando o interesse do país em receber os USD 50 mil milhões. O único documento oficial do Estado Angolano que ela tinha em sua posse era uma carta, datada de 26 de Outubro de 2017, emitida pelo Fundo de Apoio Social (FAS), órgão sob tutela do Ministério da Administração do Território e Reforma do Estado, antigo Ministério do Território, no qual manifestava o seu agrado pela iniciativa.

Santinho Filipe Figueira, director do FAS, viria mais tarde a esclarecer que não foi ele o autor da suposta referida carta de chamada/convite e que se limitou a assiná-la. O documento de Celeste de Brito, escrito em inglês, havia-lhe sido enviado via e-mail, num momento em que ele se encontrava a trabalhar fora de Luanda. Atendendo ao pedido de urgência, imprimiu a carta, assinou, *scaneou-a* e enviou-a pela mesma via à sua parceira no consórcio Natrafas. Esclareceu, «Só assinei por ela me ter assegurado que era um dos requisitos que tinha de reunir para que os financiadores viessem ao país. Nunca me passou pela cabeça que era uma carta de chamada».

Essa justificativa pode-lhe ter parecido a ideal na ocasião, mas meteu em causa a forma como pratica os actos administrativos na instituição que dirige. Entre os vários vícios que apresentam, realça-se aqui o facto de ter repassado o conteúdo da carta para o papel oficial, de uso exclusivo do FAS, bem como de a ter carimbado estando fora do seu escritório. Já Celeste de Brito viria a considerar a carta como mero *draft* (projecto) do que era necessário para comprovar que os USD 50 mil milhões seriam aplicados somente em projectos sociais do governo angolano. Não se tratava de cartas de chamada/convites.

✳✳✳✳

Contudo, voltando à primeira semana de Novembro de 2017, para o multimilionário Raveeroj Rithchoteanan, que pretendia investir uma quantia superior ao Produto Interno Bruto (PIB) de muitos países, a carta do FAS não era suficiente para atestar a disponibilidade do Estado angolano para acolhê-lo. Até porque a injecção numa economia de quantias desta dimensão deve ser previamente estudada para não criar estragos ao sistema financeiro, algo que está fora das competências de organizações de fundos como o FAS.

A missão de Celeste de Brito de conseguir o pedido oficial do Estado angolano ainda estava longe de ser concluída.

De regresso a Luanda, ela entrou em campo, acompanhada por dois dos seus colaboradores directos, augurando melhores resultados. Foi ao encontro de Alcino dos Prazeres, assessor Económico e Social do Vice-Presidente da República, no seu gabinete da Cidade Alta. Essa reunião de trabalho, que foi agendada por telefone com a devida antecedência, veio a ser a primeira de três ocorridas no mesmo local.

Alcino dos Prazeres já dominava parcialmente o assunto, com base nas informações que lhe haviam sido passadas por José Varela Borges, director do gabinete de Bornito de Sousa. Para o efeito, convocou o seu colega Victor Hugo Guilherme, assessor para a área de Planeamento do mesmo, Santinho Figueira, director do FAS, e Belisário Santos, director Nacional da Administração do Território, afecto ao Ministério da Administração do Território e Reforma do Estado.

Celeste de Brito fez uma abordagem geral sobre a modalidade com que se procederia à aplicação financeira do dinheiro tailandês em Angola, sem mencionar qualquer projecto específico. Descreveu, também, qual seria o papel do FAS, por via do Natrafas, e os benefícios para as comunidades rurais com as quais costumava trabalhar.

Tudo parecia perfeito, mas havia, pelo menos, um senão: o consórcio Natrafas não tinha pernas para andar naquele momento. O Natrabank estava impedido de realizar qualquer actividade por ordem do Banco Nacional de Angola (BNA). Era justamente essa a empresa de Celeste de Brito com a qual o FAS havia celebrado, meses antes, um memorando de entendimento, que daria origem à assinatura de um contrato com vista à materialização dos vários projectos, entre os quais, o de tornar as aldeias rurais auto-sustentáveis, construir escolas rurais e de financiar o projecto dos Agentes de Desenvolvimento Comunitários (ADECOS).

Esse banco, o Natrabank, foi encerrado dias depois da inauguração da sua sede a 24 de Abril de 2017, em Luanda, pelo ministro da Geologia e Minas, Francisco Queiroz, numa cerimónia bastante concorrida e mediatizada. O banco central angolano invocara a medida por diversos factores, entre os quais, o uso indevido da palavra "banco". Em comunicado de imprensa, o BNA esclareceu que o Natrabank não poderia ser considerado como um banco comercial por não reunir os requisitos exigidos pela Lei de Base das Instituições Financeiras de Angola. Um destes requisitos era ter um capital mínimo de USD 25 milhões.

Essa instituição, noves fora ter sido fundada com base em cerca de USD 12 mil de capital social declarado, tinha Celeste de Brito como Presidente do Conselho de Administração e foi apresentada publicamente como estando vocacionada para desenvolver negócios de promoção e gestão de fundos para a indústria extractiva, exploração mineira, agricultura, exploração florestal, recursos marinhos entre outros. O capital avançado como estando disponível para financiar as actividades em alguns desses sectores era quatro vezes superior ao exigido pelo BNA para a constituição de um banco, isto é, USD 100 milhões. Todavia, o capital inicial oficialmente declarado no acto da sua constituição, a 20 de Setembro de 2016, era de AKZ dois milhões, cerca de USD 12 mil ao câmbio do dia, na época. Uma quantia que nem chegava para suportar a renda de um ano das suas instalações no Condomínio Jardim de Rosas, 1ª Fase, Casa nº 87, um dos mais luxuosos de Luanda.

Apesar disso, Celeste de Brito, a bancária dos recursos minerais, teve o privilégio de celebrar um acordo de compra do imóvel no sistema de renda resolúvel por influência do general Arsénio, um dos sócios do grupo Uniprev, promotor do condomínio Jardim de Rosas.

O mesmo general das FAA esteve presente no encontro com a delegação empresarial taiwanesa que visitara o país entre os dias 3 e 4 de Julho de 2017. Ela viria mais tarde a revelar que o general, nas vestes de cidadão civil, era um dos sócios do referido banco.

Com excepção de Celeste de Brito e o general Arsénio, que eram conhecidos com essa qualidade, os demais sócios do Natrabank "esconderam-se" ao optar pelo regime de Sociedade Anónima, no momento da sua constituição. Daí os seus nomes não aparecerem no Diário da República nº 185, III Série, de 4 de Outubro de 2016.

Após a apresentação de Celeste de Brito, seguiu-se um momento de esclarecimentos sobre algumas "zonas cinzentas" que pairavam sobre a forma como tudo se processaria. Sofisticadamente ultrapassadas graças a Alcino dos Prazeres, este recomendou-a que fosse contactar a Unidade Técnica para o Investimento Privado (UTIP), órgão conexo à Presidência da República, entidade do Estado com competência para tratar de investimentos estrangeiros ou de nacionais acima dos USD 10 milhões.

Depois de ter dado por encerrada a reunião, o mesmo Alcino dos Prazeres reportou ao Vice-Presidente da República, Bornito de Sousa, que, à partida, o processo tinha um conceito mal elaborado pelo que se tornaria inviável do ponto de vista técnico. De algum modo, uma primeira facada nas costas de Celeste de Brito.

Justificou que «a proposta era incoerente em função do valor e da modalidade. Nenhum país no mundo é capaz de obter tal soma sem que se produza um impacto no seu sistema financeiro. A absorção desse fluxo financeiro na economia angolana seria danosa para o equilíbrio macroeconómico. A não ser que se fizesse uma análise da entrada gradual do mesmo nos anos subsequentes». A sua convicção assentava também no facto de, até 2014, o PIB de Angola ser de USD 102 mil milhões, pelo que não tinha dúvidas de que, se recebessem tal montante, só deveria ser de forma faseada, como viria a esclarecer em tribunal.

Desconhecendo esse parecer, emitido ao Vice-Presidente da República, Celeste de Brito sentia que ainda tinha de ter muito fôlego, pois a maratona só estava no princípio. Todavia, havia como contornar a retirada do Natrafas e, concomitantemente a do Natrabank, sem pôr em causa a validade da carta que recebera do FAS, datada de 26 de Outubro de 2017. Substituiu o Natrabank pela empresa Celeste de Brito, Lda. Nem tudo estava perdido.

VI
Rendida à eficiência dos técnicos da UTIP

Na Terça-feira, 7 de Novembro de 2017, Celeste de Brito deslocou-se ao escritório da UTIP, instalado no imóvel nº 15 da Cidade Alta, a fim de se inteirar sobre como deveria proceder para contar com o apoio dessa instituição no negócio de USD 50 mil milhões com os tailandeses da Centennial Energy Thailand, Company. À semelhança do que aconteceu na reunião promovida por Alcino dos Prazeres, o já referido assessor para a área Económica e Social do Vice-Presidente da República, ela fazia-se acompanhar por dois dos seus colaboradores directos.

Era a primeira vez que ia à UTIP. Até então, todos os dossiês dos potenciais investidores que trouxera a Angola ainda não haviam passado por essa instituição, que existia há mais de dois anos. Após passarem pelos seguranças e obedecerem a algumas das regras de segurança, uma vez que se trata de um dos perímetros mais seguro do país, foram encaminhados a uma secretária.

Celeste de Brito manifestou que pretendiam agendar uma audiência com o director do referido gabinete, ao que lhe foi informado que não era necessário recorrer a esse formalismo que impera na maioria dos gabinetes de titulares de cargos públicos no país. Para reunir-se com Norberto Garcia bastava os interessados chegarem ao gabinete e seriam atendidos por ordem de chegada, nos dias normais de expediente. A assim foi.

Após as protocolares saudações cordiais, Celeste de Brito manifestou ao anfitrião a sua surpresa pela forma como estava a ser atendida. Contou que das várias instituições públicas que já tinha contactado nunca fora tão bem recebida como estava a acontecer na UTIP. A começar pela forma como foi abordada pela secretária de Norberto Garcia. Este tranquilizou-a e disse, «um dos princípios fundamentais dessa instituição é levar todos os investidores ao colo».

Sentindo-se aparentemente mais confortável depois do que acabava de ouvir, Celeste de Brito confidenciou que estava aborrecida porque sempre que trazia investidores a Angola, eles regressam aos seus países desapontados por não serem bem atendidos em determinadas instituições. Ao que Norberto Garcia retorquiu, «estamos a viver um novo quadro. A ideia é mudar o ambiente de negócio no país».

De lamentações não era tudo. Ela deplorou o facto de o índice de corrupção em Angola ser demasiado alto, segundo os rankings internacionais. O director da UTIP garantiu-lhe, então, que a instituição que presidia tinha o combate à corrupção como uma das suas principais missões, razão pela qual, se algum dos seus colaboradores procedesse de forma contrária, muito grato seria se ela lhe desse a conhecer o caso. A conversa fluiu durante seis a 10 minutos, com abordagens de temas menos importantes.

Indo, a seguir, directamente ao assunto que a levou àquele majestoso gabinete presidencial, a empresária falou da sua experiência no que dizia respeito a relações com fundos humanitários internacionais, que visam acabar com a fome e a pobreza no mundo. Neste âmbito, deu a conhecer que tinha um parceiro tailandês que se propunha a investir no país, à semelhança do que já havia feito em outras partes do mundo. Para o efeito, necessitava do apoio e facilitação da UTIP na tramitação de todo o processo, uma vez que se tratava de USD 50 mil milhões.

Norberto Garcia esclareceu-a que, por enquanto, só poderiam apoiá-la na formulação de cartas de chamadas/convite, no âmbito das suas competências de atrair investidores, bem como facilitar-lhes a vida no que concerne o investimento privado.[13] Neste caso, a facilitação consistia em desburocratizar, simplificar e prestar celeridade a todos os actos e actividades inerentes à implementação do investimento privado. Celeste de Brito deu-se por satisfeita. Argumentou, todavia, que, atendendo às dificuldades sociais que o país enfrenta, o multimilionário tailandês pretendia juntar-se aos empresários nacionais, estabelecendo parcerias para investir em todas as áreas produtivas, como agricultura, indústria, energia, entre outras, susceptíveis de gerar um grande impacto social e económico. Tal iniciativa foi acolhida com bastante agrado, pois, na época, a UTIP tinha em sua posse mais de 200 projectos empresariais de nacionais e estrangeiros residentes no país, aguardando por pessoas com poder financeiro interessadas em estabelecer parcerias.

Da pasta de documentos que transportava, a empresária retirou a fotocópia do cheque de USD 50 mil milhões e 200 milhões, datado de Outubro de 2017, emitido pelo Banco Nacional das SG Filipinas em Nova Iorque e certificado pela JP Morgan Chase & Co e exibiu-o ao

---

[13] De acordo com o estabelecido no Decreto-185/15, de 2 de Outubro.

seu interlocutor. Não era o único documento que trazia consigo. Existiam outros, seja em formato físico, seja em suporte digital, numa *Pen drive,*[14] relacionados com os investidores tailandeses e com os projectos sociais e humanitários que pretendiam implementar.

Norberto Garcia questionou-a se era possível existir um cheque com tal quantia financeira, ao que Celeste de Brito respondeu positivamente, tendo fundamentado a sua resposta citando como exemplo a origem dos fundos com que foram construídas as cidades do Dubai (Emiratos Árabes Unidos) e algumas da Singapura.

Sem manter contacto físico com os documentos, Norberto Garcia, fazendo fé nas explicações que acabava de ouvir, constituiu sem delongas uma equipa técnica para dar tratamento ao pedido que lhe havia sido feito. Este viria a ser o primeiro de quatro encontros de trabalho que o director da UTIP manteria com Celeste de Brito. Outros dois viriam a ocorrer no escritório da UTIP, localizado no edifício nº8, da rua Kwame Nkrumah, em Luanda, e o quarto foi na sala protocolar do Aeroporto Internacional 4 de Fevereiro, no momento em que ele se encontrava de partida para uma viagem. «Na lógica da actividade da UTIP e da Lei de Investimento Privado deve-se priorizar os encontros de trabalho e não as cartas de trabalho, por não serem obrigatórias», justificou, como sendo o motivo que o levou a constituir uma equipa técnica para dar início à tramitação do processo, antes de ter sido endereçado uma carta à sua instituição a anunciar a vinda da delegação tailandesa. Um procedimento administrativo que era frequente na UTIP, quando a tramitação da proposta de investimento o exigia.

Cláudia da Encarnação Costa Gonçalves Pedro, directora-adjunta da UTIP, estava presente e não se opôs à iniciativa. Assim, criou-se, na hora, uma equipa técnica constituída por Eusébio Américo Sapalo (consultor do departamento jurídico), Hélio Stélvio de Jesus Alves (analista de mercado nacional e internacional e tradutor interno), Jorge Wilson Pinto (consultor interno) e Sílvia Irma da Cunha Fernandes. Para chefiar a equipa técnica, foi indicada Sílvia da Cunha Fernandes, a jurista que, com 25 anos de idade, chefiava o departamento jurídico da UTIP. A ela foi conferida a prorrogativa de consultar outros técnicos da instituição se necessário fosse.

---

[14] Um dispositivo pequeno de armazenamento de informações e imagens, que pode ser conectado ao computador, notebook, televisores e outros aparelhos com entrada USB.

Norberto Garcia viria mais tarde a justificar, em tribunal, o seguinte: «Os projectos que estavam a ser abordados levaram a convencer-me da sua viabilidade, por terem um impacto social e económico na vida dos angolanos a partir da sua implementação».

****

Eusébio Sapalo, Hélio Stélvio e Sílvia Fernandes, acompanhados por Celeste de Brito, rumaram para o edifício n° 8, da avenida Kwame Nkrumah, fora do perímetro presidencial, mas não muito distante. A distância é de menos de 10 minutos de carro. Acomodaram-se na sala de reuniões reservada à UTIP, no edifício que partilhavam com a APIEX.

Partindo do princípio de que uma imagem vale mais do que mil palavras, ligaram a *pen drive* num computador e, por intermédio de um projector, assistiram aos *slides* de alguns dos projectos que a empresária angolana pretendia implementar. A beleza da maquete do projecto Aldeias Inteligentes (auto-sustentáveis) prendia a atenção dos presentes. Lógico. Não é todos os dias que vêem projectos tão bem estruturados de residências para camponeses, com quintal vasto à frente e um terreno enorme na parte traseira, destinado à prática da agricultura, com um celeiro *ad hoc*. De esquebra, no quintal frontal há espaços para jardim e estacionamento de viaturas. As ruas urbanizadas com jardins centrais e nas laterais. Escolas para o ensino primário, primeiro e segundo ciclo do ensino secundário, jardim-de-infância, quadra desportiva e parque de diversão infantil. Não é tudo. Está salvaguardado o hospital de referência, esquadra de Polícia, unidade do Serviço de Protecção Civil e Bombeiros, supermercado, entre outros serviços básicos.

Entretanto, Sílvia Fernandes repartia a sua atenção entre a tela e o dossiê em físico que lhe havia sido entregue por Celeste de Brito para consulta. Entre toda a papelada, um documento chamou-a a uma especial atenção, mas não fez qualquer pergunta sobre o mesmo, alegadamente por presumir que lhe seriam entregues a posteriori. Entretanto, Jorge Wilson Pinto, técnico da UTIP, entrou nesse momento na sala, ocupou um dos assentos e também fixou o olhar sobre a tela, após saudar os presentes.

Assim que finalizou a exibição, as partes abordaram os aspectos macroeconómicos do projecto, o impacto social e os valores que estariam em causa. Desenharam o quadro técnico e operacional em que se desenvolveria todo o processo que culminaria com a aprovação do investimento por parte do Titular do Poder Executivo e a atribuição do CRIP ao investidor. Depois disso, um dos membros da referida equipa elaborou o ofício/convite nº 350/GAB.DIR-U.T.I.P/CC.PR/2017, endereçado à Centennial Energy Thailand, Company com o conhecimento da empresa Celeste de Brito, Lda, cujo assunto era «Carta de Chamada».

Nesse documento, datado de 7 de Novembro de 2017, assinado por Norberto Garcia, a UTIP informava aos tailandeses que «congratulava-se com a iniciativa e desejava boas vindas antecipadas a Angola a partir do dia 14 de Novembro de 2017, com vista à realização de encontros de trabalho sobre propostas concretas de investimento com os respectivos promotores. Nesta conformidade, gostaríamos de informar que, a partir do dia 10 de Novembro [Sexta-feira] ser-vos-á enviado o visto de entrada».

O conteúdo desta carta foi reproduzido em ofícios direccionados individualmente a cada um dos integrantes da delegação tailandesa, entre os quais os ofícios nº 340/GAB.DIR-U.T.I.P/CC.PR/2017, 341/GAB.DIR-U.T.I.P/CC.PR/2017, 342/GAB.DIR-U.T.I.P/CC.PR/2017, 343/GAB.DIR-U.T.I.P/CC.PR/2017, 344/GAB.DIR-U.T.I.P/CC.PR/2017, 346/GAB.DIR-U.T.I.P/CC.PR/2017 e 348/GAB.DIR-U.T.I.P/CC.PR/2017.

Foram feitos tais ofícios em duas versões: em inglês e português.

Eusébio Sapalo fez, na mesma ocasião, um ofício para pedido de vistos junto do SME, contendo a relação nominal dos membros da delegação que integraria um britânico, um japonês, dois canadianos e sete tailandeses. Eusébio Sapalo funcionava como uma espécie de embaixador da UTIP junto do SME, daí a incumbência de ele as elaborar.

Todos os documentos foram assinados no mesmo instante por Norberto Garcia. Enquanto Sílvia Fernandes aguardava pelo relatório sobre a Centennial Energy Thailand, Company, da parte do analista de mercado nacional e internacional, Hélio Stélvio, que nessa altura fazia uma pesquisa na internet para melhor se inteirar sobre o seu historial e confirmar o seu ramo de acção.

Depois de duas horas de intenso trabalho, das 16 às 18 horas, Sílvia Fernandes e Celeste de Brito despediram-se. Os três funcionários da empresa Celeste de Brito, Lda saíram do edifício nº 8 da avenida Kwame Nkrumah, satisfeitos pelo atendimento. Ao passo que os técnicos da UTIP ficaram com o sentimento de missão cumprida, conscientes de que estariam a prestar mais um serviço relevante à pátria.

Não imaginavam sequer o que estava para vir. Não tinham como imaginar. A intenção de investimento parecia exequível. A pessoa que a apresentou dava mostras de dominar o *"métier"*.

Satisfeita, Celeste de Brito scaneou as cartas de chamadas/convite da UTIP, juntou-as à carta de chamada/convite do FAS, datada de 26 de Outubro de 2017, e às da UTIP e enviou o tudo no mesmo dia por e-mail a Pierre René.

Estava confirmado o interesse do Estado Angolano em receber tal investimento, assim como reunidas as condições legais para a entrada triunfal da delegação tailandesa em Angola, como se fosse uma espécie de salvadora de um país à beira da "banca-rota", devido à crise que começara em 2014 e não dava sinais de fim à vista três anos depois.

VII
Os defeituosos pedidos de vistos da UTIP

Estavam em atraso de três dias em relação ao prazo que haviam anunciado nas cartas de chamada/convite, enviadas à Centennial Energy Thailand, Company e a cada um dos integrantes da delegação, segundo o qual seria no dia 10 de Novembro que lhes enviariam o visto de entrada. A delegação seria constituída por igual número de putativos investidores de nacionalidades tailandesa, canadiana, britânica e japonesa. Todos pretendiam entrar em Angola no decurso desse mês, a fim de fecharem negócios no valor de USD 50 mil milhões.

Os referidos processos, com carimbos da Unidade Aérea do Serviço de Migração e Estrangeiro (SME) do Aeroporto Internacional 4 de Fevereiro, em Luanda, faziam parte de um lote que usualmente era fornecido à UTIP, no âmbito da articulação institucional. Deste modo, as empresas privadas que recorriam aos seus serviços escusavam de ir adquiri-los no referido posto, tendo, neste aspecto, a vida facilitada.

Esses formulários viriam a ser preenchidos com os nomes dos cidadãos tailandeses Raveeroj Rithchoteanan, Monthita Pribway, Manin Wanitchanon, Watcharinya Techapingwaranukul, Theera Buapeng, Kanphitchaya Kanyaprasit, Thipsiri Chumnongnit, os canadianos André Roy, e Pierre Rene Tchio Nzoukekang, o japonês Myazaki Yasuo e do britânico Geoffrey Graham Robertsaw.

Nos aludidos processos, os vistos apresentam-se detalhados em três tipos a que o utente deste formulário pode aceder, designadamente, o visto de trânsito, visto de fronteira ou o visto de transbordo. O visto de trânsito é concedido pelas missões diplomáticas e consulares angolanas no estrangeiro que, para atingir o país de destino, tenha de fazer escala em território nacional. Esse visto deve ser utilizado no prazo de 60 dias (subsequentes à data da sua concessão), permite a permanência de até cinco dias e é válido para uma ou duas entradas. Não é prorrogável.

A lei prevê que o visto de trânsito pode ser excepcionalmente concedido no posto de fronteira ao cidadão estrangeiro que, em viagem contínua, a interrompa, necessitando de fazer uma escala obrigatória. E, por outro lado, obriga ao cidadão estrangeiro que viaja de barco, navegando pelo Oceano Atlântico por imperativos próprios da vida de viajante, sinta a necessidade de circular no espaço territorial de Angola. Para o efeito, trata-se de um visto de transbordo.

Por imposição da Lei de Migração, o turista deve tratá-lo nos postos de fronteira marítima, nem que seja apenas para se efectuar a transferência de tripulante de um navio para outro, em alto mar. Este tipo de visto deve ser solicitado até 62 horas antes da transferência e é válido para uma permanência de 180 dias no navio, prorrogável por igual período de tempo. No entanto, a equipa liderada por Raveeroj Rithchoteanan, optou pelo visto territorial, na categoria de visto de fronteira. Um visto que, por imperativo legal, não faz parte do privilegiado grupo de vistos consulares que devem ser concedidos pelas missões diplomáticas e consulares.

A sua atribuição é da competência do Director do Serviço de Migração e Estrangeiros, com a prorrogativa de poder delegar ao director provincial que, por sua vez, pode subdelegar ao chefe de posto de fronteira. Os utentes desses três tipos de visto estão, por força da lei, impedidos de fixar residência no território nacional e de exercer qualquer actividade remuneratória.

A lei limita a entrada do beneficiário no território nacional a uma só vez e o tempo de permanência de 15 dias não prorrogável. Segundo tais pedidos de visto, a delegação tailandesa entraria no dia 14 de Novembro de 2017 e sairia 15 dias depois, ou seja, no dia 29 de Novembro do mesmo ano.

****

No processo de Raveeroj Rithchoteanan, número 1625 4323, no espaço reservado à data de nascimento, o técnico assinalou erradamente como sendo o dia 11 de Julho de 2017. O seu passaporte, nº AA8081351, foi emitido a 5 de Abril de 2017 e caduca no dia 4 de Abril de 2022.

No formulário preenchido à mão consta que permaneceria no território angolano como consultor e que iria contactar a UTIP. Também apontaram a consultoria como sendo o motivo da viajem a Angola de Pierre René, titular do passaporte nº HG 375409, emitido a 30 de Setembro de 2015, com previsão de expirar a 30 de Setembro de 2025. O seu processo ficou registado com o número 1625 4322.

A pessoa que preencheu o processo de Monthita Pribway indicou como organização ou pessoa a contactar o terminal telefónico 924628584. Ela é titular de passaporte nº AA6037805, emitido pelas autoridades migratórias da Tailândia, a 25 de Abril de 2016, válido até

24 de Abril de 2021. O seu processo era o nº 1628 4327. O mesmo terminal telefónico ficou registado no formulário do seu colega de trabalho, Theera Buapeng, registado com o processo nº 1625 4328, como sendo o da pessoa a contactar. Entraria em Angola com o passaporte nº AA4754931.

Quanto a Manin Wanitchanon, o seu processo foi registado com o número 1625 4326, sendo titular do passaporte nº AA9269604, emitido um mês antes, no dia 3 de Outubro de 2017, válido até ao dia 2 de Outubro de 2022.

O número 1625 4324 é o do registo do processo de Watcharinya Techapingwaranukul, titular do passaporte nº AA3744989, emitido no dia 11 de Fevereiro de 2015, válido até 10 de Fevereiro de 2020.

Das três mulheres que integravam a delegação, Thipsiri Chumnongnit era a mais velha. Nasceu no dia 1 de Janeiro de 1956, em Thai, na Tailândia. O seu passaporte, nº AA7149449, foi emitido a 15 de Janeiro do mesmo ano que viria à Angola (2017) e caduca no dia 17 de Janeiro de 2022.

A pessoa que preencheu o seu processo nº 1625 4339 assinalou também como organização ou pessoa a contactar o terminal telefónico 924628584. Por lapso ou não, não assinalou a data de entrada nem de saída do país.

Para além de Thipsiri Chumnongnit, a outra integrante do grupo de tailandeses, que mencionaram ser casada, é Kanphitchaya Kanyaprasit. A sua ficha de solicitação de visto também não foi preenchida como mandam as normas, uma vez que mencionou somente a data de saída e não a de entrada no território nacional, como consta no processo de solicitação de visto de fronteira nº 1625 4330.

Kanphitchaya Kanyaprasit apresentaria o passaporte nº AA9073424, emitido na sua terra natal, a 8 de Março de 2017. Este documento pessoal caduca no dia 7 de Março de 2022.

A pessoa mais velha da delegação, o britânico Geoffrey Graham Robertsaw, nasceu no dia 27 de Janeiro de 1947. O seu passaporte, nº 502808386, foi emitido a 20 de Março de 2013 e caduca a 20 de Dezembro de 2023. O seu processo é o nº 1625 4325. Não tivemos acesso ao processo do canadiano André Roy e o do japonês Myazaki Yasuo.

Os técnicos preencheram em todos os processos, que eles ficariam hospedados no Hotel Epic Sana, na rua da Missão, como se já tivessem recebidos garantias disso. Quando, na realidade, os tailandeses não haviam feito reservas em nenhuma unidade hoteleira quer pessoalmente (via telefónica, e-mail ou carta) ou por intermédio de Celeste de Brito, a angolana que tratava da sua vinda.

Estes processos dariam entrada no SME, anexados a um ofício elaborado pelo consultor jurídico da UTIP, Eusébio Américo Sapalo, assinado por Norberto Garcia, pedindo os aludidos vistos.

VIII
"Levar o investidor ao colo"

"Levar o investidor ao colo" é o lema adoptado por Norberto Garcia, director da UTIP. A mensagem que ele pretendia transmitir foi literalmente assumida pelos membros da sua equipa. As acções desenvolvidas por esse órgão auxiliar do Presidente da República, que tinha a incumbência de preparar, avaliar, negociar e conduzir as propostas de investimentos privados cuja aprovação é, de facto, exclusivamente apanágio do Titular do Poder Executivo. Jovens com idades inferiores a 40 anos, compunham uma equipa que elaborava e transmitia aos seus superiores hierárquicos todas as propostas de intenção e acordos de investimentos internos ou externos com capital acima dos USD 10 milhões, ou contravalor em Kwanzas.

A escolha de quadros tão jovens não foi mero acaso. Era a primeira vez que Norberto Garcia assumia um cargo de grande relevância no aparelho do Estado. Havia-lhe sido confiada pelo então Titular do Poder Executivo, José Eduardo dos Santos, a missão específica de «melhorar a imagem de Angola, no que concerne o investimento privado». Em contraproposta, declarou que, no seu ponto de vista, só seria possível se fosse constituída uma equipa de jovens técnicos angolanos de elevada qualidade, formados em universidades nacionais ou estrangeiras, sem históricos de actos de corrupção e, em contrapartida, remunerá-los condignamente.

A proposta do ex-presidente da República foi bem aceite, mas havia um senão: tinha que incluir na sua equipa alguns dos quadros da extinta ANIP. Os mesmos funcionários sobre os quais recaíam suspeitas de prática de actos de corrupção. Norberto Garcia abraçou o desafio e, inspirado na experiência da Singapura, materializou o seu plano de acção, montando a sua equipa, considerada por ele, ideal.

A preocupação do Chefe de Estado na altura, conforme viria a revelar mais tarde o novel chefe da UTIP, prendia-se com o facto de a corrupção neste segmento se ter transformado num "cancro maligno" em alastramento, que precisava de ser estancado com urgência, pois os seus efeitos nefastos contribuíam significativamente para retardar o desenvolvimento do país.

Já não havia pudor. O sentimento de impunidade era tão elevado que, aparentemente, os operadores desse sistema não temiam a possibilidade de virem a ser responsabilizados criminalmente pelas suas acções, ao ponto de até o Certificado de Registo de Investimento Privado (CRIP), um documento que era atribuído somente pelo Titular do Poder Executivo, depois de o potencial investidor reunir uma série de requisitos, ser comercializado ilicitamente entre USD 250 a 500 mil, até Outubro de 2015. Essa era a situação à data em que a ANIP foi extinta, dando origem à APIEX e à UTIP.

Entre os vários colaboradores directos e indirectos que José Eduardo dos Santos tinha, tanto na Casa Civil como na Casa de Segurança (antiga Casa Militar) - isto sem esquecer os diferentes departamentos ministeriais e os governos provinciais -, optou por ir buscar alguém fora da entourage, que desse mostras de ser "alérgico" à corrupção e fiel aos ideais históricos do partido no poder, o MPLA.

Três anos depois, a 9 de Abril de 2019, Norberto Garcia viria a recordar que, quando foi chamado para dirigir a UTIP, José Eduardo dos Santos não só lhe disse que se tratava de um pedido especial, como lhe confidenciou que já não sabia em quem confiar. Declarou, acrescentando as seguintes palavras: «Tenho muito boa informação a seu respeito, embora sempre que eu o chame, não sei por quê, mas nunca o trazem aqui. O seu nome é sempre riscado da lista». Norberto Garcia justificou tal acto pelo facto de preferir cargos privados em detrimento dos públicos, por considerar estes demasiados complicados. Porém, aconteceu, em julgamento deste caso, ele ter contado aos venerandos juízes conselheiros da Câmara de Crimes Comuns do Tribunal Supremo, que José Eduardo dos Santos insistiu sobre o "busílis" seta questão e que «cu tinha de eliminar uma coisa que estava a acontecer no investimento privado: havia muita corrupção e os investidores já não vinham a Angola porque lamentavam os índices de corrupção, acabando por me perguntar se eu era capaz de resolver esse assunto».

Consciente de que se tratava de uma missão bastante espinhosa, uma vez que haveria de esbarrar, segundo as circunstâncias, em projectos de entidades politicamente expostas, quer fossem membros do Bureau Político do MPLA, o seu partido, secretários e assessores do próprio Presidente da República, dirigentes de certos departamentos ministeriais, governos provinciais, oficiais comissários e generais da Polícia Nacional e das Forças Armadas que também actuam como empreendedores na esfera privada, Norberto Garcia não se fez de rogado e aceitou o desafio.

Incutiu, tanto aos jovens que recrutava para a sua equipa como aos antigos quadros da extinta ANIP que tinha a incumbência de enquadrar, que não toleraria qualquer acto de corrupção, fosse ela activa ou passiva. Estavam todos aí para servir os interesses do país e não para servirem-se. A conduta dos negócios solicitados passou a ser com "rédea curta", à segunda-feira, todos os técnicos sentavam-se à mesma mesa, sob a sua presidência, coadjuvado por Cláudia da Encarnação Costa Goncalves Pedro, directora-adjunta, para analisar os diversos assuntos da instituição, os níveis de execução das propostas de investimento privado, bem como traçar estratégias para atrair potenciais investidores.

«Os técnicos tinham a liberdade de emitir as suas opiniões sobre os temas em análise de forma aberta», como viria a declarar Flávia Furtado Gomes, consultora do Gabinete Jurídico da UTIP. Não obstante ser alegadamente nítida a preferência da direcção da UTIP para trabalhar em determinados dossiês com os quadros que haviam sido seleccionados a dedo, em detrimento dos técnicos provenientes da ANIP, como viria a revelar no dia 8 de Março de 2019, Alice Maria de Sousa Fernandes Sobrinho, sua colaboradora. O dossiê da delegação tailandesa, afecta à Centennial Energy Thailand, Company, não era o único em que ela, assim como os seus colegas transferidos da ANIP para a UTIP, não tinham sido indicados e, muito menos, nomeados, com vista à sua materialização. Segundo ela, os quadros provenientes da agência extinta haviam sido postos à margem de todos os processos, por razões que considera serem subjectivas. Essa postura discriminatória, não terá afectado a qualidade do serviço que a instituição prestava aos investidores nacionais e estrangeiros. Pelo contrário.

****

Anibal Graciano Palhares Mesquita, um dos empresários angolanos que tinha projectos inscritos na plataforma da UTIP, aguardando por parceria estrangeira ou nacional, considera que os funcionários dessa instituição agiam sempre com profissionalismo e dever de missão. Dos vários encontros de trabalho que teve com Norberto Garcia e os restantes membros da sua equipa pôde perceber que tinham somente hora de início de trabalho e não de término, uma vez que, enquanto o investidor não se sentisse satisfeito, não paravam. Chegou a telefonar para alguns dos técnicos, em determinadas ocasiões, até às 23horas e nunca recebeu deles qualquer recusa.

Os depoimentos de Anibal Mesquita indiciam que o combate à corrupção em Angola ganhou corpo e forma na UTIP. «Nunca ouvi ou tomei conhecimento que algum funcionário dessa instituição ou o seu director, em particular, tivessem solicitado qualquer quantia financeira, vulgo gasosa, para a tramitação de um processo de investimento. «Algumas vezes, ouvi Norberto Garcia dizer diante dos seus colaboradores que não podiam aceitar gasosa [suborno]», revelou, para depois acrescentar, «nunca vi nada igual em outros países. A UTIP leva os investidores literalmente ao colo, cumprindo com o lema criado pelo seu director».

Só havia um senão, um erro que afectava, mas nem tanto, o trabalho desenvolvido com brio e profissionalismo por essa equipa: não disponibilizava veículo automóvel para apoiar os investidores estrangeiros que escalavam o país em visita de prospecção de negócios. Considerava esse aspecto negativo, uma vez que alguns países com PIB inferior ao de Angola o fazia para agradar ao potencial investidor logo à chegada ao aeroporto. Nem a APIEX o fazia. «Tirando isso, era excelente o trabalho prestado pela UTIP», descreveu em tribunal.

Anibal Mesquita esclareceu que os funcionários deste gabinete presidencial aparentavam estar conscientes de que se os investidores não fossem bem tratados não haveria ambiente propício para que eles pudessem aplicar o seu capital humano e financeiro.

Como prova de que estavam conscientes disso, e a UTIP também, contou que, apesar do "erro" acima descrito, esse órgão do Estado não se coibiu de fretar, na primeira quinzena de Julho de 2017, uma aeronave para transportar de Luanda ao Namibe e vice-versa, uma delegação de empresários russos que pretendia investir USD 12 mil milhões na construção da refinaria Petroquímica do Namibe, que seria erguida numa área de mil e 300 hectares da localidade do Giraul de Baixo, município de Moçâmedes. O contrato desse investimento privado foi celebrado a 12 de Julho de 2017 por Norberto Garcia em representação do Estado, na qualidade de director da UTIP, e por dois representantes das empresas russas Rail Standard Service, S.A.R.L e Fortland Consulting Company S.A.R.L, nomeadamente, Sergei Markovith Lipatov e Anatoly Gennadievich Kozlo. Na ocasião, fez-se também o lançamento da primeira pedra para a construção desse empreendimento e das infra-estruturas, enquadradas no Programa Nacional de Desenvolvimento (PND) 2013/2017.

Note-se, à UTIP chegavam centenas de propostas de investimentos das mais variadas áreas. Algumas delas consideradas até como sendo bizarras ou atípicas, à luz da Lei Constitucional de Angola, como é o caso da apresentada pelo Mais Grupo. Esse grupo empresarial submeteu à aprovação do Executivo uma proposta de investimento que consistia na compra de 5 por cento do território nacional, só isso! Era para erguer cidades inteligentes. Investimento esse, avaliado em triliões de dólar norte-americano. À partida, porém, tal empreitada nem sequer tinha pernas para andar, uma vez que o território está entre os bens de domínio público, inalienáveis, imprescritíveis e impenhoráveis.

Flávia Gomes esclareceu que, como por lei não poderiam informar de imediato ao investidor que seria impossível, a UTIP, no âmbito do poder de articulação com as demais instituições do Estado, remeteu a proposta para análise aos Ministérios da Administração do Território e Reforma do Estado e do Ordenamento do Território e Habitação. Cumpriram esse formalismo porque, segundo Flávia, por força da referida lei, eram obrigados a dar o devido tratamento a todas as propostas que recebiam, na medida em que o investidor é livre de estabelecer o montante que pretende investir e até porque a Lei de Investimento Privado não estabelece montante mínimos ou máximos a serem aplicados. Os seus promotores, porém, não apresentaram, na ocasião, nenhum documento que comprovasse a sua capacidade financeira. Esse projecto não passou de intenção.

Entretanto, desde o dia 7 de Outubro de 2017 que o foco da direcção da UTIP e de uma das suas equipas técnicas passou a estar voltado para a proposta de investimento de USD 50 mil milhões da tailandesa Centennial Energy Thailand, Company. A referida proposta, na qual se inseria a fotocópia de um cheque de USD 50 mil milhões e 200 milhões, emitido em nome da referida empresa tailandesa e certificado pela JPMorgan Chase & Co, chegou-lhes à mão por intermédio da empresa angolana Celeste de Brito, Lda, na qualidade de representante da canadiana P&T Management corporation, a operar então em algumas regiões de África. Além de que, certificava, os investidores estavam ansiosos por vir de visita a Angola.

IX
Últimos preparativos em três latitudes

Na Terça-feira, 14 de Outubro de 2017, Celeste de Brito voltou a ir à Cidade Alta para mais uma reunião de trabalho liderada por Alcino da Conceição, assessor do Vice-Presidente da República, Bornito de Sousa. O convite havia sido formulado por Santinho Figueira, director do FAS. Desta vez, além de um dos seus colaboradores directos, ela fazia-se acompanhar pelo general Arsénio, seu sócio no Natrabank, amigo e conselheiro de negócios. A par de Santinho Figueira, voltaram a fazer parte da reunião, a segunda a decorrer nas instalações da Vice-Presidência da República, Victor Hugo Guilherme, assessor para a área de Planeamento do Vice-Presidente da República, e Belisário Santos, director Nacional da Administração do Território, afecto ao Ministério da Administração do Território e Reforma do Estado. O encontro foi mais curto, se comparado ao anterior, e à mesa esteve apenas um tema: o envolvimento do FAS, por via do consórcio Natrafas, na relação entre o Natrabank e a Centennial Energy Thailand, Company.

Alcino da Conceição, na ocasião, orientou Santinho Figueira a suspender os projectos que o FAS mantinha com o Natrabank, enquanto não se esclarecesse a legitimidade e a viabilidade da proposta bilionária. Essa decisão foi motivada, também, pelo facto de, até àquela data, o BNA não ter levantado a ordem de encerramento do Natrabank, decretada em princípio de Maio dc 2017. De seguida, dissipou algumas dúvidas dos presentes sobre o que acabava de ser ordenado a mando de Bornito de Sousa e deu por encerrado o encontro, convidando a empresária Celeste de Brito e acompanhantes a abandonarem a sala. Victor Hugo Guilherme, Santinho Figueira e Belisário Santos permaneceram nos seus assentos, enquanto o anfitrião acompanhava os despedidos até à porta.

Para a empresária angolana, a retirada do Natrafas era um problema fácil de se resolver, sem pôr em causa a validade da carta que recebera do FAS, datada de 26 de Outubro de 2017. Substituiria o Natrabank pela empresa Celeste de Brito, Lda, na qual é sócia maioritária e, logo a seguir, ela e os seus acompanhantes, incluindo o general Arsénio, seguiram para os escritórios da UTIP.

Ali chegados, a empresária deu a conhecer à coordenadora da equipa técnica responsável do dossiê que a delegação tailandesa já não estaria no país entre 14 e 29 de Novembro de 2017, como previsto. Por essa razão, necessitava que se fizessem outras cartas de chamada/convite com a nova data, ao que não houve rejeição. A equipa técnica fez as aludidas cartas, que foram assinadas no mesmo dia por Norberto Garcia.

Porém, diga-se, bastava olhar para o cheque para facilmente se perceber que os "ilustres visitantes" tinham adiado a viagem porque não estariam em condições de apresentar documentos que fossem prova da disponibilidade dos valores monetários aí plasmados.

Até ao dia 14 de Novembro de 2017, data em que inicialmente entrariam no país, não dispunham do mesmo nem do respectivo certificado de reconhecimento. O cheque com o valor de USD 50 mil milhões, com o número 4518164, titulado pelo Banco Nacional SG das Filipinas e Nova Iorque, passado em nome da Centennial Energy Thailand, Company, viria a ser emitido somente a 24 de Novembro de 2017.

Ultrapassado que estava esse empecilho, era só progredir. Dias depois, o SME emitiu os respectivos vistos que lhes possibilitariam permanecer legalmente em Angola, de 27 de Novembro a 11 de Dezembro de 2017. Na hora do balanço preliminar, tudo parecia equilibrado entre os trabalhos já realizados e os por realizar. A reserva de hospedagem estava entre as coisas por fazer. As viaturas para os transportar durante os 15 dias que permaneceriam no país estavam acauteladas. O factor língua também. O tradutor não seria problema. Para o efeito, a promotora da vinda da delegação ao país, recorreu aos préstimos de Christian Albano de Lemos, primeiro subchefe da Polícia Nacional, que falava fluentemente inglês e espanhol. Ambos tinham um acordo verbal de colaboração eventual nesse sentido.

Tinham-se conhecido fazia nove anos, por intermédio do ex-marido de Celeste de Brito, que foi colega de Christian de Lemos no tempo de estudante em Cuba. A amizade que nasceu em terras de Fidel Castro tornara-se quase inabalável.

Duas semanas antes da vinda da delegação, a empresária requisitou-o para prestar esse serviço durante o tempo que eles permaneceriam em território nacional, sem qualquer prejuízo da sua condição de funcionário público. Celeste de Brito viria a justificar que fê-lo por ela ser uma das pessoas a quem Christian de Lemos pedira ajuda para combater a diabete, doença que se apossara de si com o passar dos anos. Em contraprestação ao serviço de tradução, afirmou que passaria a suportar as despesas da medicação, ao invés de efectuar pagamentos à vista. Essa foi a justificação que ela posteriormente encontrou para tentar protegê-lo em tribunal.

No entanto, por desconhecimento da "boa acção" da sua amiga, Christian de Lemos contrariou-a, na mesma sala de audiência, afirmando que apesar de não terem celebrado um acordo por escrito, haviam estabelecido um convénio verbal em que a empresária se comprometera a pagar-lhe 2 milhões de Akz pelos 15 dias em que, ininterruptamente, conviveria com os tailandeses. O pedido de prestação desse serviço surgiu numa boa fase para o primeiro subchefe da Polícia Nacional, pois, entraria de férias no mesmo período. Ficou por esclarecer se as mesmas foram requisitadas em função da visita dos investidores ou depois de ter sido convidado por Celeste de Brito.

Entretanto, a equipa da UTIP trabalhava afincadamente para garantir que as obrigações do Estado, enquanto mero facilitador e regulador do investimento, fossem cabalmente cumpridas. Uma das medidas preventivas que tomaram foi agendar previamente uma reunião entre a delegação tailandesa e uma equipa técnica do BNA. Para o efeito, contaram com a colaboração de Edilson Jorge da Costa Inácio, técnico do banco central angolano encarregue de atender, sempre que necessitário, às inquietações da UTIP.

Norberto Garcia decidiu mobilizar a sua equipa para organizar uma conferência entre os tailandeses e diversas entidades nacionais públicas e privadas, para que fossem esclarecidas quaisquer dúvidas que surgissem sobre a forma como se procederia à canalização dos USD 50 mil milhões aos projectos em carteira que entrariam no país.

Essa proposta de Norberto Garcia não foi bem acolhida pela sua adjunta, Cláudia da Encarnação Pedro. No entender desta última, tal opção só deveria acontecer depois de as instituições afins efectuarem "due diligence" para aferir se o cheque é autêntico e se tem cobertura. O que não foi aceite pelo seu superior hierárquico.

A situação era a seguinte, Norberto Garcia suspeitava estar na eminência de ser afastado do cargo e o volume de negócios estabelecidos pela UTIP, enquanto ele foi seu líder, estava acima de USD 24 mil milhões. Porém, se concluísse esse processo elevaria para mais de USD 74 mil milhões. Elevaria o seu recorde. A sua vontade de sair da UTIP pela porta grande vingou.

No âmbito da articulação institucional, os representantes de unidades de financiamento dos Ministérios, gestores bancários, entre outros interessados, foram convidados a participar num fórum agendado para o dia 1 de Dezembro. Dia em que assinariam o Acordo de Intenção para a Tramitação de Proposta de Investimento Privada e apresentariam publicamente os tailandeses e o cheque de 50 mil milhões de USD.

****

Enquanto tudo isto acontecia, no extremo Oeste do Oceano Atlântico, em Montreal, uma das cidades do segundo país com maior extensão territorial do mundo, também decorriam concertações sobre o investimento que seria feito em Angola. A iniciativa partiu do já aqui apresentado consultor internacional de altas finanças, Pierre René, que, de regresso ao Canadá, voltou a procurar o engenheiro de construção civil André Roy com esse propósito. Não se viam desde que se separaram na Tailândia, em Outubro último, depois de viverem momentos de sonho proporcionados pelo magnata Raveeroj Rithchoteanan. Pierre René contou-lhe que, depois de um mês de reuniões presenciais e à distância, através da internet, no período compreendido entre 12 de Outubro a 12 de Novembro, com Raveeroj Rithchoteanan, tinha sido planeada uma estratégia sobre como deveria decorrer esse grande investimento, na qual se inseria um programa de visita a Angola. Antes de partir para o nosso país, porém, teriam uma reunião de concertação no Dubai, nos Emiratos Árabes Unidos, a 24 de Novembro de 2017. Sentar-se-iam à mesa, num território neutro, os dois canadianos, os tailandeses, o japonês e o britânico da Centennial Energy Tailand, Company, a fim de fazerem os últimos acertos sobre como funcionaria a parceria entre a sua empresa, P&T Management Corporation e o Group Andre Roy Inc. E, só depois, partiriam para Angola.

Neste ponto, o "caçador de investidores" Pierre René fazia questão que André Roy integrasse a delegação, por considerar que a sua experiência no ramo de construção civil seria determinante nos encontros que poderiam ter com as entidades públicas e privadas angolanas. A seu ver, a principal missão de Roy, como especialista em administração de projectos complexos de infra-estruturas, seria analisar a possibilidade de as implementar, emitindo pareceres técnico sobre os riscos e a qualidade dos projectos. Salientou com ênfase o quanto seria vantajoso para a empresa Group André Roy Inc se conseguisse chegar a um acordo com Raveeroj Rithchoteanan.

Neste ponto, havia ali um problema, na medida em que as atenções de André Roy não estavam voltadas para Angola, mas sim para os Camarões e o Gana, onde Pierre René o levara, há alguns anos, para avaliar a possibilidade de construir três grandes universidades. Contudo, Roy aceitou, mas fez as seguintes exigências: que lhe concedessem a possibilidade de elaborar os projectos arquitectónico das infra-estruturas a partir do seu escritório, em Montreal, em parceria com as empresas canadianas com as quais trabalha há anos; previa, também, recorrer a empresas de arquitectos e de construção angolanas para a realização dos planos arquitectónicos; a construção dos projectos deveria ser realizada por empresas africanas que têm experiência em trabalhos do género com angolanos e, todas elas estariam, é claro, sob o monitoramento do Group André Roy Inc.

Tais exigências foram bem recebidas por Pierre René, pelo que não via inconveniente de se deslocar aos Emiratos Árabes Unidos e, juntos, tentariam convencer o multimilionário tailandês.

Era nítida a confiança e irmandade entre ambos, construída já há alguns anos. Antes de viajarem até à Tailândia, em Outubro de 2017, haviam vivenciado outras experiências juntos, fora do Canadá. Contudo a mesma percepção de que se tratava de uma boa oportunidade de negócio não a obtiveram dos filhos (de 36, 35 e 27 anos) e dos colaboradores de André Roy. Alguns deles opuseram-se à viagem, mas não conseguiram convencê-lo de que, aos 66 anos de idade e com a saúde não muito estável, não era uma boa ideia participar em investimentos do género.

Na Tailândia, reinava por esta altura o engodo de avançar. Raveeroj Rithchoteanan mobilizou os mais altos gestores e sócios da sua empresa, entre tailandeses, um britânico e um japonês, fazendo-lhes ver os benefícios que este investimento lhes traria. Não foi fácil, durante uma reunião do Conselho de Administração, em que estiveram presentes todos os accionistas, os vice-presidentes e os directores executivos, ele enfrentou a rejeição da proposta por alguns. No entanto, acabou sendo aprovada pela maioria.

Entre os que votaram a favor está Manthita Pribwai, que antes de completar 28 anos de idade já era sócia e vice-presidente dessa empresa, alegadamente com fundo financeiro na ordem dos USD 3,3 triliões. Esse privilégio foi-lhe concedido quatro anos antes, ao contrair matrimónio com Raveeroj Rithchoteanan, com quem tem dois filhos, de 6 e de 3 anos idade.

Assim que encerrou a reunião, a Centennial Energy Thailand, Company enviou uma carta requisitando a emissão do cheque de USD 50 mil milhões ao Banco Central das Filipinas, em Manila, com o conhecimento do Governo das Filipinas, à qual anexou as duas cartas convite/chamada emitidas pela UTIP e pelo FAS. As referidas cartas haviam-lhe sido enviadas por Pierre René que, por sua vez, as recebera de Celeste de Brito, pessoa de quem, nessa altura, Raveeroj Rithchoteanan nem sequer conhecia o nome. Apenas sabia que a missão de Pierre René de captar «bons investidores» teria sido obra de alguém, ligado ao Executivo Angolano.

Portanto, desencadeada essa diligência junto do Banco Central das Filipinas, restava-lhes aguardar alguns dias, uma vez que esta instituição requisitaria a emissão do cheque à sua filial em Nova Iorque, o Banco Nacional SG das Filipinas, tendo em conta que os montantes se encontravam guardados em três contas bancárias domiciliadas nos Estados Unidos da América.

X
À conquista de uma Angola de mais de mil e uma oportunidades

Quinta-feira, 23 de Novembro de 2017. O relógio assinalava 22 horas. Os canadianos Pierre René e André Roy chegavam finalmente ao Dubai, Emiratos Árabes Unidos, para um encontro com o multimilionário tailandês Raveeroj Rithchoteanan e a sua equipa. Decidiram reunir-se nesta cidade para fazer os últimos acertos sobre os investimentos bilionários que a empresa tailandesa Centennial Energy Thailand, Company se propunha fazer em Angola, antes de se deslocarem a Luanda. Todavia, na manhã do dia seguinte, 24 de Novembro, em que estava agendada a reunião, Raveeroj Rithchoteanan telefonou a Pierre René, a partir da sua casa na Tailândia, para dar a conhecer que o itinerário previamente acordado há vários dias sofrera alteração. Já não se encontrariam no Dubai, mas no Aeroporto Internacional de Addis Abeba, na Etiópia. Os canadianos consideraram a alteração irrelevante. Além de que não era a primeira vez que situações do género envolvendo-os com Raveeroj Rithchoteanan, já tivessem acontecido. A última vez fora em Outubro, quando o encontro marcado para Chiang Mai passou a ser em Bangkok. Mas acataram, compraram as passagens para Luanda, com escala em Addis Abeba.

Apesar de o magnata não ter especificado as causas da alteração da rota, mais tarde os seus parceiros vieram a se aperceber que se deveu ao facto de ele não se encontrar em posse do cheque de USD 50 mil milhões. Naquele momento só tinha um cheque de USD 99 mil milhões, destinado a investir na República Democrática Popular do Laos, situada no Sudeste Asiático. A recepção do outro cheque, destinado a Angola, estava dependente de uma bancária que viajaria das Filipinas à Tailândia só para lho entregar e ainda não tinha lá chegado.

No dia 26 de Novembro de 2017, a delegação constituída pelos tailandeses Raveeroj Rithchoteanan, Monthita Pribway (casal), Manin Wanitchanon, Theera Buapeng, Kanphitchaya Kanyaprasit e Pracha Kanyaprasit (casal), Watcharinya Techapingwaranukul e o japonês Myazaki Yasuo, todos na qualidade de representantes da Centennial Energy Thailand, Company, estavam preparados para embarcar para a Etópia, onde se juntariam aos seus potenciais parceiros de negócios canadianos. No grupo registava-se a ausência do britânico Geoffrey Graham Robertsaw, que decidira ficar.

Tiveram de fazer compasso de espera no Aeroporto Internacional de Bangkok-Suvarnabhumi para receber o cheque de USD 50 mil milhões e os documentos conexos que atestavam a sua autenticidade, das mãos de uma cidadã filipina, identificada por Fátima Minin, alegadamente directora executiva do Banco Central das Filipinas, em Manila, com quem Raveeroj Rithchoteanan trabalhava há anos. Foi também das mãos dela, de acordo com Monthita Pribway, que Raveeroj Rithchoteanan recebera dias antes o cheque da "estrondosa" quantia de USD 99 mil milhões.

Não tardou, a aeronave comercial que fazia a rota Manila-Bangkok aterrou nesta cidade. O sentimento de apreensão que se apossara deles, temendo a possibilidade de perderem o voo para Addis Abeba, caso Fátima não chegasse a tempo, desapareceu por completo. Ela apareceu e fez a entrega do tão ansiado instrumento financeiro a Raveeroj Rithchoteanan, sob o olhar atento dos seus colaboradores.

Em África, já se encontravam Pierre René e André Roy no Aeroporto Internacional de Addis Abeba. À espera. Chegaram antes da delegação tailandesa e, sem quaisquer constrangimentos, aguardaram a sua chegada. Algum tempo depois, chegou Raveeroj Rithchoteanan, todo ele trajado de branco (como era habitual vestir-se), acompanhado pelos oito comparsas.

Ao se deparar com a quantidade de integrantes da delegação tailandesa, seis homem e duas mulheres, para aquela que seria a primeira visita de prospecção em Angola, André Roy ficou admirado, mas não teve a ousadia de perguntar a que se devia e qual seria o papel de cada um deles. Aproximaram-se e saudaram-se formalmente. A maioria já se conhecia das reuniões de negociação realizadas nos dias 9 e 10 de Outubro de 2017, no Shangri-La Hotel Bangkok, na capital Tailandesa. Caminharam, carregando as bagagens até à sala de embarque.

André Roy geria também, em silêncio, a curiosidade a respeito a realidade dos mais de 3,3 triliões de dólares, o somatório do montante existente nas três contas bancárias, domiciliadas em bancos nova-iorquinos, nos EUA. As referidas contas haviam-lhe sido exibidas, em companhia de Pierre René, por Raveeroj Rithchoteanan, numa das reuniões de Bangkok, como prova da sua capacidade financeira. Desta vez, não estaria só em causa a imagem do magnata tailandês, estaria também a sua imagem pessoal e a da sua empresa.

Durante a viagem de Montreal a Addis Abeba, Pierre René em momento algum abordou com o seu conterrâneo a qualidade das pessoas com as quais haveriam de se reunir em Luanda. André Roy nada perguntou a esse respeito, por confiar em pleno no seu amigo. Nas anteriores viagens que realizaram ao Gana, aos Camarões e ao Egipto não tinha ninguém à espera no aeroporto. Recorreram ao serviço de táxi para se deslocarem ao hotel onde ficariam alojados. Tiveram de se virar. Entretanto, foram contemplados com reuniões ao mais alto nível e recebidos em audiência por Presidentes da República, Primeiros-ministros, ministros e governadores. A viagem a Angola, à partida, parecia ser diferente. Um novo pormenor veio ao de cima: os vistos da comitiva foram tratados por outrem a partir de Luanda, quando os vistos de três meses que lhes possibilitaram fazer o périplo pelos três países, haviam sido tratados nas respectivas embaixadas no Canadá.

****

Na Terça-feira 27 de Novembro de 2017, chegaram à tão almejada Angola, "terra de mil e uma oportunidades de negócios". Na sala de desembarque do terminal Internacional do Aeroporto 4 de Fevereiro, à espera deles estava uma equipa liderada por Celeste de Brito, o "misterioso" contacto de Pierre René nesse país. Christian de Lemos também fazia parte da delegação que foi dar as boas vindas. A equipa de protocolo angolana também integrava três funcionários da UTIP, em representação do Estado Angolano, entre eles, Cláudia da Encarnação Pedro, directora-adjunta, e a Sílvia Fernandes, chefe do departamento jurídico. Entre as duas delegações, apenas o canadiano Pierre René e a angolana Celeste de Brito se conheciam. Os demais encontravam-se pela primeira vez. O mesmo acontecia com Celeste de Brito e Cláudia da Encarnação Pedro que não haviam mantido qualquer contacto antes.

Os visitantes arrumaram as suas bagagens nas viaturas e acomodaram-se nos assentos reservados aos passageiros. À saída do Aeroporto Internacional 4 de Fevereiro juntou-se a eles outra viatura, em que seguia o general Arsénio, sócio de Celeste de Brito, no Natrabank, que lhe comunicara por via telefónica que a delegação já se encontrava em Luanda, tão logo se apercebera de que o avião da companhia Ethiopian Airline já se encontrava na pista. Pediu-lhe que fosse ao seu encontro para irem juntos à UTIP, onde apresentariam cumprimentos de cortesia ao Norberto Garcia, director dessa instituição. Arsénio encontrava-se no seu escritório, no Condomínio Jardim de Rosas, quando recebeu a chamada telefónica de Celeste de Brito. Largara o que estava a fazer para ir ao encontro dos recém-chegados. Não era a primeira vez que Celeste de Brito o convidava a estar presente no aeroporto quando recebia alguma delegação de potenciais investidores estrangeiros.

Neste caso, em particular, fê-lo porque pretendia convencer os tailandeses a investir em alguns dos projectos habitacionais e empresariais da cooperativa N'jango Yetu, cujo objectivo, a seu ver, era mudar a vida de milhares de efectivos e trabalhadores civis das Forças Armadas Angolanos, filiados à organização.

Já na UTIP, Raveeroj Rithchoteanan apresentou-se a Norberto Garcia, que não só lhe deu as boas vindas como agradeceu a sua disponibilidade e o gesto de investir em Angola.

Cumpridas as formalidades na UTIP, onde o general Arsénio foi apresentado aos tailandeses, como presidente da cooperativa N'jango Yetu, os visitantes foram levados ao BNA para serem esclarecidos sobre como deveriam proceder para fazer validar o referido cheque, dentro dos parâmetros definidos pelas leis angolanos. Nesse momento, o general já não fazia parte desse encontro, ocorrido na sala de reuniões do departamento de Controlo Cambial, na sede do banco central angolano, na Marginal de Luanda.

Estiveram presentes três técnicos da UTIP, Sílvia Fernandes (chefe do departamento jurídico), Flávia Gomes (consultora) e Lello João Francisco (consultor), a empresária Celeste de Brito, como anfitriã *da delegação estrangeira*, Raveeroj Rithchoteanan e alguns dos membros da sua equipa. Em representação do BNA estiveram presente Edilson Jorge da Costa Inácio, técnico de mercado cambial, do departamento de Mercados e Activos (que trabalhava junto da UTIP), Filino Soares (na qualidade de director do departamento de Controlo Cambial), e Marta Pinto (directora-adjunta do mesmo departamento do BNA).

Encontros desta natureza eram rotineiro, pois a UTIP os solicitava sempre que sentisse a necessidade de algum apoio sobre matéria bancária.

No decorrer desta reunião, os técnicos do BNA recomendaram-lhes que contactassem qualquer um dos bancos comerciais angolanos e a Unidade de Informação Financeira, por serem as instituições abalizadas para tratar de assunto deste tipo. No entender dos peritos bancários, tratava-se de uma operação meramente comercial e o BNA, enquanto regulador do sistema, não tem poder de intervir. A UTIP, por seu lado, pretendia que os investidores se sentissem confortáveis, ouvindo dos próprios técnicos do banco central quais os procedimentos que deviam seguir.

Celeste de Brito viria a considerar que o encontro produziu um efeito contrário, classificando-o como tendo sido um desastre. Considerou que «os técnicos do BNA foram irresponsáveis, não viram o cheque e nem sequer os documentos que o acompanham».

Enquanto isso, os demais membros da delegação haviam seguido da UTIP para o Hotel Alvalade, onde não existiam reservas para eles. O pessoal da recepção pediu-lhes os passaportes para fazer os respectivos *Chek In* e os seus cartões de crédito, a fim de se certificarem que tinham capacidade financeira para suportarem as suas despesas.

André Roy assim procedeu, no entanto, reservou somente dois quartos. Um para si e outro para Pierre René. Os tailandeses e o japonês fizeram a mesma coisa, só que não entregaram os respectivos cartões de crédito. Como não tinham a certeza do período que permaneceriam no território nacional, André Roy alertou que permaneceriam aí hospedados até ao dia 1 de Dezembro de 2017. Os demais concordaram.

Após o registo ter sido efectuado, foram levados a conhecer os quartos e a arrumar a sua bagagem. De regresso à recepção, Pierre René apresentou Celeste de Brito a André Roy como sua amiga, não como sua parceira de negócios ou pessoa que organizara a viagem e a sua estadia em Luanda. Todavia, afirmou que ela era bastante influente e que lhe apresentara várias entidades angolanas, aquando da sua visita entre Abril e Maio desse mesmo ano. Disse ainda que visitara o escritório de uma das suas empresas por diversas vezes.

Três horas depois de um merecido descanso no Hotel Alvalade, de quatro estrelas, a delegação foi transportada até ao restaurante XL, no Jardim de Rosas, zona Sul de Luanda, para almoçar, "escoltados" por uma viatura das FAA. Nesse mesmo dia, conheceram o escritório da empresa Celeste de Brito, Lda.

XI
Encontros desinteressantes, mas relevantes

Nos dias que se seguiram, de 28 a 30 de Novembro de 2017, a delegação quase não teve actividades ou encontros de negócios. Os seus componentes aproveitaram a ocasião para conhecer Luanda e as suas gentes, do modo que mais lhes aprazia.

No que toca a reuniões, houve apenas duas: a primeira ocorreu no Estado Maior General das Forças Armadas Angolanas, quando Raveeroj Rithchoteanan, Celeste de Brito e Arsénio foram recebidos pelo general de quatro estrelas Geraldo Sachioengo Nunda.

A audiência fora solicitada pelo general Arsénio nas vestes de PCA da N´jango Yetu, com o intuito de melhor conhecer e dar a conhecer ao presidente da Mesa da Assembleia Geral da cooperativa a pessoa com a qual a mesma poderia eventualmente estabelecer acordos de investimentos de grade monta com vista a beneficiar os seus associados. Note-se que, no exercício das suas funções, o general Arsénio tem autonomia administrativa e financeira para efectivar a prossecução do seu objecto, procurar todos os meios materiais, humanos e financeiros de forma auto-sustentada. Só que, tem o dever de justificar os seus actos nos relatórios que são apresentados aos filiados na Assembleia Geral, à qual cabe ao general Sachipengo Nunda presidir. Por inerência de funções, este último exerce o cargo de Presidente da Mesa de Assembleia dessa organização mutualista.

Por se tratar de uma visita de cortesia, Sachipengo Nunda anuiu ao pedido, suspendendo por 10 minutos os seus afazeres para os receber.

Entre os três visitantes, apenas o multimilionário tailandês era um ilustre desconhecido. Nunda conhecia Celeste de Brito há anos, quando esta se associou a um grupo de colegas seus do exército que criaram com o seu auxílio, mas sem sucesso, a cooperativa Pérola Verde. Nessa altura, a empresária, antes de se associar procurou-o com o propósito de lhe apresentar o projecto de constituição da Pérola, que não brilhou, enquanto o verde, com o passar do tempo, se transformou em esperança moribunda para as pessoas que nela depositaram os seus sonhos e recursos financeiros. Foi justamente em consequência do fracasso desse projecto que Celeste de Brito conhecera Pierre René, como dissemos ao princípio. A situação actual é diferente, o trio procurou o general num momento de incerteza quanto à sua permanência no cargo, pois encontrava-se a meio do seu segundo e último mandato como Chefe de Estado Maior General das Forças Armadas Angolanas (CEMGFA)

Durante os escassos 10 minuto que durou o encontro, Raveeroj Rithchoteanan manifestou a sua disponibilidade para estabelecer parceria com a referida cooperativa afecta às FAA, se fosse do interesse dessa organização. Deu a conhecer que tinha USD 50 mil milhões para investir no país, sem, no entanto, apresentar o original ou a fotocópia de nenhum dos dois cheques, tanto o desse valor como o de USD 50 mil milhões e 200 milhões.

A um dado momento, os visitantes informaram o general que haviam sido orientados pelos responsáveis do departamento de Controlo Cambial do BNA a contactar um dos bancos comerciais para transaccionar o cheque de USD 50 mil milhões. Sachipengo Nunda telefonou de imediato ao banqueiro Mário Abílio Pinheiro Rodrigues Moreira Palhares, mais conhecido por Mário Palhares, pedindo-lhe que os recebesse em audiência, ao que este não se opôs. O general pretendia que o banqueiro aferisse por via do sistema internacional bancário se o cheque de USD 50 mil milhões e os documentos que o acompanhavam eram verdadeiros e se tinham cobertura. Foi essa, com Palhares, a aludida segunda visita, que aqui adiante descreveremos.

****

Na Quinta-feira, dia 30 de Novembro de 2017, um dia antes de assinarem o "Acordo de Intenção para a Tramitação de Proposta de Investimento Privado", em consonância com a UTIP, que Celeste de Brito, Raveeroj Rithchoteanan e José Manuel Arsénio foram recebidos em audiência pelo antigo vice-governador do BNA, Mário Palhares. Esse homem é um dos banqueiros mais prestigiados e experientes do país, estando na génese da criação do Banco Africano de Investimento, que mais tarde alterou a sigla para Banco Angolano de Investimento (BAI), de que é um dos sócios. Criou também, em 2005, o Banco de Negócios Internacional (BNI), SA, onde exerce o cargo de Presidente do Conselho de Administração, sendo justamente nessa sua condição que foi contactado.

Raveeroj Rithchoteanan apresentou-se como dizia que era, um multimilionário com interesse em aplicar USD 50 mil milhões no país e disposto a trabalhar com o BNI, pelo que foi bem acolhido. Em função do que acabava de ouvir, Mário Palhares garantiu-lhe que haveria de pessoalmente, se necessário, confirmar junto do banco emissor, em Nova Iorque, a autenticidade do cheque e se tinha cobertura.

O banqueiro fazia-se acompanhar à audiência pelo director do banco, Edson Rogério Coelho Matoso, incumbido da missão de dar seguimento ao pedido dos visitantes, tendo-se, posteriormente, ausentado da sala.

Edson Matoso esclareceu aos potenciais clientes, durante o encontro, que, para marcarem qualquer passo, deveria existir um vínculo jurídico entre a sua pessoa ou a Centennial Energy Thailand, Company, com o BNI. A reunião terminou com um augúrio, o de eles regressarem tão-logo estivessem em condições de estabelecer essa relação jurídica.

Enquanto isso, os técnicos da UTIP desdobravam-se para garantir que tudo corresse *às mil maravilhas* até à assinatura do "Acordo de Intenção" entre esse órgão do governo, que reuniria distintos convidados, e a delegação tailandesa.

XII
Num momento, estrela internacional, noutro, despejado do hotel Alvalade

A informação sobre a assinatura de mais um "Acordo de Intenção para a Tramitação de Propostas de Investimento Privado", no dia 1 de Dezembro de 2017, pela UTIP e potenciais investidores tailandeses, correu pelas redacções dos órgãos de comunicação social mais prestigiados do país. A entidade que distribuiu os convites às redacções fazia questão de os órgãos estrangeiros com correspondentes acreditados no país pelo Centro de Imprensa Anibal de Melo, estarem presentes para registar esse momento, considerado único: um acordo que daria início à tramitação de uma proposta de investimentos de USD 50 mil milhões no nosso país. Até então, diga-se, existiam outras propostas de investimento de maiores quantias monetárias, todavia, nunca se pôde chegar a saber se eram reais ou blefe.

Antes da hora marcada do evento, um "batalhão" de jornalistas equipados com câmaras, gravadores e blocos de notas, encontrava-se reunido numa das salas do edifício nº 8 da rua Nkwame Nkrumah. Alguns deles haviam sido previamente assediados pelos promotores do evento para que não faltassem, atendendo à importância mediática do evento.

Era manhã de Sexta-feira, 1 de Dezembro de 2017. Raveeroj Rithchoteanan, todo ele trajado de roupa branca, típica da Ásia, sapatos e meias pretas, com o cabelo, quase a 100 por cento branco, devidamente penteado para trás, entrou na sala com o "estatuto" de "estrela internacional". Estava ladeado por Norberto Garcia (trajado de fato preto, camisa branca e gravata lilás) e de Celeste de Brito (trajada de fato social cor-de-rosa e uma blusa castanha), sentaram-se nos cadeirões brancos que se encontravam num lugar em destaque na sala. Raveeroj Rithchoteanan ocupou um sofá grande, só para ele. À sua direita estava Norberto Garcia, que partilhava o assento com Celeste de Brito. Noutro sofá, o segundo à direita do magnata, estava Cláudia da Encarnação Pimenta, a directora adjunta da UTIP. Pequenos intervalos separavam os cadeirões que formavam uma meia-lua.

Os repórteres de imagens, desde que entraram na sala procuravam, através das suas objectivas, captar a melhor imagem daquele momento, que ficaria registado para a posteridade. Era a primeira vez que muitos deles, isto para não dizer todos, estavam diante de um indivíduo que dizia ter no seu "mealheiro" 3,3 triliões de dólares, eventualmente prontos a investir!

Podemos repartir essa cerimónia em três momentos áureos: no primeiro, a empresária Celeste de Brito foi convidada a se pronunciar e fez uma breve incursão sobre o investimento e as áreas a serem beneficiadas. De seguida, subiu ao "púlpito" o magnata tailandês. Com as imagens projectadas numa tela atrás de si, apresentou o historial da empresa Centennial Energy Thailand, Company, que fundou e de que preside o Conselho de Administração, e exibiu o tão ansiado cheque de USD 50 mil milhões. Christian de Lemos, um homem de fala lenta, fazia a tradução das suas palavras de inglês para português, com uma subtileza que agradava aos presentes.

Acomodados nos seus assentos, Celeste de Brito, Norberto Garcia e Cláudia da Encarnação Pedro, acompanhavam atentamente as explicações. Após a apresentação mudaram de assentos. Sentaram-se à frente de uma secretária castanha, em cima da qual o director da UTIP fizera questão que estivessem alguns diplomas/certificados e estatuetas dos mais prestigiados prémios que a instituição recebera ao longo dos seus dois anos de existência. Prémios atribuídos por diversas instituições estrangeiras e organizações internacionais, pela qualidade dos serviços prestados aos potenciais investidores estrangeiros que escalaram Luanda desde a criação dessa instituição.

No que consideramos ser o segundo momento alto, Raveeroj Rithchoteanan (pela Centennial Energy Tailand, Company), Norberto Garcia (pela UTIP) e Celeste de Brito (pela Celeste de Brito, Lda), assinaram o "Acordo de Intenção para a Tramitação de Propostas de Investimento Privado", na presença de dezenas de pessoas, entre empresários, gestores bancários e representantes das unidades de investimentos de departamentos, ministérios e de governos provinciais. No documento, com a data do dia anterior, 30 de Novembro de 2017, consta que os tailandeses pretendiam investir no total 50 mil milhões e 200 milhões USD, tendo como referência o cheque datado de Outubro de 2017, emitido em nome da referida empresa tailandesa pelo Banco Nacional SG das Filipinas em Nova Iorque e certificado pela JPMorgan Chase & Co. Fazia ainda uma menção importantíssima: «a referida sociedade possui capacidade financeira para financiar os projectos, no âmbito do investimento privado, livre de quaisquer ónus para o governo angolano».

Os tailandeses, os canadianos e o japonês que compunham a delegação estrangeira também se faziam ver para prestigiar o acto. Entre eles, no entanto, havia um que sabia o que estava a acontecer, mas não percebia nada do que estava a ser dito, tanto em inglês como e português: Theera Buapeng, director executivo da Centennial Energy Thailand, Company, que só falava em Tai, uma língua da Tailândia.

O terceiro grande momento foi o da conferência de imprensa. O primeiro a falar foi a "estrela internacional" Raveeroj Rithchoteanan, esgrimindo-se a garantir que os angolanos beneficiariam dos investimentos que pretendia realizar.

De seguida, foi a vez de Celeste de Brito, a empresária já acostumada a falar à imprensa, de esclarecer que a Centennial Energy Thailand, Company se tornaria sócia das empresas beneficiadas e participaria na sua gestão. Enfim, falou Norberto Garcia, que não se limitou a enumerar os benefícios que o fundo traria a milhares de famílias angolanas. Descreveu a função da sua instituição nesse processo e, em jeito de balanço, fez uma incursão sobre aquilo que estava a ser a sua gestão. «Em dois anos de actividade nós facturamos mais de USD 24 mil milhões», frisou, para espanto de todos aqueles que gostariam de saber o que foi feito com tanto dinheiro.

No final, fizeram a foto de família. Norberto Garcia, ladeado por Celeste de Brito (à direita) e Raveeroj Rithchoteanan (à esquerda) saudavam-se numa troca de sorrisos. O ainda líder da UTIP esticou a mão direita a Raveeroj Rithchoteanan e a esquerda a Celeste de Brito, cruzando os braços em direcção ao seu tronco, saudando, sorridente diante das câmaras e de todos os presentes. Estava encerrada a actividade para os jornalistas.

Norberto Garcia saiu da sala, deixando alguns membros da sua equipa técnica a acompanhar a reunião entre os tailandeses, Celeste de Brito e alguns convidados. Entre eles, estava Anibal Palhares Mesquita e o general Arsénio. Em suma, este encontro serviu para a empresária angolana e o magnata, lhes dar a conhecer mais pormenores sobre o investimento e como poderiam estabelecer parcerias.

****

A partir desta data, os tailandeses passaram a usufruir do poder legal de negociar com os empresários nacionais projectos inscritos na plataforma da UTIP, tendo como base uma das cláusulas estabelecidas de antemão no documento que tinha acabado de ser subscrito, que diz o seguinte: «O presente acordo de intenção tem por objecto a apresentação de propostas concretas (...), tendo em conta os requisitos definidos na Lei de Investimento Privado, o seu regulamento e as demais normas da legislação conexa». Este processo decorreria ao mesmo tempo que estariam a ser feitas as diligências para a prova de fundo.

****

A união e a felicidade que os três demonstraram diante das câmaras escondia uma situação que afligia Raveeroj Rithchoteanan, Celeste de Brito e alguns dos técnicos da UTIP. Antes da assinatura pública do acordo, às 9horas e 30 minutos, assim que a delegação tailandesa chegou ao edifício nº 8 da Kwame Nkrumah, ocorreu algo inesperado. Raveeroj Rithchoteanan e Pierre René foram conduzidos ao 7º andar, onde estavam à sua espera a directora adjunta da UTIP, Cláudia da Encarnação Pedro, e a chefe do departamento Jurídico, Sílvia Fernandes. Celeste de Brito também esteve presente.

Sílvia Fernandes entregou-lhes o contrato para análise. Raveeroj Rithchoteanan confidenciou a Pierre René que existia um grave erro que meteria em causa todo o processo: o acordo fazia menção ao cheque de USD 50 mil milhões e 200 milhões, que já havia sido utilizado em outro país, quando o que estava destinado a Angola era o cheque de USD 50 mil milhões. Pediu a Pierre René para informar a equipa técnica da UTIP que deveriam alterar, caso contrário não assinaria. Cláudia da Encarnação Pedro e Sílvia Fernandes ficaram bastante aflitas com o que se estava a passar, uma vez que tal situação poderia meter em causa a imagem da organização impecável de que a instituição goza diante dos seus parceiros nacionais e internacionais. Em seguida, a jovem jurista sugeriu que se fizessem as alterações depois da assinatura por não ser possível fazê-lo naquele instante, uma vez que a imprensa já se encontrava na sala, a aguardar pela apresentação do cheque e a assinatura do acordo. A ideia foi aceite por Cláudia da Encarnação Pedro e Celeste de Brito, tendo as três convencido Raveeroj Rithchoteanan a assinar. Para o efeito, garantiram-lhe que poderia aparecer na manhã seguinte, de Sábado, a fim de serem feitas as rectificações e submeter o documento rectificado a Norberto Garcia e a Celeste de Brito para ratificarem.

Celeste de Brito conta que o departamento jurídico da UTIP lhe fizera chegar o *draft* do acordo cerca de 20 minutos antes da assinatura. Depois de fazê-lo, a sua empresa e a Centennial Energy Thailand, Company devolveriam os seus exemplares e trabalhariam juntos na feitura do novo documento, contendo as informações sobre o cheque de USD 50 mil milhões, que invalidaria o primeiro.

Assim aconteceu, passando a existir dois contratos: um, fazendo menção ao cheque de USD 50 mil milhões e 200 milhões, pela JPMorgan Chase & Co, e outro ao cheque de USD 50 mil milhões, número 4518164, emitido em nome da Centennial Energy Thailand, Company, a 24 de Novembro de 2017. Ambos emitidos pelo Banco Nacional SG das Filipinas em Nova Iorque. O segundo cheque, o de 50 mil milhões de USD, contrariamente ao primeiro, não estava certificado por nenhum banco internacional de primeira linha. Apesar de ter sido refeito e assinado por Raveeroj Rithchoteanan, Celeste de Brito e, posteriormente, Norberto Garcia, no dia 2 de Dezembro, a data oficial permaneceu intacta: 1 de Dezembro de 2017.

O outro acordo, com a data de 30 de Novembro de 2017, não foi destruído. Ficou guardado na sede da UTIP.

A notícia sobre a assinatura do referido "Acordo de Intenção", avaliado em USD 50 mil milhões, sem revelação destes pormenores, correu o mundo merecendo destaque em diversos órgãos de comunicação social.

****

Nesse mesmo dia, data assinalada por André Roy como sendo o que tinham de abandonar o hotel Alvalade, a gerência do hotel decidiu remeter a factura pelos quatro dias em que a delegação aí permanecera. Os seus integrantes ainda não haviam definido o tempo que permaneceriam em Luanda, embora os vistos fossem válidos por 15 dias, como referimos no princípio. Um dos funcionários da administração do hotel abordou Raveeroj Rithchoteanan sobre esse assunto e acabaram por se desentender. Tudo, por ele ter manifestado que não estava em condições de pagar, pelo facto de os seus cartões da rede internacional Visa não estarem a funcionar e não dispor de numerário em mão, tendo indicado Pierre René como a pessoa que poderia pagar as despesas. Este, por sua vez, também não dispunha de numerário suficiente nem no cartão de crédito ou a débito.

Face a essa situação, Pierre René e Celeste de Brito pediram a André Roy que pagasse as despesas dos tailandeses e do japonês, no total oito pessoas, avaliadas em USD 7 mil, por ser o único do grupo que tinha dinheiro suficiente no momento, com a promessa de que ser-lhe-ia devolvido na semana seguinte. Não especificaram, no entanto, quem o reembolsaria, se seria ela, o Pierre René, o Raveeroj Rithchoteanan ou outro executivo da Centennial Energy Thailand, Company.

Segundo Celeste de Brito, as despesas de hospedagem e alimentação dos oitos tailandeses em Angola, durante 7 ou 15 dias, estariam a cargo de Pierre René, por ser a pessoa que os convidou. No termo deste prazo, se decidissem ficar mais tempo, as despesas recairiam sobre a pessoa ou instituição que manifestasse interesse em tê-los em Luanda, em função dos acordos. Excluiu a sua empresa dessa responsabilidade, alegando que uma das regras que deixava sempre bem clara às pessoas que manifestavam interesse em fazer prospecção de negócios em Angola, contratando os seus serviços de consultoria internacional, era que «não assumia as despesas das delegações de potenciais investidores».

Depois disso, a delegação foi alojada no Hotel Pirâmide, uma das unidades hoteleiras de baixo preço e nível, que não figura entre as melhores de Luanda, cidade que, diga-se de passagem, foi considerada como a mais cara do mundo para viver, em 2017.[15] Celeste de Brito viu-se obrigada a quebrar a sua regra acima mencionada, ao pagar a única diária da delegação tailandesa nessa unidade hoteleira.

Na manhã seguinte, depois de a "estrela internacional" e os seus acompanhantes terem passado uma noite sem o luxo a que estavam acostumados, surgiu uma "luz no fundo do túnel".

Aníbal Palhares Mesquita, um empresário angolano com projectos inscritos na plataforma da UTIP que os conhecera ocasionalmente dias antes, no hotel Alvalade, propôs-lhes que se alojassem no hotel Epic Sana. O mesmo a que os seus processos de pedido de visto fazia referência como local onde ficariam alojados,

---

[15] Ranking com as cidades mais caras do mundo lançado pela empresa especializada em consultoria, Mercer, em 2018.

antes de terem chegado a Angola. Todavia, preveniu, que não assumia a responsabilidade de custear as despesas. Apesar de alegar ter os cartões Visa fora de serviço e não dispor de numerários, Raveeroj Rithchoteanan aceitou, perspectivando a intervenção de alguém que pudesse custear tais despesas.

XIII

A misteriosa carta do Vice-Presidente da República à Centennial Energy Thailand, Company

A iniciativa de Aníbal Palhares Mesquita ter proposto a Raveeroj Rithchoteanan que fossem se hospedar no Hotel Epic Sana não foi por mero acaso. Quando se conheceram no hotel Alvalade, o multimilionário tailandês disse-lhe que veio a Angola a convite do Executivo para fazer um investimento privado na ordem dos USD 50 mil milhões. Para fazer prova, mostrou-lhe uma carta/ofício que acreditava ter sido exarada pelo Vice-Presidente da República, Bornito de Sousa, direccionada à sua empresa, Centennial Energy Thailand, Company, datada de 14 de Novembro de 2017. Nessa missiva, o supracitado dirigente manifestava a disponibilidade de o Governo angolano aceitar o investimento, em resposta a uma proposta endereçada por Raveeroj Rithchoteanan. Razão pela qual, ao se aperceber que eles haviam mudado do hotel Alvalade para outro que classificou como sendo de «Pé de Chinela», propôs-lhe que ficassem no Epic Sana.

Na ocasião, Christian de Lemos, presente na conversa por ser tradutor de Rithchoteanan, ter-se-á mostrado incrédulo de que o convite para a vinda deles terá partido de Bornito de Sousa. Anote-se que até então, era do seu conhecimento que haviam sido convidados por Pierre René em parceria com Celeste de Brito.

Para dissipar as dúvidas que pairavam na mente de Christian de Lemos, Aníbal Palhares Mesquita exibira-lhe, a partir do seu telefone, uma foto da referida carta. Lemos acreditou, Aníbal Palhares Mesquita dava mostra de ser uma pessoa idónea e, além de ser empresário, trabalhava no BNI. Apareceram por ali nuvens a pairar, e anjos do inferno a voar, deixando presumir que a aproximação de Palhares a Raveeroj Rithchoteanan não terá sido por mero acaso. Provavelmente sabia de quem se tratava.

Depois da mudança do Hotel Pirâmide para o Epic Sana, Anibal Palhares Mesquita decidiu alertar o Vice-Presidente da República, Bornito de Sousa, que os seus distintos convidados tailandeses estavam a enfrentar dificuldades para acederem a um contacto com a sua pessoa. Isso por achar estranho o governante não os ter recebido em audiência passados cinco dias desde que entraram em Angola, numa altura em que o país precisa de investimentos. Para o efeito, reencaminhou ao general Elvino Domingos Mariano a fotografia da carta que Raveeroj Rithchoteanan lhe fornecera, via Whatsapp, dando-lhe a conhecer a intenção do tailandês e solicitando que fizesse chegar a mensagem ao alegado "anfitrião" de que já se encontrava no país. O general Elvino, que preside o Conselho de Administração da empresa Mundial Seguros, por sua vez, enviou a informação a Bornito de Sousa, de quem é próximo, ao que o governante respondeu que tinha já conhecimento da carta e estava a investigar a origem.

A primeira vez que o Vice-Presidente da República teve contacto com essa carta foi por via do jovem Lito Cativa, que também conhecera a delegação tailandesa no Hotel Alvalade. Atendendo à inquietação manifestada por Raveeroj Rithchoteanan por não estar a ser recebido por um dos dois mais altos mandatários do país, Lito Cativa recorreu ao seu amigo Rogério Félix Paulo Cambundo, que trabalhara com Bornito de Sousa, ao tempo em que este era ministro da Administração do Território, exercendo o cargo de director-adjunto do gabinete do então ministro, de 2013 à 2017. Daí a sua crença de que Rogério Cambundo seria a pessoa ideal para esclarecer as dúvidas que a carta lhe suscitara. Este, tão-logo viu o documento, percebeu que a assinatura é totalmente diferente das duas com que o seu antigo chefe subescreve os documentos que lhe chegam às mãos. Sendo uma das assinaturas para o consumo interno e a outra para os órgãos de soberania.

Por outro lado, Rogério Cambundo aconselhou Lito Cativa a nada fazer com aquele documento para não ter problemas com a justiça. Porém, não estava seguro de si. A possibilidade de Bornito de

Sousa ter adoptado uma nova assinatura em função do cargo de Vice-Presidente da República veio à sua mente e decidiu tirar a prova. Como já não trabalhava directamente com ele, por estar a exercer o cargo de director do gabinete de Arquivo e Gestão Documental da Presidência da República, reencaminhou a carta pela mesma rede social a José Maria Varela Gomes Borges, director do gabinete de Bornito de Sousa, na Cidade Alta. E, de José Borges, recebeu no mesmo instante garantias de que a carta era falsa.

José Borges transferiu-a para o computador, imprimiu e levou ao seu superior hierárquico para que tomasse conhecimento do que se estava a passar. Surpreso com a ousadia e a falta de honestidade dos autores da carta, Bornito de Sousa orientou-o a fazer dois ofícios a dar conta deste facto: um, direccionado a si, e outro ao ministro do Interior, Ângelo de Barros Veigas Tavares.

O documento endereçado ao ministro do Interior era para que este fizesse chegar a denúncia ao Serviço de Investigação Criminal (SIC), central, a fim de se instaurar o competente processo-crime. Fez menção de quem, insistentemente vinha pedindo uma garantia soberana para investimento externo, ou seja, a cidadã Celeste de Brito. É de relembrar que essa carta de chamada/convite chegara às mãos de Raveeroj Rithchoteanan via e-mail, por intermédio de Pierre René, o canadiano que o convidara para vir a Angola e tratara de toda a documentação relativa à sua vinda com o auxílio de Celeste de Brito.

****

Por outro lado, esse é o documento que prendera a atenção de Sílvia Fernandes, chefe do departamento jurídico da UTIP, no dia em que Celeste de Brito foi à instituição pela primeira vez, a pedir apoio para a vinda da delegação tailandesa. Sílvia Fernandes viria a esclarecer que a carta de chamada/convite com a assinatura forjada do Vice-Presidente da República fazia parte do conjunto de documentos que a empresária apresentou, do qual faziam parte a carta de identificação da Centennial Energy Thailand, Company, a carta de intenção de investimento em Angola, a fotocópia do cheque de USD 50 mil milhões e 200 milhões e a declaração de mandato que lhe fora confiada pela P&T Manangement Corporation. Além destes documentos, Celeste de Brito apresentara outros em formato digital, mas, segundo Sílvia Fernandes, não os deixou, tendo feito a promessa de que faria chegar no dia seguinte num único dossiê, contendo tanto os que estavam em formato físico como os digitalizados. Entretanto, quando tal ocorreu já não constava a carta de chamada /convite com a assinatura falsificada de Bornito de Sousa.

Em sua defesa, Celeste de Brito classificou partes dessas declarações como sendo falsas. Disse ser impossível ela ter incluído na sua forma física a carta de chamada/convite no dossiê, uma vez que a mesma data de 14 de Novembro de 2017, quando a primeira vez que estiveram juntos foi sete dias antes. Confirmou, porém, que estava sem alibi por ter sido a Sílvia Fernandes a única técnica da UTIP que analisara os documentos em formato físico, durante a reunião em que participaram também Eusébio Américo Sapalo, Jorge Wilson Pinto e Hélio de Jesus Alves. Todos eles funcionários da UTIP. Os outros dois presentes eram os seus colaboradores, mas que em nenhum momento se terão apercebido da existência de tal carta. Ela garantiu ainda que toda a documentação que apresentara nesse dia para fundamentar a elaboração das primeiras cartas de chamada acabaram por ficar nessa instituição. E que, inclusive, Sílvia Fernandes criara um grupo na rede social Whatsapp, no qual todos os participantes ao encontro foram adicionados e partilhado os documentos em formato digital.

Enfim, essa carta de chamada/convite foi encarada com a seriedade que se impunha. O ministro do Interior Ângelo Veiga Tavares fê-la chegar ao gabinete do Comissário-Chefe Eugénio Pedro Alexandre, director do SIC, que, por seu turno, incumbiu a alguns dos melhores peritos de investigação da instituição a responsabilidade de desvendar esse mistério.

XIV

UTIP em busca da verdade

Segunda-feira, 4 de Dezembro de 2017. Os técnicos da UTIP chegaram ao serviço conscientes de que, para além dos expedientes normais, haveria a reunião técnica semanal na qual a cerimónia de apresentação da proposta de investimento tailandês, orçada em 50 mil milhões de dólares e o fórum com os empresários nacionais realizados na última Sexta-feira, bem como os passos subsequentes, estariam entre os temas dominantes.

Como acontece na maioria das vezes, coube ao seu director, Norberto Garcia presidi-la. Para começar, manifestou-se indignado com a sua adjunta, Cláudia da Encarnação Pedro, por não ter comparecido atempadamente ao evento que reuniu os tailandeses e os representantes de distintas instituições públicas e privadas, chamando-a à «atenção de forma humilhante diante dos outros técnicos». Para ela se fazer presente ao acto teve de ser chamada por um dos seus colegas, o que não agradou ao director, que considerava fundamental a sua presença no local.

Norberto Garcia associou essa ocorrência ao facto de ela ter manifestado, em outra ocasião, que discordava da realização do referido evento antes que se concluísse, pelo menos, a *due diligence* desencadeada pela banca comercial, procedimento esse que visaria aferir a autenticidade e cobertura do fundo financeiro que os tailandeses diziam ter disponível para investir no país. Ao passo que o director da UTIP entendia que essa tramitação deveria ser feita em simultâneo com a apresentação pública e a avaliação dos projectos a ser beneficiados, por considerar ser um procedimento normal e que a promessa pública de que há dinheiro para o efeito é da responsabilidade do investidor. Somente dele.

Para si, no âmbito do investimento privado o mais importante é formatar o projecto. Uma vez que antes da sua exibição não se tem ideia do valor a ser investido no mesmo. Fica-se dependente do seu estudo de viabilidade. O que leva alguns investidores a estruturarem primeiro os seus projectos e, com o estudo de viabilidade, lançarem-se à procura de financiamento junto à banca.

Depois da subscrição do "Acordo de Intenção para a Tramitação da Proposta de Investimento Privado", a lei estabelece dois limites temporais que os investidores devem cumprir.

Quando ele já reúne todos os critérios, designadamente, o projecto fundamentado, o estudo de viabilidade, o dinheiro e a prova de fundo é de 30 dias. Cabendo à UTIP cumprir a sua parte, até à aprovação do mesmo pelo Titular do Poder Executivo para a emissão do Certificado de Registo do Investidor Privado. O segundo prazo, de 90 dias, é relativo à necessidade de o investidor completar o processo, prorrogável, desde que requerido e bem fundamentado junto à UTIP. Nessas circunstâncias, a decisão fica ao critério do seu director. Por isso, Norberto Garcia considerava existir tempo bastante para a realização das duas tarefas em simultâneo. Além do que, o procedimento para se aferir a prova de existência de fundos teve início antes da chegada da delegação tailandesa ao país, a 27 de Setembro de 2017, ao solicitarem ao Banco Nacional de Angola que se informasse junto da sua congénere filipina. Acrescia a isso o facto de ter sido requerido nesse mesmo dia ao BNA esclarecimentos sobre como deveriam proceder com o cheque.

A UTIP havia, para o efeito, remetido a documentação apresentada pelos tailandeses da Centennial Energy Thailand, Company, aos bancos comerciais do país. Dentre eles, passaram a esperar mais do banco BNI do que de todos os outros, ao se aperceberem que os tailandeses e os seus parceiros angolanos tinham iniciado contactos com os seus gestores para a tramitação de todo o processo. Endereçaram uma carta, requerendo que lhes enviassem os resultados das averiguações.

Na segunda quinzena de Janeiro, a UTIP decidira, pela primeira vez ao longo dos seus mais de dois anos de existência, recorrer à Unidade de Informação Financeira (UIF), instituição pública encarregada de aferir a proveniência lícita ou ilícita de fundos a serem aplicados no país. Norberto Garcia requereu, numa carta endereçada à UIF, datada de 24 de Janeiro de 2018, que aferisse a idoneidade do grupo dos tailandeses. A missiva tem o seguinte conteúdo:

«Exmo. Senhores,

Vimos por via desta informar que esta unidade foi contactada por um grupo de empresários de nacionalidade tailandesa, denominado Centennial Energy Thailand, que demonstrou a intenção de estabelecer parcerias em projectos de investimentos para implementação.

Nos foi apresentado um cheque no valor de USD 50.000.000.00 (Cinquenta mil milhões de dólares dos Estados Unidos da América). Nestes termos e com a finalidade de captação de investimento estrangeiro, apresentamos a carteira de investimentos existente na nossa base de dados que carecem de parceria com o intuito de discutirem os termos dessa parceria.

É de realçar que, por solicitação destes, foram agendados alguns encontros com instituições bancárias, o Banco Nacional de Angola e alguns bancos comerciais locais, com o objectivo de se submeter a uma análise o cheque acima referenciado.

Após reuniões efectuadas entre a UTIP e algumas entidades financeiras existentes no mercado angolano, somos a remeter em anexo para vossa apreciação e informação adicional, elementos que Vossas Excelências julguem pertinentes para o efeito, ou que seja para que se cumpram as regras de complaince».

Em resposta, Francisca de Brito, directora da UIF, acusou a recepção e, pela mesma via, num ofício datado de 30 de Janeiro de 2018, escreveu:

«(...) Recebemos a vossa carta e mereceu a nossa melhor atenção.

Na citada carta faz-se referência aos documentos em anexos, deste modo ficamos em posição muito difícil para emitir qualquer parecer sem que possamos previamente analisar os documentos da entidade em causa bem como da operação a que se refere.

Assim, solicitamos que nos remetam mais documentos em causa para que estejamos em condições de cumprir com o vosso pedido.»

Atendendo ao pedido da UIF, face à sua importância para evitar que os empresários angolanos criem falsas expectativas, perdessem os seus projectos ou alienassem recursos financeiros, a UTIP reuniu os documentos relacionados com os tailandeses em causa e respondeu prontamente o seguinte:

«Servimo-nos do presente para acusar a recepção do vosso ofício (...) e, desde já, apresentamos as nossas desculpas pelo que, somos a remeter a documentação adicional necessária para a emissão do vosso parecer».

Portanto, daí por diante só restava à UTIP aguardar pelos resultados das diligências em curso, com maior enfase para a da UIF, órgão que exerce a sua actividade sob a superintendência do Titular do Poder Executivo e sob a tutela da legalidade inspectiva do Banco Nacional de Angola.

XV

57 projectos de investimentos da UTIP e outros

Para Celeste de Brito, tudo aparentemente corria na normalidade. Atendendo ao "Acordo para a Tramitação de Proposta de Investimento Privado", assinado a 1 de Dezembro de 2017, o grupo técnico da UTIP, encabeçado pela jurista Sílvia Fernandes, fez chegar à sua empresa 57 dos mais de 200 projectos de investimentos de empresários nacionais que aguardavam por parceria externa na plataforma de projectos dessa instituição.

Esse procedimento enquadra-se no âmbito das atribuições da UTIP, entre as quais se enquadram «a faculdade de celebrar acordos, contratos de investimento, memorandos de entendimento, entre outras formas de estabelecimento de parcerias que possam propiciar o investimento de estrangeiros, sem qualquer contrapartida que não sejam as previstas na Lei do Investimento Privado».

Portanto, como a pretensão da delegação tailandesa era de estabelecer parcerias com investidores angolanos que tivessem projectos viáveis e credíveis, que não conseguem implementar por falta de capital financeiro, tecnológico e humano e pela existência de um sector bancário sem capacidade financeira de satisfazer a demanda, nada havia a opor.

Em contrapartida, os investidores tailandeses pediriam aos empresários nacionais uma percentagem das acções da sociedade comercial ou, em alguns casos, a criação de uma *Joint Venture*. Tudo decorreria sem ónus para o Estado. Este, repita-se, concederia somente as facilidades previstas na Lei do Investimento Privado para os investidores estrangeiros.

Até chegar a esta etapa, existiam outros requisitos por cumprir e um deles passava pelo processo que Celeste de Brito começava a levar a cabo. Ela trabalhava afincadamente para fazer o enquadramento dos projectos à regra do Programa de Estruturação de Oportunidade Financeira, às leis internacionais e à Lei do Investimento Privado vigente no país. O seu trabalho nesse sentido era a duplicar pelo facto de os seus parceiros tailandeses, alegadamente, não se fazerem acompanhar por um financeiro.

Assim que concluiu os processos dos primeiros 27 projectos que seriam beneficiados, remeteu as minutas dos mesmos à aprovação da UTIP e dos seus promotores. Não era tudo. Os projectos também deveriam ser visados pelo FAS, por ser a outra instituição que manifestara a disponibilidade do país em receber tal investimento para projectos de cariz social e humanitário. Na eventualidade de parte de os USD 50 mil milhões serem aplicados em projectos não certificados por essas duas instituições públicas, poderiam ser consideradas pelo sistema financeiro internacional como branqueamento de capital e classificados suspeitos de financiamento ao terrorismo. Razão pela qual, alegadamente, terá sido com base nessa obrigatoriedade que Raveeroj Rithchoteanan solicitou a abertura da linha que possibilitaria a alocação das verbas em projectos a serem executados no território angolano.

Celeste de Brito executava esses trabalhos por mandato que lhe fora confiado pela P&T Management Corporation, empresa de Pierre René - por não ter legitimidade para exercer essa actividade em África, ele não teve outra saída senão passar essa missão à sua parceira de negócios -, para dar continuidade ao trabalho de consultoria financeira que começara a prestar à Centennial Energy Thailand, Company, já antes de os tailandeses terem chegado a Angola.

No decorrer desse trabalho, ela voltou a contactar o director do Fundo de Apoio Social, Santinho Figueira, desta vez para propor outra parceria: a aderência da sua instituição a uma *Joint Venture* a ser celebrada entre a Centennial Energy Thailand, Company, a Celeste de

Brito, Lda e a P&T Management Corporation. Para o efeito, enviou-lhe o contrato já por ela assinado (como representante da Celeste de Brito, Lda), por Raveeroj Rithchoteanan (pela Centennial Energy Thailand, Company) e por Pierre René (pela P&T Management Corporation), com os respectivos carimbos em uso nessas empresas. Faltavam apenas as assinaturas de Santinho Figueira (como director do FAS) e de Adão Francisco Correia de Almeida (na qualidade de ministro da Administração do Território e Reforma do Estado, órgão do qual o FAS depende). Esse documento fez-se acompanhar de uma planilha contendo entre 11 a 12 projectos que seriam erguidos pela *Joint Venture*, entre os quais, o Kipuka, projecto esse, com vista à construção de pequenas infra-estruturas sociais nas aldeias rurais, nomeadamente, escolas, postos de Saúde e residências para professores e enfermeiros.

Ao remeter o contrato à apreciação do ministro, Adão de Almeida, Santinho Figueira emitiu um parecer negativo porque já estava informado sobre a falsificação da assinatura do Vice-Presidente da República e que as suspeitas recaíam sobre ela. Soube por intermédio de Bornito de Sousa que lhe enviara um e-mail, para apenas o seu conhecimento, no qual anunciava tal acção criminosa. Por outro lado, o seu parecer teve como fundamento o facto de, por experiência dos longos anos de trabalho nessa área, ter consciência de que todo e qualquer contrato de financiamento para projectos sociais a serem implementados no país, deve, antes de tudo o mais, ser assinado pelos ministros das Finanças e do Planeamento. Só depois é que ele, como director do FAS, e o titular da pasta do Ministério da Administração do Território e Reforma do Estado, assinam.

O tempo foi passando e os dois não assinavam. Ainda no decurso do mesmo mês, Dezembro de 2017, Celeste de Brito encontrou-se com o director do FAS no seu gabinete do Ministério, por volta das 18h00, acompanhada por alguns dos membros da delegação tailandesa, a fim de se inteirar das razões que estavam na base deste atraso. Manifestou, também, a pretensão de serem recebidos em audiência pelo ministro Adão de Almeida. Santinho Figueira revelou-lhes que o contrato fora submetido a uma consideração superior, embora já soubesse que não o assinariam. Quanto à audiência com o seu superior hierárquico, prometeu-lhes falsamente que providenciaria. O encontro durou somente 15 minutos, sem que os membros da delegação tailandesa dissessem fosse o que fosse sobre o assunto que os tinha levado ao seu gabinete. No seu ponto de vista «na condição económica em que o Estado se encontrava era possível um investidor estrageiro aparecer com USD 50 mil milhões, mas, noutra perspectiva, um montante como esse não deveria ser disponibilizado numa única prestação. Deveria ser em várias prestações e mediante a prestação de contas sobre as partes aplicadas». Neste caso, para o devido controlo, o dinheiro é transferido pelo financiado para o Banco Nacional de Angola, de onde é encaminhado para contas domiciliadas em bancos comerciais, indicadas pelos promotores dos projectos aprovados.

****

Face à necessidade que os seus parceiros tailandeses manifestaram de ter uma sociedade comercial em Angola, para melhor se relacionarem com os potenciais parceiros, Celeste de Brito requereu ao Guiché Único de Empresa (GUÉ) a emissão de um certificado de admissibilidade, em nome da Centennial Energy – Comércio e Prestação de Serviço, Lda e tratou de obter o seu Número de Identificação Fiscal (NIF). Com esses documentos, no dia 6 de Dezembro de 2017, Raveeroj Rithchoteanan e alguns dos seus colaboradores, acompanhados pelo general Arsénio e um dos directores da Cooperativa N´jango Yetu, regressaram à sede do Banco de Negócios Internacional à procura de Edson Matoso, director Comercial, a quem o banqueiro Mário Palhares incumbira a missão de tratar do assunto. O multimilionário tailandês abriu uma conta bancária nº 27032993, em nome da Centennial Energy – Comércio e

Prestação de Serviço, Lda, mesmo não tendo ainda personalidade jurídica, sem lhe ser cobrado o depósito da taxa exigida para o efeito. Na ocasião, Raveeroj Rithchoteanan "entregou" o cheque de USD 50 mil milhões à guarda do banco para que se iniciasse os contactos junto do Banco Central NG das Filipinas, em Manila, a fim de confirmar a sua autenticidade e disponibilidade de fundo financeiro.

Edson Matoso garantira-lhe que seria feita a conversão do cheque dentro de 5 dias, a contar da data da entrega do mesmo, e que depois poderiam fazer os passos subsequentes para a entrada do dinheiro no país. Por esse serviço, o BNI receberia uma comissão de USD 3 milhões no mínimo, conforme viria a revelar Celeste de Brito em tribunal. Motivo pelo qual o BNI não terá cobrado a taxa exigida no acto de abertura de conta.

O bancário Edson Matoso advertiu-os de que tinham sete dias para concluir o processo de abertura da referida conta bancária, caso contrário a mesma seria encerrada. Após o encontro, o cheque foi encaminhado à área de *Compliance*[16] para a sua certificação, tendo assim início o procedimento para o qual lhe havia sido confiado.

Esta informação alimentou a esperança dos representantes da Cooperativa N'jango Yetu no encontro. Atendendo à necessidade que os tailandeses tinham de constituir a empresa de direito angolano, o general decidiu dar sequência ao processo iniciado por Celeste de Brito. Contratou um advogado para elaborar o Estatuto da Centennial Energy Comércio e Prestação de Serviço, Lda, tendo indicado o seu filho primogénito, Celso do Rosário Domingos Arsénio, como um dos sócios. Ele viria posteriormente a esclarecer, em julgamento, que assim procedeu porque a Lei do Investimento Privado vigente obriga a que os cidadãos estrangeiros devam associar-se aos nacionais para constituírem empresas de direito angolano. Celso Domingos Arsénio

---

[16] Uma área nova no BNI encarregue da verificação da origem de fundos, de acordo a lei de combate ao branqueamento de capitais e de financiamento ao terrorismo, de acordo com declarações prestadas por Mário Palhares, no Tribunal Supremo, no dia 18 de Março de 2019.

não é um imberbe. É um homem feito, que mantém um vínculo laboral com a cooperativa N'jango Yetu, como prestador de serviço de informática. Pai e filho começaram a trabalhar juntos muito anos antes do surgimento da cooperativa.

Para concluir o processo de constituição da empresa, pesava desfavoravelmente o facto de os seus parceiros estrangeiros não serem residentes. Na ânsia de ultrapassar esse escolho, recorreram à UTIP. Norberto Garcia endereçou um ofício ao GUÉ solicitando que, a título excepcional, fosse prestado apoio ao grupo tailandês para a constituição da sociedade comercial e de prestação de serviços. O seu pedido foi indeferido por Israel Carlos de Sousa Nambi, director do GUÉ, alegando que não se podem legalizar empresas estrangeiras não residentes no país sem o Certificado de Registo de Investimento Privado (CRIP). Justificou que, pelo facto de a Lei de Investimento Privado não ser muito clara em relação a isso, por cautela, decidira assim proceder. No entanto, esse não foi o primeiro pedido do género formulado pela UTIP. Houve outros, alguns dos quais Israel Nambi deferiu por alegadamente ter elementos para o registar provisoriamente e o requerente tinha o prazo de um ano para registar e eliminar as razões provisórias. A resposta não foi imediatamente comunicada aos tailandeses e à N'jango Yetu, pelo que prosseguiram com as negociações.

Entretanto, corriam os trâmites na SIC, para pôr em sentido e, eventualmente na cadeia, todo e qualquer interveniente desta opulenta negociata, onde à mistura, se esgrimiam pessoas sensatas, sonhadores, "tubarões" e outros "predadores", prontos a morder e a picar nos cofres do Estado.

XVI
Centennial Energy em parceria estratégica com a N´jango Yetu

Desconhecendo a investigação em curso no SIC e acreditando na garantia do BNI, na pessoa do seu director comercial, Edson Matoso, o Conselho de Administração da Cooperativa N´jango Yetu viu o fundo de USD 50 mil milhões como sendo a fonte que procurava para concretizar os projectos em carteira, alguns dos quais inscritos na plataforma interna da UTIP. E Raveeroj Rithchoteanan, por seu turno, viu a cooperativa como parceira estratégica ideal, tendo em conta a influência que os generais exercem sobre o poder político em qualquer parte do mundo.

O general Arsénio, PCA da N´jango Yetu, depois de consultar o general de três estrelas, Altino Carlos José dos Carlos, vice-presidente da cooperativa, e o general de duas estrelas Afonso Lopes Teixeira Garcia "Led", seu conselheiro, decidiu estabelecer uma parceria, em nome de todos os seus filiados, com a Centennial Energy Thailand, Company. Estava consciente de que, explanou em tribunal, «enquanto empreendedor estou sujeito a risco e desconfiança, a todo o instante». E, como qualquer militar calejado, accionou alguns dos mecanismos de que dispunha para averiguar a existência do ambicioso fundo propalado por essa organização, com o apoio institucional de um órgão afecto à Presidência da República. Solicitou ajuda ao seu amigo italiano Salvatore Saluti, especialista em altas finanças, para averiguar a partir do exterior do país se não estariam a comprar "gato por lebre" ao estabelecer essa parceria. Na qualidade de consultor internacional, ele tinha uma vasta rede de contactos em Nova Iorque, nos Estados Unidos da América, onde prestava os seus serviços.

De Salvatore Saluti recebeu, dias depois, a confirmação da existência de fundos de USD 50 mil milhões para o efeito e que o cheque que Raveeroj Rithchoteanan apresentava poderia ter cobertura, todavia, não sabia como funcionava. O general Arsénio, com vasta experiência no ramo empresarial, não se deu por satisfeito e recorreu também ao Banco Keve e dele recebeu garantias de que não existiam anomalias com o cheque. Todas essas informações lhe haviam sido passadas oficiosamente, mas, dizia ter como provar se o tribunal o questionasse sobre esse ponto crucial.

Finalmente, no dia 14 de Dezembro de 2017, Celeste de Brito e André Roy, testemunharam a celebração de um acordo entre a Centennial Energy Thailand, Company e a Cooperativa N´jango Yetu numa das salas de reuniões do Hotel Epic Sana, com vista à criação de uma *Joint Venture* designada Nova Angola, vocacionada para a agricultura e a pecuária. Longe dos holofotes da imprensa celebraram essa parceria Raveeroj Rithchoteanan, na qualidade de representante da empresa tailandesa, José Arsénio Manuel, como presidente do Conselho de Administração da Cooperativa das FAA, e Sachipengo Nunda, como presidente da Mesa da Assembleia dessa organização.

Este contrato tem uma cláusula que diz que as partes se comprometem a «obter juntamente ou em parceria financeira o montante de USD 7 mil milhões, 384 milhões, 528 mil e 298 e 9 cêntimos para o projecto agro-industrial Nova Angola».

Testemunharam também o acto, Christian de Lemos, como tradutor, e alguns dos gestores da cooperativa e membros da delegação tailandesa. Além desse acordo, dias antes, entre 5 e 7 de Dezembro, as três personalidades assinaram outros três acordos com vista à implementação de igual número de projectos, designadamente, o Rubi, New Dawn e o Pérola do Cuchi.

O Rubi consubstancia-se na construção de 60 mil habitações e respectivas infra-estruturas integradas, em todo país, para filiados da cooperativa. O New Dawn é um dos projectos mais ambiciosos, por integrar nos seus planos, não só habitações, mas também unidades industriais e de agro-indústria, assim como escolas. Esse projecto empregaria os desmobilizados das FAA e a população da área onde será implementado.

O Pérola do Cuchi, não menos ambicioso, é um mega projecto agro-industrial a ser erguido no município do Cuchi, província do Cuando Cubango. Na planilha elaborada pelo financeiro da cooperativa, relacionada com os projectos, consta que os mesmos consumiriam mais de USD 46 mil milhões e 382 milhões dos USD 50 mil milhões. Restariam menos de USD 4 mil milhões para os 57 projectos que Celeste de Brito se encontrava a adequar as normais internacionais exigidas por esse tipo de fundo.

Dias depois, Raveeroj Rithchoteanan pediu ajuda ao seu parceiro, general Arsénio, para liquidar as suas contas no hotel Epic Sana, por empréstimo, alegando estar impossibilitado de o fazer porque os seus cartões de crédito não estavam a funcionar. O seu pedido foi aceite, tendo em conta que já mantinham um vínculo contratual e os valores a serem desembolsados, a título de empréstimos, estariam, justamente, muito aquém do que eles investiriam nos projectos.

****

Quinta-feira, 28 de Dezembro de 2017.Três dias depois de ter comemorado a festa do "nascimento de Cristo", seguindo a crença da Igreja do Ministério de Deus Aleluia, a pastora e empresária, "Celeste", fora convocada verbalmente a comparecer às 7horas e 30 minutos no Estado Maior General das FAA, numa altura em que o general Nunda se encontrava no exterior do país e desconhecia a iniciativa.

A ordem partiu do general de três estrelas, Altino Carlos dos Santos, vice-presidente do Conselho de Administração do N´jango Yetu, que trabalhava como elo entre essa organização mutualista e o presidente da sua Mesa da Assembleia Geral. Não exercia função executiva por ser incompatível com o seu cargo de chefe da Direcção Principal de Planeamento do Estado Maior General. Convocou-a por iniciativa pessoal, atendendo ao pedido do general Arsénio, que considerava que a empresária estava a intervir indevidamente nas negociações entre os tailandeses e a cooperativa, da qual não fazia parte.

Celeste de Brito e o general Altino dos Santos tinham-se conhecido há anos, por intermédio de um amigo comum. Ele, por sua vez, apresentou-a ao general Arsénio, como conhecedora de um fundo que pretendia investir em projectos sociais em Angola, coincidentes com os objectivos da cooperativa N´jango Yetu.

Mal Celeste de Brito se sentou, o general informou-a de que deveria afastar-se da cooperativa. Ela não esperava por isso. Compreendeu que a ordem foi extensiva aos tailandeses que trouxera ao país e não lhe foi aclarado o contrário. Só mais tarde viria a ouvir o mesmo general de três estrelas explicar em tribunal que «não tinha competência para lhe pedir que se afastasse dos tailandeses. Julgava que a conversa ficaria apenas entre nós». Essa informação foi desmentida no mesmo local por Celeste de Brito, ao afirmar à barra do tribunal que o seu velho conhecido general advertira que «o assunto está a ser tratado por altas instâncias», pelo que deveria afasta-se dos tailandeses.

A partir deste desencontro com o general Nunda as coisas começaram a descarrilar em seu desfavor. A viatura e o motorista da sua empresa que os apoiava, escoltados por uma viatura das FAA, foram substituídos. A delegação passou a se locomover numa viatura das Forças Armadas Angolanas, conduzida por Feliciano António, membro da corporação. Esse veículo fora destacado a apoiar a N'jango Yetu pelo general Corenel Dombelé, atendendo a um despacho do Chefe de Estado Maior General, em resposta a um pedido dessa organização.

Sachipengo Nunda viria a esclarecer em tribunal que não disponibilizou a viatura especificamente para apoiar a delegação tailandesa, mas a cooperativa. Tratou-se de um procedimento normal que o general não soube precisar se ocorrera antes ou depois da chegada dos tailandeses ao país. Fundamentou que quando recebesse pedidos de cedência de meios de uma das instituições castrense, orientava o director do seu gabinete a requisitar a disponibilização do mesmo à Unidade de Apoio. De acordo com os regulamentos das FAA, nesses casos o condutor da viatura não pode ser alguém ligado à instituição receptora, mas à referida unidade de apoio.

Feliciano António movimentava-se da Unidade de Apoio para o Hotel Epic Sana, em função do horário dos compromissos diários da delegação. Depois do expediente regressava à Unidade. Os seus honorários, os custos com combustível e a manutenção da viatura estavam todos a cargo das FAA. Acrescentando a isso o facto de as despesas do hotel serem asseguradas pela cooperativa, os privilégios que a delegação usufruía assemelhavam-se aos que Raveeroj Rithchoteanan proporcionou a Pierre René e André Roy, quando foram à sua procura na Tailândia. Com apenas uma pequena diferença: não existia nessa terra ninguém à espera de dinheiro fresco. Os militares angolanos, eles, acreditavam que o dinheiro entraria no nosso país nos meses subsequentes, depois de cumpridos os trâmites legais. O que estava muito longe de acontecer.

XVII
A conturbada substituição de Celeste de Brito

De todos os cenários previstos por Celeste de Brito e seus colaboradores directos durante o período em que preparavam a vinda da delegação tailandesa a Angola, a possibilidade de perder o controlo e a influência sobre a mesma terá certamente sido cogitada, todavia, preferiram descartá-la. Ela acreditava que o seu amigo e "sócio" Pierre René e os seus parceiros de negócio da Centennial Energy Thailand, Company não teriam tamanha ousadia. No entanto, foi justamente isso que aconteceu. Acabou por ser afastada do negócio pelo magnata multimilionário com o beneplácito de quem menos esperava: o general Arsénio, seu sócio, amigo e conselheiro nos negócios.

Raveeroj Rithchoteanan viria justificar que assim procedera por Celeste de Brito se ter mostrado incapaz de cumprir a agenda que ela própria lhes tinha proposto, criando enormes expectativas. Segundo ele, no dia 27 de Novembro de 2017, quando chegaram ao país, Celeste de Brito apresentou-lhes uma agenda de trabalho para os 15 dias, período de validade do visto de fronteira, na qual se incluíam reuniões de negócios com diversas entidades, entre as quais o Vice-Presidente da República, Bornito de Sousa e alguns ministros. Durante esse período realizou-se mais de dez reuniões de trabalho entre os tailandeses, os canadianos e a angolana e, em momento algum, dela receberam garantias de que os encontros que constavam na agenda seriam concretizados. Passados 15 dias, a única entidade com quem se encontrara foi Norberto Garcia, director da UTIP, que dizia que os poderes que lhe foram delegados, por inerências de funções, em matéria de investimento privado, era superior ao dos ministros. A sua articulação com eles era meramente institucional, uma vez que o seu cargo era equivalente ao de secretário do Presidente da República e só a ele tinha de responder. Para Raveeroj Rithchoteanan, ainda assim ele estava abaixo dos funcionários da cadeia de aparelho do Estado que pretendiam contactar.

Enquanto Celeste de Brito enfrentava tais dificuldades, dezenas de pessoas atraídas pela mediatização da assinatura do Acordo de 1 de Dezembro de 2017, aproximaram-se da delegação tailandesa e prometiam até o que nunca conseguiriam concretizar, com o objectivo de abocanhar uma "fasquia" dos USD 50 mil milhões para os seus projectos.

Nesse período, conheceram as angolanas Zenilda Sinfodonia e Carla Dias e uma moçambicana, identificada apenas por Gabriela. Cada uma delas, a seu jeito, mostrou-se disponível a ajudar os tailandeses. Zenilda e Carla Dias diziam frequentar os meandros do poder em Angola e estavam disponíveis a trabalhar com eles, influenciando determinadas figuras para que os recebessem em audiência. Raveeroj Rithchoteanan não terá hesitado colocá-las a exercer a actividade que até então era da competência de Celeste de Brito, a sua parceira empresarial que o trouxera a Angola.

O general Arsénio, Raveeroj Rithchoteanan e alguns membros da sua delegação foram à UTIP, acompanhados por Zenilda a fim de apresentá-la a Norberto Garcia como a substituta de Celeste de Brito. À chegada, abordaram o consultor jurídico Eusébio Sapalo, tendo-lhes este informado que o director se encontrava no exterior do país. Como o assunto ultrapassava as suas competências e as da equipa técnica que com eles trabalhava, pediram para falar com a directora adjunta, Cláudia da Encarnação Pedro, por ser a pessoa imbuída de poderes para tratar do assunto. Para formalizar a substituição, Raveeroj Rithchoteanan apresentou uma procuração na qual atribuía à substituta de Celeste de Brito plenos poderes de representar o grupo.

Cláudia da Encarnação Pedro viria a declarar, em Tribunal, que Raveeroj Rithchoteanan justificara vagamente os motivos que estiveram na base do afastamento da pessoa que trabalhara afincadamente para que eles pudessem entrar no território nacional e assinar o Acordo para a Tramitação da Proposta de Investimento Privado. Alegara que assim procediam por ela não estar a satisfazer os interesses do grupo.

O seu afastamento não ditou o fim do vínculo laboral que Christian de Lemos, o tradutor que contratara, mantinha com a delegação tailandesa. O multimilionário e o general Arsénio chamaram a si essa responsabilidade, alterando apenas as modalidades de pagamento, tendo em conta que, com o término das suas férias, ele, passara a prestar esse serviço em *part time*.

Quando estivesse indisponível, a tradução ficava a cargo da senhora Gabriela, que acumulava com o serviço de dama de companhia que prestava a Manthita Pribwai, mulher do magnata e vice-presidente da empresa Centennial Energy Thailand, Company.

Entre as três mulheres que se juntaram ao grupo de expatriados, pelo menos uma delas não era desconhecida de Celeste de Brito: a Gabriela. Cidadã de nacionalidade moçambicana que o general Arsénio conhecera por intermédio de Celeste de Brito, que a apresentara como sua colaboradora.

Já a função de Carla Dias no grupo veio a tornar-se uma incógnita. Christian de Lemos, que acompanhara a aproximação delas ao grupo, não soube precisar. Descreveu-a como uma pessoa bem-falante, bem relacionada no círculo do poder no país e com bastantes conhecimentos.

****

Na Quinta-feira, 28 de Novembro de 2017, um dia depois de participar na reunião no gabinete do Chefe de Estado Maior General das FAA, Celeste de Brito foi à UTIP para se inteirar sobre as minutas dos 27 projectos de investimento de cidadãos nacionais, que deixara dias antes, e informar o seu ponto de vista sobre afastamento compulsivo de que tinha sido vítima nas negociações dos investidores tailandeses. A intensão de falar com Norberto Garcia fracassou por este encontrar-se ausente do país, tendo sido recebida por Cláudia da Encarnação Pedro.

Bastante desapontada, Celeste de Brito declarou que a procuração passada por Raveeroj Rithchoteanan conferindo poderes a Zenilda Sinfodonia não tem efeito legal. Pois – fundamentou – a sua empresa celebrara um contrato para prestar serviço de consultoria aos tailandeses com a empresa P&T Management Corporation, de Pierre René, o canadiano que os trouxera a Angola com o seu auxílio. Tudo bem, só que, nessa altura, Pierre René já não se encontrava no país.

O diálogo entre Celeste de Brito, Cláudia da Encarnação Pedro e Sílvia Fernandes, a coordenadora da equipa técnica que estava a tratar do projecto de investimento tailandês, não foi conclusivo. A empresária retirou-se, dizendo que aguardaria por Norberto Garcia para abordar o assunto.

***

O seu afastamento foi antecedido por três desentendimentos com Raveeroj Rithchoteanan por motivos destintos. Celeste de Brito explicou que «o primeiro tem a ver com a falta de lealdade e cumprimento do Acordo de Intenção para da Tramitação de Proposta de Investimento Privado. A Centennial [Energy Thailand, Company] estava a negociar com detentores de projectos não inscritos na plataforma interna da UTIP, violando fria e descaradamente as regras internacionais, cujo cumprimento determinaram a disponibilização das verbas destinadas a Angola. O segundo teve como base a troca do cheque de USD 50 mil milhões e 200 milhões pelo de USD 50 mil milhões. O terceiro conflito, (quiçá o mais remoto a medrar), estava relacionado, justamente, com o incumprimento da agenda que elaborara com Pierre René».

De acordo com Celeste de Brito, que diz ter um memorando com a Casa Civil do Presidente da República, a delegação tailandesa exigia que ela conseguisse uma audiência não só com o Vice-Presidente como com o Chefe de Estado, João Lourenço, e alguns dos seus auxiliares. Isso porque Pierre René, quando esteve no país pela primeira vez, meses antes, gozara desse privilégio à semelhança de outros investidores que trouxera ao país. Porém, agora, o problema resumia-se à entrada em cena de uma nova delegação, improvisada por Zenilda e Carla Dias, que conseguiram "satisfazer", da boca pra fora, essa vontade de se reunirem com as mais altas entidades angolanas e, em boa verdade, não conseguiram.

A nova delegação foi recebida em audiência pelos generais Francisco Higino Lopes Carneiro (governador provincial de Luanda), Julião Mateus Paulo "Dino Matross" (deputado à Assembleia Nacional e ex-secretário-geral do MPLA) e António Pereira Massano (director nacional de Segurança Social, Cultura e Desporto do Ministério da Defesa). Não são, longe de lá, as mais altas entidades do país. Alguns deles estão nos últimos lugares do pelotão de trás, jamais estiveram à cabeça.

Entretanto o SIC continuava a tecer a sua "teia de aranha".

XVIII
Uma oportunidade de negócio utópica

Noite de Sexta-feira, 15 de Dezembro de 2017. O bar Kosmopolis, no primeiro andar do hotel Epic Sana, foi palco de um encontro inusitado. Dois jovens, um eritreu e um tailandês, acabavam de se conhecer e abordaram as perspectivas de negócios em Angola para o novo ano que se avizinhava. Million Isaac Haile, eritreu de 29 anos, escolhera há anos, o nosso país como sua segunda pátria, e Luanda, a capital, para ganhar a vida, ao passo que o tailandês Manin Wantchanon, quatro anos mais novo, completava o 19º dia em Angola e não pretendia ficar por muito tempo. Fazia uma visita de prospecção, integrando a delegação da Centennial Energy Thailand, que dizia ter USD 50 mil milhões para investir em projectos de empreendedores nacionais ou estrangeiros residentes.

Neste período, Million Haile encabeçava um projecto empresarial familiar, denominado AngoMelhor Comércio, Lda, que visava a importação de bens alimentares não perecíveis a partir do Dubai, Emiratos Árabes Unidos, para comercializar em Angola. Para o efeito, já vencera as barreiras burocráticas para obter a documentação necessária e arrendado um enorme armazém no bairro Hoji-Ya-Henda, no município do Cazenga, com o intuito de aí guardar os seus bens e comercializá-los.

Decorriam os acertos finais à distância, entre ele, o exportador e os preparativos para a recepção das primeiras mercadorias no princípio de 2018, em Luanda. O quadro de trabalhadores estava parcialmente constituído por seis cidadãos angolanos e dois eritreus, numa primeira fase. Considerava estarem reunidas as condições para começar o novo ano "à grande e à francesa", como soe dizer-se. Porém, por essa altura, Million Haile repartia a sua atenção entre a empresa familiar e a assistência que prestava às empresas dos seus conterrâneos que requisitaram os seus serviços, na qualidade de engenheiro de tecnologias de informação.

Manin Wantchanon, ao aperceber-se desse seu projecto empresarial, contou-lhe que a Tailândia está entre os que mais produzem cereais na Ásia. Para provar, mostrou-lhe algumas fotos de plantações familiares de arroz que tinha armazenadas no telefone. Ao notar o interesse de Million Haile, passou o dedo indicador da mão direita sobre o ecrã mostrando-lhe fotografias de membros da sua delegação em viaturas topo de gama, na cidade de Bangkok, como se estivesse a comprovar que trabalhava com afortunados. Seguiram-se os retratos da cerimónia de assinatura do "Acordo de Intenção para a Tramitação da Proposta de Investimento Privado", rubricado, a 1 de Dezembro de 2017, na UTIP, isto sem esquecer a reunião de esclarecimentos com a equipa técnica do BNA, de 27 de Novembro de 3017. O tapete enorme com a sigla BNA bordada, no chão da sala de reunião, descartava quaisquer dúvidas de que não tivessem sido recebidos na sede do banco central angolano. Million Haile ficara deveras impressionado.

Manin Wantchanon levou-o a conhecer o magnata Raveeroj Rithchoteanan. Sem rodeios nem delongas, o multimilionário falou-lhe do mega-investimento que pretendia realizar em Angola e recomendou-lhe que visitasse o portal da sua empresa, para conhecer o seu historial e o ramo de actuação. Antes de Million retirar o telemóvel do bolso para o fazer, Raveeroj Rithchoteanan entregou-lhe o seu. No ecrã, passava o vídeo de uma notícia da autoria do jornalista Barroso Martins, divulgada no principal noticiário da TV ZIMBO, do dia 1 de Dezembro de 2017, na qual ele aparece ao lado do director da UTIP e de Celeste de Brito, a celebrarem o aludido acordo, numa cerimónia bastante concorrida por empresários, bancários e representantes dos governos provinciais e de departamento ministeriais.

Assim que recebeu de volta o telemóvel, Raveeroj Rithchoteanan disse ser bastante influente em Angola. Reforçou a sua afirmação exibindo-lhe um jornal em que aparece uma foto sua com Norberto Garcia, no acto acima mencionado. Falou-lhe da parceria que tinha com alguns generais angolanos, razão pela qual tinha à sua disposição um militar como segurança e motorista que os transportava numa viatura protocolar das Forças Armadas Angolanas, para onde quisessem. As fotografias feitas para registar o momento da assinatura de quatro acordos com a Cooperativa N'jango Yetu, nas quais aparecem o Chefe de Estado Maior General das FAA, Geraldo Sachipengo Nunda, ora de farda de gala ora de farda de campo, e o general Arsénio, trajado à civil, também lhe foram exibidas. Numa das fotografias também aparece o general de três estrelas da Força Aérea Nacional (FAN), Altino Carlos, com o traje militar de gala.

Ao notar o semblante de aparente admiração de Million Haile, Raveeroj Rithchoteanan manifestou disponibilidade de estabelecer uma parceria com ele, mas antes teria de analisar o seu curriculum profissional. O eritreu anuiu. Considerou estar diante da oportunidade de desenvolver um negócio, aparte aquele que teria como sócios alguns membros da sua família. Trocaram os contactos telefónicos e e-mails. Million Haile foi convidado a beber um "drink", tendo aceite, não sem especificar em contrapartida, que optaria entre água ou café por não consumir bebidas alcoólicas.

Na manhã seguinte, Million Haile enviou o seu curriculum vitae para o correio electrónico de Raveeroj Richtchoneanan a fim de comprovar que tinha experiência no ramo comercial, como se estivesse a concorrer a uma vaga de emprego. Horas depois, recebeu a resposta que mais ansiava, na qual Raveeroj Richtchoneana manifestava que teria muito gosto em estabelecer parceria consigo, caso tivesse capital financeiro para investir.

O magnata tailandês propôs-lhe a compra de 5 por cento das acções da Centennial Energy Thailand, Company no valor de USD 100 mil. Não era tudo. A proposta incluía também a possibilidade de ele exercer o cargo de director executivo para a área de importação e exportação de bens da empresa de direito angolano Centennial Energy - Comércio e Prestação de Serviço, Lda,, que estava em vias de constituição. Além da possibilidade de ser o responsável por todas as operações que a empresa tailandesa realizaria em Angola.

Ao tempo, a taxa de câmbio no mercado informal era de 46 mil Kwanzas por cada nota de USD 100 e os bancos comerciais haviam restringido a venda, em consequência da crise económica e financeira que o país vivia. O que se tornava numa verdadeira odisseia conseguir divisas. Os USD 100 mil deveriam ser pagos em duas prestações: 50 USD mil no momento de adesão ao negócio (assinatura do contrato) e a outra parte, quando os primeiros contentores com a mercadoria chegassem a Angola. Raveeroj Richtchoneanan garantiu-lhe que a mercadoria já estava a caminho do país e que, como deveriam regressar à Tailândia dentro de algum tempo, urgia a necessidade de firmarem a parceria com alguém experiente no ramo do comércio, importação e exportação para que se desse o tratamento adequado ao produto. O jovem eritreu manifestou que precisaria de algum tempo para pensar e tomar a decisão que melhor lhe conviesse. Considerava a oportunidade única, mas algo no seu interior lhe recomendava prudência.

Acreditando ser o negócio que mudaria a sua vida para melhor, decidiu avançar sem, no entanto, mexer no dinheiro reservado ao investimento familiar, AngoMelhor. Para tal, Million Haile solicitou aos seus conterrâneos mais próximos que lhe emprestassem dinheiro, pois as suas reservas pessoais eram insuficientes para comprar os USD 50 mil ao câmbio praticado no mercado informal. Aos credores garantia que os parceiros que conhecera, há bem pouco tempo, eram credíveis e que não havia qualquer risco de ser burlado. O que não imaginava é que era justamente isso que viria a acontecer e, pior, viveria uma das experiências mais amarga da sua vida: ficar preso no estrangeiro. E, para o seu maior pesadelo, num país onde a superlotação das cadeias é uma realidade.

Os amigos não hesitaram, emprestaram. Na Quarta-feira, 20 de Dezembro de 2017, após ter convencido Raveeroj Richtchoneanan sobre as dificuldades que enfrentava para conseguir divisas, voltaram a sentar-se à mesa no mesmo local para celebrarem o contrato de parceria. Million Haile tornar-se-ia assim, sócio de uma empresa na Tailândia, de forma atípica, e gestor, em Angola de uma empresa de importação e exportação que ainda não estava legalmente constituída. Em contrapartida, entregou a Raveeroj Richtchoneanan AKZ 23 milhões, o equivalente (na altura) a 50 mil dólares.

À semelhança do que fizera com as entidades angolanas com as quais se reunira, sem necessariamente firmar acordo de parceria, Raveeroj Richtchoneanan e Million Haile posaram para a posteridade. Só que, a manejarem as câmaras não estavam profissionais de comunicação social nem tais fotos haveriam de preencher os espaços noticiosos das televisões e muito menos as páginas de jornais e revistas, exaltando o acto.

As fotos foram impressas em duas vias e anexadas ao contrato, cuja assinatura foi testemunhada pelos membros da delegação de Raveeroj Richtchoneanan e por amigos de Million Isaac Haile. A partir desse momento, só lhe restava aguardar pela chegada da mercadoria.

XIX

Christian, Panda, Ekuikui e o multimilionário tailandês

Christian de Lemos, o amigo de Celeste de Brito, manteve-se no negócio milionário. Com o afastamento dela, o subchefe da Polícia Nacional perdeu o contrato verbal de AKZ dois milhões pelo serviço de tradução que prestaria à delegação tailandesa durante os 15 dias que permaneceriam em Luanda, mas não a oportunidade de ganhar dinheiro. Surgiram-lhes outras oportunidades. E assim expandiu o seu raio de acção. Passou a intermediar os pedidos de audiência que a delegação endereçava a algumas individualidades e instituições angolanas. Nessa senda, passou a receber do general Arsénio ajudas de custo semanais que variavam entre AKZ 50 mil a 100 mil.

Raveeroj Richtchoneanan, por seu turno, garantiu-lhe um emprego na área de tradução da Centennial Energy Comércio e Prestação de Serviço, Lda, empresa de direito angolano que estava a criar. Com o término das suas férias, passara a prestar-lhes serviços por iniciativa própria, à tarde, depois das 15horas e 30 minutos. Raveeroj optou por agraciá-lo com somas monetárias em ocasiões especiais. Ofereceu-lhe AKZ 200 mil no dia 25 de Novembro de 2017, por ocasião do seu 49º aniversário, AKZ 200 mil, de boas festas pela transição de 2017/2018, e com AKZ 200 mil, horas antes de serem detidos preventivamente.

***

Lançados como estavam, os tailandeses, numa jogada de alargar perspectivas de negócio, decidiram apresentar a proposta de investimento que tinham para Angola à Polícia Nacional. Para tal, enviaram um pedido formal de audiência ao Comandante Geral, Comissário-Geral Alfredo Eduardo Manuel Mingas "Panda". Debalde, porque este completava um mês no cargo, acabara de ser nomeado a 20 de Novembro de 2017, e optou por declinar.

Considerava existirem assuntos mais urgentes que careciam da sua intervenção. Até porque ainda não estava a conceder audiências a ninguém.

Passados alguns dias, foi contactado por telefone pelo comissário-chefe reformado Jojó Antunes, padrinho de Christian de Lemos. O seu ex-colega de armas não tinha outro assunto a abordar, senão o pedido de audiência dos tailandeses. Sugeriu-lhe que os recebesse, justificando que a proposta que pretendiam apresentar poderia ajudar a solucionar alguns dos problemas que afligem os efectivos. Invocou também o facto de o tailandês ter estabelecido parceria com a cooperativa das Forças Armadas Angolas. Analisando neste novel prisma, o Comissário-Geral Alfredo Mingas "Panda" decidiu recebê-los.

Ao tomar conhecimento dessa decisão, Raveeroj Richtchoneanan e Christian de Lemos convidaram o general Arsénio para os acompanhar. Atendendo ao acordo de troca de experiência existente entre a cooperativa N´jango Yetu e a sua congénere Nzila Ya Kubanga, afecta ao Ministério do Interior, ambas com o mesmo objectivo, o general aceitou. Considerou que seria uma óptima oportunidade para abordar com o novo Comandante-Geral da Polícia Nacional essa parceria, mau grado estivesse consciente de que o anfitrião não exercia qualquer influência sobre essa organização mutualista do Ministério do Interior, uma vez que, por inerência de função, exerce o cargo de presidente da Mesa de Assembleia Geral do Cofre de Previdência do Pessoal da Polícia Nacional, organização que congrega somente os polícias.

No dia e hora marcada, os visitantes estrangeiros chegaram ao Comando Geral da Polícia Nacional situada na majestosa Marginal de Luanda, acompanhados pelo general Arsénio e Christian de Lemos, tradutor. Alfredo Mingas "Panda" estava acompanhado pelo director Nacional Financeiro da corporação, comissário Júnior Salussinga, a quem incumbira o secretariado da audiência.

Raveeroj Richtchoneanan manifestou a disponibilidade de a sua empresa financiar a construção de empreendimentos de cariz social para os polícias, entre os quais, residências, à semelhança do que faria em benefício dos efectivos e trabalhadores civis das Forças Armadas Angolanas. O Comissário-Geral Alfredo Mingas "Panda" limitou-se a ouvir as propostas do magnata tailandês, sem apresentar qualquer contrapartida.

Depois da reunião, o comissário Júnior Salussinga lavrou uma acta e, com a anuência do seu superior hierárquico, enviou-a ao ministro do Interior, Ângelo Veiga Tavares - cujos peritos do SIC, por directiva sua, já estavam a investigar os forasteiros - para lhe dar a conhecer o sucedido. Sem entrar em detalhes, o governante alertou Alfredo Mingas "Panda" que devia ter a máxima prudência por existir a possibilidade de estes investidores não serem tão idóneos como faziam crer.

****

Alfredo Mingas "Panda" não foi a única pessoa da alta hierarquia da Polícia Nacional com a qual os tailandeses se reuniram. Certo dia, também foram apresentados, no hotel Epic Sana a José Alfredo Chingango "Ekuikui", Comissário-Geral da Polícia Nacional na reforma. Mal Ekuikui entrou no hotel, acompanhado pela sua mulher para tomar o pequeno-almoço, foi abordado por Christian de Lemos que, sem rodeios, disse-lhe: «General há um empresário que gostaria que conhecesse». Ekuikui considerou a abordagem de Christian normal, por ser ele próprio uma pessoa bastante acarinhada na corporação. Foi reformado como general das FAA aos 51 anos de idade, altura em que foi nomeado Comandante-Geral da Polícia Nacional, posto do qual, passou à reforma, aos 56 anos de idade.

Com educação e humildade, características da sua personalidade incomuns entre os oficiais superiores dos órgãos castrense, Ekuikui informou Christian que iria primeiro saciar o seu apetite, de seguida iria ao seu encontro. Porém, antes mesmo do repasto matinal, com a anuência da sua mulher, foi ao seu encontro.

Na mesa de Christian de Lemos, a conversa foi breve e cordial. Ekuikui e Raveeroj foram apresentados e trocaram cartões-de-visita, mas sem abordar qualquer assunto. Contudo, ficara a promessa de se encontrarem noutra ocasião.

Passou o tempo e, dias antes de voltarem a se encontrar, Ekuiki, usando a sua inteligência militar, aprimorada num curso de inteligência comercial feito em Israel depois de ter passado à reforma antecipada, desencadeou uma operação com vista a conhecer melhor os tailandeses e decidiu convidá-los a visitar o seu escritório para falar sobre o motivo que os trouxera a Angola. Convite aceite, mais do que fazer uma "prelecção" sobre o assunto, Raveeroj Richtchoneanan pediu a Ekuiki que usasse a sua influência para que fossem recebidos em audiência por João Lourenço, o mais alto mandatário da nação angolana. Mostrou-lhe a carta em que, alegadamente, o Vice-Presidente Bornito de Sousa manifestava a disponibilidade do país para receber o seu investimento. Próximo da pessoa em causa e das suas assinaturas, aquela que constava no documento pareceu-lhe estranha. E não só, presumiu ser demasiado estranho o Vice-Presidente da República endereçar um convite/ofício a um privado estrangeiro, com o conhecimento de outro privado nacional. Logo, as suas dúvidas estenderam-se a Lemos.

Sem causar alarido, reteve a carta. Os seus portadores não levantaram qualquer suspeita, por Ekuiki lhes ter prometido que voltariam a encontrar-se em breve. Como era da praxe, Raveeroj Richtchoneanan pediu-lhe permissão para que um dos seus colaboradores os fotografasse juntos com o seu telemóvel, ao que anuiu por não ver nada de anormal. Os tailandeses saíram da reunião satisfeitos e esperançosos de que viessem finalmente a ter o seu desejo concretizado.

Tão-logo deram as costas, José Alfredo "Ekuikui" telefonou ao Vice-Presidente da República, tendo sido atendido pela sua secretária. Após explicar o motivo do telefonema, passou a ouvir a voz de Bornito de Sousa no outro lado da linha, que lhe pediu para comparecer no seu gabinete da Cidade Alta, às 9h00 da manhã do dia seguinte. Ekuiki reuniu todos os documentos que tinha sobre os tailandeses e apresentou-os a Bornito de Sousa, no dia, hora e local combinado. Sem formalismo, segundo José Alfredo "Ekuikui", ao ver a carta Bornito de Sousa respondeu: «O general conhece a minha assinatura. Não é essa».

Dias depois, Ekuikui terminou a relação cordial que mantinha com os tailandeses, sem esclarecer os motivos para não perturbar os trabalhos que estavam a ser desenvolvidos pelos operacionais do SIC. Em suma, nunca chegaram a celebrar qualquer acordo.

XX

Sair de Angola… nem pensar!

Segunda-feira, 11 de Dezembro de 2017. Três dias antes de os vistos de fronteira dos integrantes da delegação tailandesa perderem a validade, estes compareceram na UTIP para uma reunião de trabalho cujo único assunto foi justamente esse.

Ante a "maré" de oportunidades de negócios que tinham pela frente, alguns dos quais envolvendo pessoas politicamente expostas, Raveeroj Richtchoneanan manifestou a pretensão de a maioria dos membros da sua equipa permanecerem no país mais tempo do que o previsto.

Cláudia Fernandes e Eusébio Sapalo, enquanto membros da equipa técnica da UTIP encarregada de dar seguimento a este dossiê, informaram os visitantes, a fim de encontrar uma solução, que levariam ao conhecimento da direcção do Serviço de Migração Estrangeiro (SME) a referida caducidade dos vistos antes de eles poderem concluir o processo que os trouxe ao país.

Celeste de Brito, nessa altura ainda em conexão com os tailandeses, propôs que a delegação tailandesa saísse do território angolano por alguns dias, enquanto os técnicos da sua empresa, em parceria com a UTIP, tratariam de obter vistos de permanência temporária de três meses de validade para todos eles. Como se já tivesse tudo arquitectado, sugeriu que fossem a Moçambique no dia 23 de Dezembro de 2017, com ela e Simão Júnior, director de projectos da Celeste de Brito, Lda. Todavia, a sua empresa compraria somente as passagens dos seus funcionários, devendo a Centennial Energy Thailand, Company encarregar-se dos bilhetes dos seus gestores e os dois canadianos assumirem as suas próprias despesas. Em Moçambique, os tailandeses poderiam propor às autoridades locais um plano de investimento semelhante ao que pretendiam implementar em Angola, se fosse do seu interesse.

Para ela, conseguir os vistos de fronteira não seria um processo penoso, por ter sido convidada a visitar esse país, dias antes, pela Agência Para a Promoção de Investimento e Exportações (APIEX) de Moçambique. Essa agência, afecta ao Ministério da Indústria e Comércio desse país lusófono, estava interessada em requisitar os serviços de consultoria em altas finanças prestados pela Celeste de Brito, Lda. A empresária considerava esse convite uma oportunidade de negócio a levar em conta, por ela já ter assinado um protocolo com a Casa Civil da Presidência da República de Moçambique e da República Democrática do Congo, entre outros países da África Austral. Tais protocolos foram celebrados no âmbito da Organização Não Governamental (ONG) Agenda for África, de que é co-fundadora. Os tailandeses anuíram às suas propostas. Na eventualidade do SME declinar o pedido da UTIP, viajariam até Moçambique e aí ficariam menos de uma dezena de dias. Tempo suficiente para se tratar o visto de maior duração.

Após a reunião, a UTIP, no âmbito das suas competências, remeteu no mesmo dia uma carta ao gabinete do director do SME com o seguinte teor:

> *«Melhores cumprimentos,*
>
> *No âmbito da captação de Investimentos Directos Estrangeiro para a diversificação da economia nacional e na sequência dos vários encontros de trabalho entre as autoridades angolanas públicas e uma delegação de empresários, constituída por 10 financiadores, que se encontram no território nacional desde o passado dia 27 de Novembro do corrente ano com o visto de entrada de fronteira valido até 13 de Dezembro do corrente ano.*

Por força da não conclusão dos encontros técnicos com vista ao estabelecimento de parcerias estratégicas para Angola, solicitamos os vossos bons ofícios no sentido de se identificar uma solução prática para que a mencionada delegação termine os trabalhos ou abandone o país no prazo de três dias».

A resposta do SME tardava a chegar. O plano proposto por Celeste de Brito parecia ser a única saída. Ela solicitou aos seus parceiros que lhe fizessem chegar os respectivos passaportes para dar entrada na Embaixada de Moçambique em Angola, a fim de lhes serem atribuídos vistos. Estes responderam que seria impossível. Os passaportes já não estavam em posse do SME. A resposta deixara-a atónica, por saber que os visitantes encontravam-se sob responsabilidade da sua empresa e da UTIP, pelo que, todos os actos legais atinentes à sua estadia deveriam ser com o conhecimento prévio destas instituições. O que não era o caso.

Ela não tinha sido posta ao corrente de que Christian de Lemos, o tradutor contratado para acompanhar os tailandeses, decidira recorrer a algumas entidades e instituições públicas. Também ele pedia ajuda para ultrapassarem o empecilho. Solicitou ao Comandante-Geral da Polícia Nacional, Alfredo Mingas "Panda", por telefone, em nome dos tailandeses com os quais havia reunido dias antes, ajuda para a prorrogação dos vistos.

Alfredo Mingas "Panda" respondeu-lhe que deveria contactar o SME, pois a situação não era da sua competência. Aparentemente arrependido por ter importunado o seu superior hierárquico, Christian de Lemos pediu desculpas pelo transtorno e a conversa por ali ficou. Não se deu por vencido. Contactou, pela mesma via, o Comissário-Geral na reforma, José Alfredo "Ekuikui", com o mesmo propósito. Informou-o que os senhores que lhes tinha apresentado dias antes, estavam na eminência de sair do país porque tinham os vistos prestes a caducar. José Alfredo "Ekuikui" não teve a menor dúvida de que o subchefe da Polícia estava a pedir-lhe apoio de forma "diplomática", no sentido de intervir para a viabilização dos vistos. O pedido foi declinado.

Depois de devidamente ponderado, Christian de Lemos decidiu contactar pessoalmente o director do SME, comissário-chefe da Polícia Nacional, Gil Famoso da Silva. Ele já o havia apresentado à delegação tailandesa dias antes no hotel Epic Sana. Na ocasião, Gil Famoso deslocara-se ao hotel para uma actividade que nada tinha a ver com os tailandeses e fora surpreendido por Christian de Lemos.

Ao tomar conhecimento do pedido de audiência formulado por Raveeroj Richtchoneanan, na qualidade de líder do grupo, o comissário-chefe anuiu. Durante a reunião, realizada na sede do SME, o magnata manifestou que não tinha garantias de que, se saísse do país, não teriam dificuldades para obter vistos ordinários de maior duração ao regressar a Angola. Alegou que a sua insegurança assentava no facto de estarem a correr os trâmites legais junto dos órgãos do Estado afins e do BNI para que o dinheiro viesse para Angola. Como prova, apresentou os documentos de constituição da sociedade comercial de direito angolano, Centennial Energy Comércio e Prestação de Serviços, Lda, e os comprovativos da abertura da conta bancária nº 27032993, domiciliada nesse banco. Mesmo assim, a audiência não culminou com uma resposta satisfatória para os requerentes. Embora já tivessem, a expensas da cooperativa N'jango Yetu, dado entrada do processo para tratar o tão almejado visto.

Os membros da delegação tailandesa sentiram-se à beira do desespero. Já figuravam na lista dos estrangeiros ilegais em Angola. Cada dia que permaneciam nessa condição equivalia a uma multa a ser paga à saída do país. Com a agravante de estarem impossibilitados de praticar qualquer acto administrativo. Essa situação afectava, obviamente, os parceiros angolanos.

Christian de Lemos voltou a entrar em cena. Desta vez, acorreu ao gestor público de uma instituição que nada tem a ver com os órgãos castrense: Belarmino Gomes da Rocha Van-Dúnem, presidente do Conselho de Administração da Agência para a Promoção do Investimento e Exportação de Angola (APIEX). O tradutor foi procurá-lo no seu gabinete com o propósito de saber se ele tinha competência para requerer ao SME a atribuição de vistos a investidores estrangeiros na condição da delegação tailandesa.

A preocupação não surpreendeu Belarmino Van-Dúnem. Era a mesma que recebia diariamente em audiência de mais de uma dezena de pessoas. Tal aresta ocorria sempre em consequência da morosidade registada na atribuição de vistos. Baseando-se nos estatutos da sua instituição, os quais estabelecem a missão de prestar apoio aos empresários ou potenciais investidores, evitando subcarga burocrática, como a registada no SME, respondeu positivamente. Numa condição, que lhe fossem apresentados os passaportes contendo os vistos de fronteira e os documentos relacionados aos investimentos que pretendiam realizar, a fim de confirmar a veracidade. Como não se fazia acompanhar dos mesmos, Christian de Lemos ausentou-se da sala com a promessa de regressar com os referidos documentos.

Assim aconteceu. Regressou em companhia de Raveeroj Richtchoneanan e os outros membros da sua delegação. No entanto, só puderam apresentar fotocópias dos passaportes contendo os vistos pelo facto de os originais se encontrarem no SME. Após analisá-los, o PCA da APIEX telefonou à Gil Famoso, pedindo que o ajudasse a solucionar o impasse em que se encontrava o processo dos tailandeses. Este, por sua vez, informou que já estavam a tratar do caso.

Na noite de Sexta-feira, 22 de Dezembro de 2017, Christian de Lemos foi chamado, por telefone, à sede do SME, a fim de levantar os passaportes dos cidadãos tailandeses. Assim que esfolhou para confirmar, ter-se-á surpreendido ao ver que o tempo de validade dos vistos ordinários ultrapassou as suas expectativas. Eram vistos de trabalho válidos por um ano, isto é, até 22 de Dezembro de 2018. Foi uma noite de comemoração para os investidores estrangeiros e os nacionais que acompanharam de perto a sua aflitiva situação.

Gil Famoso viria mais tarde esclarecer que lhes atribuíram esses vistos de forma cautelar. Sem a totalidade dos documentos exigidos por lei (declaração da empresa em que trabalham, o parecer do órgão de tutela, declaração de imposto regularizada e os documentos pessoais), fizeram-no por estar a correr os trâmites do processo de viabilização do investimento. O fundamento de insegurança manifestada por Raveeroj Richtchoneanan na audiência que lhe concedera, também pesou bastante. Todavia - de acordo com o comissário-chefe -, de certeza que lhes seriam anulados os vistos de trabalho com a atribuição do visto correspondente ao de investidor. A legislação vigente não permitia a atribuição deste visto privilegiado aos investidores que não tivessem o Certificado de Registo de Investidor Privado.

Só mais tarde, o SME respondeu à UTIP, num documento datado de Sexta-feira, 5 de Janeiro de 2018, acusando a recepção do ofício e a informar o seguinte:

«Tendo em conta que os cidadãos em nome de quem se pede foram admitidos em território nacional mediante a concepção de visto de fronteira, a lei não permite soluções intermédias (...). Assim pede-se a vossa melhor cooperação para com o futuro e com vista a que as entidades que pretendem entrar em Angola o façam mediante a aquisição de vistos ordinários, a partir das missões diplomáticas, evitando-se que os mesmos estejam em permanência ilegal dentro do país.

Contudo, o Serviço de Migração e Estrangeiros vai ponderar a permanência temporária dos mesmos, desde que se remeta o expediente para esse efeito, acompanhado de certificados de registo criminal dos interessados e de informação detalhada sobre o projecto».

A informação sobre a atribuição dos vistos aos tailandeses rapidamente chegou ao conhecimento de Celeste de Brito, o que não lhe agradou. Incrédula, telefonou de imediato a Eusébio Sapalo, o "embaixador" da UTIP junto do SME, para dar a conhecer que a situação migratória dos expatriados estava regularizada. Os técnicos desse gabinete de apoio ao Presidente da República também ficaram surpreendidos.

Eusébio Sapalo contactou, via telefónica, um dos investidores e obteve dele a confirmação de que já tinham os vistos de trabalho, sem especificar como. Ao tomar conhecimento do sucedido, Norberto Garcia enviou outra carta ao SME, reportando que suspenderiam o processo porque já lhes haviam sido atribuídos vistos de trabalho, à margem das suas competências e atribuições. Pelo que, solicitava que se averiguasse essa situação. O SME, por seu turno, não respondeu, remetendo-se a um prudente silêncio.

****

No dia 23 de Dezembro de 2017, Celeste de Brito deixou novamente os filhos, viajando para Moçambique em companhia de um dos seus colaboradores, para atender ao convite da APIEX local. Regressou a Angola quatro dias depois. Consciente de que estava a ser afastada do negócio milionário, mas não pretendia abrir mão.

Dias depois, o canadiano Pierre René e os executivos da Centennial Energy Thailand, Company, Kanphitchaya Kanyaprasit, Pracha Kanyaprasit, Watcharinya Techapingwaranukul e o japonês Myazaki Yasuo regressaram aos seus países para passarem a quadra festiva junto da família. Alguns deles, com a promessa de regressarem a Angola. Permaneceram no nosso país os tailandeses Raveeroj Rithchoteanan, Monthita Pribway, Manin Wanitchanon e Theera Buapeng e o canadiano André Roy.

XXI

A descoberta do BNI e o ambicionado CRIP

Passados os sete dias úteis desde a abertura da conta bancária no BNI, a contar de 6 de Dezembro de 2017, Raveeroj Richtchoneanan não conseguia apresentar os documentos complementares em falta. A utilização por via bancária estava condicionada por restrições na movimentação a débito até à formalização integral do processo.[17]

A possibilidade de ele constituir a sociedade Centennial Energy Comércio e Prestação de Serviço, Lda, empresa de direito angolano, em que teria como sócio Celso Domingos Arsénio, filho do general Arsénio, nos moldes em que perspectivou, tornara-se inviável, em consequência de Israel Carlos de Sousa Nambi, director do Guiché Único de Empresa (GUE), ter indeferido o pedido da UTIP no sentido de conceder-lhe, excepcionalmente, a possibilidade de constituí-la. Para ultrapassar essa aresta, tornara-se imperioso ter o Certificado de Registo de Investimento Privado (CRIP), documento cuja emissão é da estrita competência do Presidente da República.

Enquanto o magnata tailandês se debatia com essa situação, uma equipa técnica do BNI, em Luanda, tentava contactar o Banco Central das Filipinas, em Manila, através do sistema swift,[18] em conformidade com as políticas de *compliance* e de combate ao branqueamento de capitais e financiamento ao terrorismo em vigor a nível nacional e internacional. Enviaram o primeiro pedido de verificação a 11 de

---

[17] A abertura de conta bancária nessas condições encontra respaldo legal na Lei das Sociedades Comerciais nº 1/2004, de 13 de Fevereiro. Esclareceu o BNI, em comunicado de imprensa de 18 de Março de 2018.
[18] Sistema internacional bancário gerido pela Society for Worldwide Interbank Financial Telecommunication, que visa padronizar e facilitar as transacções internacionais entre bancos de diferentes pontos do mundo de forma electrónica.

Dezembro de 2017, seis dias depois de lhe ter sido entregue o cheque à confiança.

Durante esse período, o director comercial do BNI, Edson Matoso, informou Raveeroj que enfrentavam dificuldades para obter a confirmação da autenticidade do cheque de USD 50 mil milhões e da disponibilidade do fundo. Expedito como é, o magnata tailandês decidiu ajudá-los a ultrapassá-las. Recorreu à sua amiga Fátima Manin, directora executiva do Banco Central das Filipinas que, alegou ele, trabalha directamente consigo há anos. Foi ela quem lhe entregara o referido cheque, a 26 de Novembro de 2017, no Aeroporto Internacional de Bangkok-Suvarnabhumi, na Tailândia. Minutos antes de partirem para Angola, com escala em Addis Abeba, capital da Etiópia.

Havia apenas um senão: Raveeroj tinha de liquidar uma dívida de USD 30 mil pendente com a directora executiva do Banco Central das Filipinas. Caso contrário, poderiam não contar com o seu apoio para a tramitação do processo. Como não dispunha, no momento, de condições financeiras para o fazer, recorreu novamente a André Roy para avançar o dinheiro. Prometeu que o devolveria quanto antes. Ambicionando conseguir um contrato de prestação de serviços por vários anos, André Roy atendeu ao pedido do magnata. Acreditava que tanto esse favor como o que prestara antes, pagando a conta dos quatro dias que a delegação permaneceu no hotel Alvalade, influenciariam a contratação da sua empresa para a concepção, fiscalização e coordenação de todos os trabalhos de construção civil, onde seriam aplicados os USD 50 mil milhões. Para tal, contava previamente com o apoio de Pierre René, o canadiano que "descobriu" os tailandeses. Raveeroj passou-lhe as coordenadas bancárias de Fátima Manin, domiciliada num banco comercial das filipinas para onde deveria transferir o dinheiro.

Note-se que nesta altura ninguém sabia nada do que ao SIC andava a fazer no encalce dos investidores tailanderses e aeus quejandos.

André Roy pegou no seu computador portátil e conectou-o à internet do hotel Epic Sana. Em poucos minutos, acedeu à conta bancária da sua empresa, Group Andre Inc, domiciliada no Scotiabank, na Nova Escócia, uma das dez províncias do Canadá, que é, por sinal, a segunda menor. Tão-logo comunicou a Raveeroj que a transferência foi realizada com sucesso, este entrou em contacto com a Fátima Manin para que fizesse a sua parte. Ela scaneou o documento contendo o swift e enviou por e-mail ao magnata tailandês para que fizesse chegar ao BNI, como comprovativo de que o cheque é autêntico e que o fundo existe. Mas não conseguiu impedir o inevitável.

No dia 14 de Dezembro do mesmo ano, a direcção do BNI enviou uma carta a Raveeroj Richtchoneanan, informando-o que a conta bancária foi encerrada no dia anterior (13 de Dezembro) por não ter apresentado a documentação completar dentro do prazo estabelecido e por o período de validade dos vistos de fronteira ter caducado. Além desses dois motivos, havia outro, que os gestores do BNI optaram por não revelar, tanto ao cliente tailandês, como aos seus parceiros angolanos e à direcção da UTIP. O Banco Central das Filipinas respondera, por via do mesmo sistema, no dia 12 de Dezembro de 2017, que não reconheciam a transacção indicada pelo BNI, isto é, o cheque, nem a existência de um processo da Centennial Energy Thailand, Company na instituição. Esclareceu ainda que não se relacionam com empresas privadas que não estão ligadas ao sector bancário e que a sua acção cinge-se a supervisionar outras instituições bancárias. Considerando, assim, tratar-se de uma operação fraudulenta.

Nesse dia, este banco comercial recebeu uma comunicação, via *compliance*, que identificava a existência de duas sociedades com o mesmo nome, uma no Reino Unido e outra na Tailândia. O seu conteúdo comprometia fortemente a delegação tailandesa. «Nesta comunicação constatou-se também a emissão de um comunicado do BSP [Banco Central das Filipinas] que apontava para o risco de fraude por parte de pessoas que se faziam passar por seus representantes, detendo cheques como meio de pagamento da sua instituição para obtenção de valores monetários por via de acções fraudulentas».[19]

Entretanto, apesar de ter sido afastada do negócio, Celeste de Brito procurava estar informada de tudo o que se passava, esperançosa de que pudesse vir a beneficiar do dinheiro. Foi ao BNI à procura de Edson Matoso para se inteirar do resultado dessa operação de verificação. O bancário deu-lhe a mesma informação falsa que prestara ao magnata tailandês. Disse-lhe que estavam com dificuldades para obter a confirmação junto do banco emissor. Revelou-lhe o gesto proactivo de Raveeroj Rithchoteanan, ao lhe enviar por e-mail a fotocopia de uma carta contendo o *swift*. E, surpresa, ela pediu-lhe uma fotocópia para que pudesse aferir com os seus próprios olhos o que acabara de ouvir.

O documento parecia perfeito, entretanto, um simples pormenor despertou a atenção de Celeste de Brito, as iniciais do código MT7 99. No seu entender, estava errado. Nenhum swift começa deste modo, além de que os mesmos são trocados apenas entre os bancos. Assim, começou a suspeitar do esquema que estava a render milhares de Kwanzas aos tailandeses. Para confirmar as suas suspeitas, por não passarem de meras suposições que não ousou sequer partilhar com o bancário. A informação que recebeu foi a que temia: o *swift* é falso. Se estivessem a contar com o mesmo, não havia possibilidade dos USD 50 mil milhões serem enviados para Angola.

A direcção do BNI continuava a gerir a informação que recebeu do Banco Central das Filipinas. Cinco dias depois denunciou a ocorrência à UIF. Numa declaração datada de 18 de Dezembro de

---

[19] Comunicado de Imprensa divulgado pelo BNI de 18 de Março de 2018.

2017, o BNI forneceu as informações que dispunha sobre a Centennial Energy Thailand, Company, a Centennial Energy Comércio e Prestação de Serviços, Lda (sociedade de direito angolana que estava em vias de criação) e o seu representante. A missiva foi acompanhada da correspondência do banco filipino. Na Sexta-feira da mesma semana, 22 de Dezembro, a UIF respondeu ao banco comercial, que logo abriu o processo o nº 10.2017.355.156, sobre este caso.

A UTIP também estava atrás dos resultados da diligência do BNI. Solicitou formalmente a esse banco comercial que lhe fornecesse tais informações, no âmbito do acordo de Intenção para a Tramitação de Proposta de Investimento Privado. O banco comercial optou por omitir os resultados alcançados. Respondeu que o processo de averiguação se encontrava em curso e recomendou-lhe que efectuasse também diligências para aferir a autenticidade do cheque. Edson Matoso, director comercial do BNI, viria esclarecer, no dia 18 de Março de 2019, em Tribunal, que assim procederam em respeito ao sigilo bancário e que, em cumprimento a lei de branqueamento de capitais, apenas poderiam revelar anomalias às entidades reguladoras, nomeadamente, à UIF e ao BNA.

Só um mês depois de fazer chegar a informação à UIF, o BNI comunicou ao banco central angolano o que se estava a passar com os tailandeses da Centennial Energy Thailand, Company. Numa carta datada de 22 de Janeiro de 2018, o banqueiro Mário Abílio Palhares apresentou o processo com detalhes sobre as démarches feitas junto da UIF. O BNA viria a responder no dia 2 de Fevereiro: «orientando a retenção do cheque sob custódia, até ao apuramento da idoneidade e da legitimidade da ordem de pagamento».[20]

****

---

[20] Idem.

Raveeroj Richtchoneanan, o general Arsénio e Zenilda Sinfodonia foram ao encontro de Geraldo Sachipengo Nunda, no seu gabinete no Estado Maior General das Forças Armadas Angolanas. Havia dois assuntos a afligi-los, que julgavam merecer a atenção do general. Não pretendiam deixar para a manhã seguinte. Os assuntos eram: a retenção do cheque de USD 50 mil milhões e a morosidade que se registava na emissão do CRIP a favor dos investidores tailandeses.

Raveeroj Richtchoneanan e general Arsénio pediram-lhe que contactasse o banqueiro Mário Abílio Palhares, no sentido de resgatar o cheque. O Chefe de Estado Maior Geral das FAA desconhecia, até então, que haviam depositado o cheque à guarda do BNI e que estavam a criar a sociedade comercial Centennial Energy Comércio e Prestação de Serviço, Lda. Tal como viria a declarar, no dia 13 de Março de 2019, em tribunal, que ambos o informaram que tinham remetido o cheque pessoalmente ao Presidente do Conselho de Administração do BNI, Mário Abílio Palhares. O banqueiro, por sua vez, afirmou, no dia 18 do mesmo mês e ano, na mesma sala, que tomou contacto com o cheque por intermédio do seu director comercial, Edson Matoso, a quem o magnata tailandês havia pessoalmente remetido.

O processo de criação da referida empresa emperrou porque os investidores ainda não dispunham do CRIP. Sem o qual, o investidor estrangeiro estava impedido de criar empresa no território angolano, por força da Lei de Investimento Privado.

Sem rodeios, Sachipengo Nunda telefonou de imediato para o director da UTIP, Norberto Garcia, para pedir esclarecimentos sobre como deveriam proceder nestas circunstâncias. O seu interlocutor prontificou-se a enviar uma equipa técnica, liderada por Cláudia da Encarnação Pedro, ao Estado Maior General das FAA. Assim que ele deu por fim a conversa, Norberto Garcia telefonou à sua directora-adjunta e orientou-a para que criasse uma equipa integrando os chefes de departamento para irem de imediato ao gabinete do general Sachipengo Nunda. Ele necessitava de esclarecimentos em matéria de investimento privado e, por uma questão de ética e respeito, seria conveniente que lá fossem.

Chegados ao local, os técnicos da equipa da UTIP encontraram o general reunido com a mesma equipa com a qual haviam feito o mesmo exercício no período da manhã. O anfitrião agradeceu a disponibilidade e pediu desculpas pelos transtornos que lhes pudesse estar eventualmente a causar. Cláudia da Encarnação Pedro apresentou os três técnicos que a acompanhavam, entre os quais estava Eusébio Sapalo. Sachipengo Nunda pediu-lhes que esclarecessem as suas dúvidas sobre o famigerado investimento privado, mais concretamente sobre a emissão do CRIP. A equipa da UTIP percebeu, naquele instante, que não havia sido suficientemente compreendida quando, na manhã do mesmo dia, explicara a Raveeroj Richtchoneanan, general Arsénio e Zenilda Sinfodonia os procedimentos para a atribuição do CRIP.

Cláudia da Encarnação Pedro repetiu que o CRIP é um documento que só se atribui depois de uma proposta de investimento ser devidamente analisada e apreciada pela UTIP e aprovado pelo Titular do Poder Executivo. Não estando o Executivo em posse de nenhum projecto desta natureza do grupo tailandês, não tinha como o seu Titular poder atribuir-lhes o CRIP. Após a explicação, o Chefe de Estado Maior General das FAA ficou convencido. Agradeceu-lhes, aparentemente satisfeito.

Ficou por esclarecer se Sachipengo Nunda atendeu ao pedido do general Arsénio e Raveeroj Richtchoneanan, no sentido de contactar o PCA do BNI, Mário Abílio Palhares, para reaver o cheque de USD 50 mil milhões. O banqueiro viria a esclarecer que pessoalmente não foi pressionado para devolver o cheque, mas sim Edson Matoso, director comercial do banco, a quem incumbira a missão de tratar do dossier dos tailandeses. Este, por sua vez, declarou ter sido contactado diversas vezes por Zenilda Sinfodonia, alegadamente a mando de Raveeroj Richtchoneanan, exigindo a devolução do cheque.

Ainda incrédula com o que se estava passar, a direcção do BNI voltou a contactar o Banco Central das Filipinas, via *Swift*, manifestando a necessidade urgente de confirmação da validade do cheque nº 4518164, emitido a favor da Centennial Energy Thailand, Company. No dia 19 de Fevereiro de 2018 recebeu do banco filipino a reconfirmação de que: «não emitiu o cheque, não reconhecia a transacção, a origem do processo e não tinha qualquer relação com a empresa tailandesa».[21]

A direcção do BNI decidira manter essa informação no seu círculo mais restrito, tendo partilhado apenas com os responsáveis máximos das direcções do BNA e da UIF. Deste modo, os generais da cooperativa N'jango Yetu, os técnicos da UTIP entre outras pessoas a quem os tailandeses vendiam o sonho multimilionário continuavam a acreditar piamente na sua concretização.

---

[21] Idem.

XXII

O dia em que Celeste de Brito deixou Norberto Garcia boquiaberto[i]

Assim que Norberto Garcia regressou ao país, em Janeiro de 2018, orientou que se convocasse Celeste de Brito para uma reunião no mesmo dia, com o intuito de esclarecer algumas dúvidas que pairavam entre os signatários do Acordo de 1 de Dezembro de 2017. Estava desapontado com o desentendimento que houve entre as suas colaboradoras, Cláudia da Encarnação Pedro e Sílvia Fernandes e a empresária. Quis acalmar os ânimos e aclarar alguns aspectos relacionados com o afastamento da empresária angolana do negócio com os tailandeses, que achava estarem a ser mal-entendidos. Todavia, a data e o horário não foram bem coordenados. Na agenda do director da UTIP estava marcado para o mesmo dia, hora e local, uma conferência de imprensa. Logo, previa-se um encontro breve. Por demais breve numa situação dessas, tão complicada.

Celeste de Brito fez-se acompanhar por um dos seus colaboradores directos e Norberto Garcia pela sua adjunta, Cláudia da Encarnação Pedro, o consultor Eusébio Sapalo e a sua secretária, identificada apenas por Dona Paula.

Era a primeira vez que se encontravam em 2018. Após as cordiais saudações acompanhadas das felicitações de Próspero Ano Novo, o anfitrião começou por descrever o modelo de gestão da sua equipa. Dava sinais claros de estar em fim de mandato. Disse que as acções da sua equipa foram sempre no sentido de trazer soluções, «sem olhar para caras e cargos». «Nós somos uma instituição que tem essa reputação. Uma reputação com a qual eu entrei aqui e com a qual quero sair. Não sou um daqueles que pensam que, quando acabada a sua missão deve haver ranger de dentes. Que tem de haver choro. Não. Eu gosto de entrar bem nas coisas e sair de cabeça erguida».

Para dissipar quaisquer dúvidas, garantiu que não teria problema em aceitar um pedido de Celeste de Brito para ir pessoalmente ou enviar uma das suas equipas a um dos seus investimentos. «Aqui não há esquema. Até eu sair daqui, farei com que não haja referência de que na UTIP andam atrás das pessoas para pedir isto [dinheiro] ou aquilo [favores]». Enfim, apregoava que o seu modelo de gestão era, tanto quanto possível, perfeito, isento de corrupção, de suborno e de favoritismo, uma raridade no nosso país, que até 2017 figurava entre os 20 mais corruptos do mundo, ocupando a 14ª posição no *Ranking*.[22] Reconheceu que, em caso de falha, tal derrapagem devia ser entendida como erro humano, descartando qualquer suspeita de actos ilícitos que pudessem recair sobre a sua equipa. Tinha plena confiança nela.

Indo directamente ao tema fulcral da reunião, para demonstrar que não tinha qualquer interesse em afastá-la da parceria com a Centennial Energy Thailand, Company, Norberto Garcia salientou que recebia diariamente inúmeros telefonemas e mensagens, tanto de SMS como pela rede social WhatsApp, de pessoas interessadas em beneficiar dos USD 50 mil milhões, às quais respondia que não faz esquemas e que pauta sempre pelo cumprimento de regras. Garantiu a Celeste de Brito: «As pessoas que querem isso [beneficiar dos USD 50 mil milhões] vão ter de cumprir as regras».

Fazendo alusão ao ambiente sombrio que pairava entre a UTIP, Celeste de Brito, Lda e a Centennial Energy (Thailand) Company, Norberto Garcia considerou que a sua instituição é que estava «a levar por tabela», por pensarem que aderiu a um dos dois lados. Aconselhou-a a ultrapassar o desentendimento com os seus parceiros tailandeses e o canadiano.

Sem ser interrompido, o gestor público continuou a esclarecer a sua tese. Para si, entre os males que corroíam o Acordo de Intenção para a Tramitação de Proposta de Investimento Privado, estava o facto de eles terem obtidos os vistos de trabalho fora do âmbito da UTIP.

****

Nessa altura, Norberto Garcia estava mais focado nas responsabilidades que tinha como porta-voz do Bureau Político do MPLA. Confessou: «Estou tão cheio de trabalho no partido que até já me estou a esquecer de investimentos, porque só passo por aqui uma ou outra vez. Ela [Cláudia da Encarnação Pedro] é que está, praticamente, à frente da instituição, dentro do seu espírito [criado]. Sei que, de facto, nós vamos continuar a fazer o nosso trabalho como

---

[22] Índice de Percepção de Corrupção (CPI) anual da Transparency International que faz uma contagem regressiva dos países mais corruptos do mundo, avaliando 180 países. O estudo tem como base a corrupção no sector público em 2017.

deve ser. (…) Tenho perfeita confiança que continuarão [os membros da sua equipa] a fazer o seu trabalho».

Meses depois, a 9 de Setembro de 2018, viria a ser exonerado do cargo de porta-voz e afastado do Bureau Político do MPLA, permanecendo como membro do seu Comité Central.

Recorrendo aos conhecimentos adquiridos durante a sua formação em direito, Norberto Garcia usou a máxima das aulas de Direito Penal, segundo a qual, "cada um é responsável por si mesmo e o crime é intransmissível" para acalentar a sua interlocutora, que estava aparentemente abatida. Isso, por ela suspeitar que os tailandeses estavam a cometer algum delito. Entretanto, Garcia ressaltou que, mesmo considerando inválido o acordo tripartido que assinaram e houvesse necessidade de prosseguir com as negociações, seria necessário recomeçar outro processo. Nesse caso, porém, seria obrigatório que lhe remetessem o documento comprovativo de que o fariam. Se fossem confirmadas as suspeitas de práticas indecorosas por parte dos expatriados, os canais oficiais ordenariam que fossem responsabilizados civil e criminalmente. De qualquer maneira, estava disponível, se fosse necessário, a emitir documentos e a desfazer tudo. «Queremos primeiro dar-lhe a certeza de que nós somos imparciais. Vamos agir no interesse do Estado Angolano», frisou.

Atendendo aos ânimos dos representantes da Celeste de Brito, Lda, que o ouviam atentamente, Norberto Garcia sublinhou: «Há necessidade de agir de cabeça fria». Para si, pesava favoravelmente o facto de Celeste de Brito ter ido à sua procura manifestar a pretensão de trazer os tailandeses e os canadianos interessados em investirem USD 50 mil milhões no país. Era quanto baste para continuar a depositar confiança em seu favor.

Ao fim de nove minutos de o chefe da UTI ter falado sem interrupção, Celeste de Brito quebrou o silêncio, manifestando o seu profundo agradecimento pelo gesto, sublinhando que sempre foi bem atendida na UTIP. Porém, a forma como as coisas estavam a correr, levou-a a acreditar que estava a reviver um dos momentos mais sombrios da sua carreira empresarial. Recordou os dissabores que teve com os militares que lideravam a cooperativa habitacional "Pérola Verde", também afecta às FAA, com os quais teve uma parceria com vista à construção de 500 mil residências no período de 2011 a 2017. No entanto, disse ter sido afastada depois da assinatura do acordo de um financiamento de três mil milhões de dólares, a 16 de Fevereiro de

2012, em Hanói, à margem do Fórum Empresarial Angola-Vietname. A assinatura desse acordo foi testemunhada por Fernando da Piedade Dias dos Santos e Nguyen Thi Doan, na época, respectivamente vice-Presidentes da República de Angola e da República Socialista do Vietname.

****

O encontro com o general Altino Carlos no Estado Maior General das Forças Armadas Angolanas, que selou o seu definitivo afastamento do negócio com os tailandeses, também foi abordado. «Eu já fui chamada (…) para me intimidarem e dizerem-me que vão cuidar, a solo, deste processo a partir de agora [momento em que foi chamada]». Aparentemente surpreso com essa revelação, Norberto Garcia perguntou-lhe se estava a referir-se ao dossiê dos USD 50 mil milhões, ao que Celeste de Brito respondeu positivamente.

Em revelações surpreendentes não parou por ai. O espanto dos técnicos da UTIP presentes na sala terá sido maior ao ouvirem dizer, de viva voz, que por duas vezes, tentaram matá-la por causa do dinheiro de potenciais investidores que trouxera ao país. Contudo, isso não a inibiu nem inibe de trabalhar nesse ramo.

De forma descontraída e sentindo-se reconfortada com a aceitação do desabafo que acabara de sair da sua boca, Celeste de Brito revelou que supunha que Raveeroj Rithchoteanan estava a evitar aproximar-se dela por motivos aparentemente scm relevância. Presumiu que a mudança foi motivada pela primeira carta que endereçara à UTIP. Documento que serviu de base para a elaboração do Acordo de Intenção que faz referência ao cheque de USD 50 mil milhões e 200 milhões, reconhecido pela JPMorgan Chase & Co[23], sociedade gestora de participações sociais ligada à *compliance*. E afirmou, segura de si: «O cheque de um banco central sem certificação não vale absolutamente nada. Ninguém vai conseguir fazer nada com esse cheque». Seguiu-se um momento de reflexão e passaram a outro assunto, depois de a empresária ter confirmado que lhes exigira cumprimento total do acordo previamente estabelecido segundo as normas internacionais atinentes, pressionando-os para que mandassem

---

[23] É considerada como um das instituições líder mundial em serviços financeiros e a terceira maior empresa do mundo do sector. Está sediada em Nova Iorque, nos Estados Unidos da América.

reconhecer o outro cheque, de USD 50 mil milhões, nas instituições competentes ou então que emitissem o código que possibilitasse a transferência.

Nesta situação, em que as comadres diziam mal dos compadres e o SIC andava à procura deles todos para os alinhar e, eventualmente os pôr na cadeia, a Centennial Energy Thailand, Company já havia estabelecido parceria de mais de USD 46 mil milhões com a N'jango Yetu e estavam em vias de celebrar outros, à margem dos projectos certificados pela UTIP e pelo FAS. Para Celeste de Brito, a canalização das verbas para esses projectos, sem a certificação dessas duas instituições públicas, seria considerada branqueamento de capital.

«Eu quero ajudar Angola e não metê-la num escândalo de branqueamento de capital de USD 50 mil milhões, ou mais. Sobretudo, porque eles [os tailandeses] já estão envolvidos num escândalo financeiro internacional. Se tiverem que voltar a ter algo semelhante, que tenham, mas que não seja envolvendo Angola», desabafou. A sua suspeita devia-se ao facto de ter descoberto que o magnata tailandês enviou ao BNI uma carta contendo um código *swift* que não está no sistema internacional. Deste modo, não havia possibilidade de o dinheiro estar a caminho de Angola.

Neste ponto, ninguém foi capaz de levar em consideração que poderia ter havido, um simples erro dactilográfico do emissor da mensagem. Se a confiança reinasse no caso, teriam pelo menos pedido confirmação.

Ninguém pediu e, perante este facto não apurado, perplexo com a forma como teria sido enganado, Norberto Garcia aterrou na realidade. As espectativas de liderar um processo que traria ao país uma fortuna desta dimensão, coroando de êxito o seu mandato à frente desse órgão público, caía por terra sem possibilidade de recuperação. Incrédulo, questionou Celeste de Brito quando foi que tomou conhecimento de tudo o que acabava de revelar. Titubeando, a empresária respondeu ser no dia em que foi procurá-lo, quando foi atendida por Cláudia da Encarnação Pedro, por ele se encontrar no exterior do país.

Norberto Garcia esqueceu-se naquele instante que tinha os jornalistas à espera no seu gabinete para a conferência de imprensa e passou a prestar a maior atenção possível. Celeste prosseguiu. Contou que Raveeroj Rithchoteanan herdara o fundo. Só que surgira um problema que desembocou num litígio que estava a ser dirimido num tribunal filipino, com vista a aferir o verdadeiro herdeiro bem como a pessoa que assumiria a gestão do mesmo. «Pelo que me consta, o tribunal deu [o fundo] ao verdadeiro herdeiro e congelou todas as contas dele [Raveeroj Rithchoteanan]». Os advogados deste último recorreram da decisão do tribunal filipino, tentando reverter o quadro.

Segundo a empresária, Raveeroj Rithchoteanan decidira continuar a mentir, não assumindo - aos angolanos com quem celebrara parceria -, que enfrentava tal problema. Constrangimento susceptível de atrasar ou condicionar a transacção financeira.

****

Com o tom de voz baixo, Norberto Garcia fez-lhe recordar algumas das cláusulas do Acordo de Intenção para a Tramitação de Proposta de Investimentos Privado, assinado a 1 de Dezembro 2017. Manifestou a intenção de mandar elaborar uma acta com toda a informação que acabou de ouvir para aferirem os procedimentos internos que deveriam adoptar, salvaguardando a integridade física da queixosa.

«Das duas uma, ou fazemos a acta internamente e, a partir daí teremos bases suficientes para tratar o assunto da forma como nos convir, ou você nos remata uma informação oficial, se assim entender. Contudo, veja o que a conforta mais. Agora, não interessa estar a perder tempo com um assunto em que está a dar essas voltas todas».

Celeste de Brito propôs outra saída, que o BNI preste esclarecimentos sobre o processo de validação do cheque. Esta foi acolhida pela direcção da UTIP, prometendo endereçar uma carta ao banco a solicitar tal demanda.

Por seu lado, Norberto Garcia informou-a que havia sido contactado antes, via telefónica, pelo banqueiro Mário Abílio Palhares, dando conta de que estava a enfrentar dificuldades na validação do cheque.

Celeste de Brito deu pouca importância a esta informação e sugeriu que se espelhasse na acta os motivos que a obrigam a se retirar do acordo tripartido e que os tailandeses passariam a ficar sob a responsabilidade das pessoas com as quais estão a colaborar «para que, se um dia acontecer qualquer coisa» não a culpabilizem.

Lançada como estava, aproveitou a oportunidade para propor que, ao invés de ter de se deslocar à UTIP, sempre que tiver um investidor para trazer ao país, fosse emitido um documento autorizando a sua empresa de consultoria, Celeste de Brito, Lda, a atrair investimentos. Ao que lhe foi respondido positivamente com o fundamento de que a captação de investimento é transversal e que todos os angolanos têm o direito de captar. «Agora, as propostas que trazem estão sujeitas e uma aprovação superior [do Titular do Poder Executivo]. Por isso, não tenho receio de passar esse papel para si. Já o fiz para muita gente, no âmbito do interesse público. Desde o Presidente da República ao funcionário de limpeza todos podem captar investimentos».

À saída do encontro, a directora-adjunta, Cláudia da Encarnação Pedro, revelou que Eusébio Sapalo, como técnico da UTIP, substituiria Sílvia Fernandes a acompanhar o dossiê. Como que por premonição, Celeste de Brito disse que o comportamento que os seus sócios expatriados adoptaram, «tarde ou cedo provocariam problemas sérios». Sentia-se de consciência leve por ter feito *due deligence* sobre os tailandeses antes de aceitar trazê-los a Angola e tudo parecia em ordem.

Tendo em atenção que o cheque de USD 50 mil milhões não estava reconhecido por uma sociedade gestora de participações sociais ligada à *compliance*, como a JPMorgan Chase & Co, Celeste de Brito reafirmou, «Essas pessoas que estão à volta [dos expatriados] não vão ver dinheiro. Eles estão a pensar que vai vir dinheiro. Quase que se matam. Enquanto isso, Deus tem-me abençoado, com a abertura de outras portas [oportunidades]. (...) Como sei que não virá dinheiro, prefiro pegar naquilo que já está seguro (...) e continuar. Virão outros». A empresária entendia que devia ir atrás de outros investidores, alguns dos quais já estavam prontos a vir ao país. Encarava tais esforços como sacrifícios que tinha de fazer por Angola. «Sinto isso como uma missão de Deus e não desistirei até resolver o que está nas minhas mãos».

No dia seguinte, 10 de Janeiro de 2018, Celeste de Brito enviou à UTIP o ofício nº 010-18/G.ADM-SG/PCA/CB/2018, relatando os aspectos fundamentais abordados nessa reunião. O documento deu entrada às 15horas e 13 minutos, do mesmo dia, tendo ficado registado como o 16º. A UTIP respondeu no mesmo dia, através do ofício nº 12/GAB-DIR-UTIP/CC.PR/2018, no qual solicitava a

Celeste de Brito, Lda a devolução de todas as propostas de projectos de investimento privado que lhe foram entregues aquando do grupo técnico criado para a tramitação das propostas. Assim aconteceu.

Passados cinco dias, a contar da data acima mencionada, empresa Celeste de Brito, Lda foi notificada pela UTIP, através do ofício nº 08/GAB/.DIR-UTIP/CC.PR/2018, que já estava integrada na sua Plataforma de Financiamento. Esse processo surge em resposta ao pedido que a aludida empresa formulara, por via do ofício nº 09-18/G.ADM-SG/PCA/CB/2018, à UTIP. Deste modo, a empresária Celeste de Brito passou a estar oficialmente credenciada pelo Estado angolano para angariar parceiros, investidores e financiamento para a implementação de projectos de investimento privado.

---

[i] Texto escrito com base na gravação da reunião, feita por um dos participantes. Chegou às mãos do autor, na época repórter do jornal OPAÍS, dias depois da detenção de quatro tailandeses, um canadense, dois angolanos e um eritreu, a 21 de Fevereiro de 2017, em Luanda, implicados no mediático Caso Burla à Tailandesa. Norberto Garcia confirmou ao autor a autenticidade de áudio, antes de ter sido constituído arguido, no seu gabinete, enquanto porta-voz do MPLA, na sede do partido.

XXIII
Celeste de Brito "entrega-se" à Vice-Presidência da República[i]

Sexta-feira, 12 de Janeiro de 2018. Celeste de Brito estava aparentemente em polvorosa. No dia anterior, teve de comparecer no Serviço de Investigação Criminal (SIC) para prestar informações sobre a carta com a assinatura forjada do Vice-Presidente da República, Bornito de Sousa. Ela fora convocada verbalmente a estar presente nas instalações do SIC, no bairro Popular, sem necessariamente se fazer acompanhar por um advogado. Os investigadores confrontaram-na com a carta, alegando tê-la retirado da internet. Celeste de Brito, por sua vez, respondeu que era a primeira vez que a via e que desconhecia a sua origem.

A coragem adquirida e amadurecida diante das dificuldades que teve de enfrentar ao longo dos seus 45 anos de vida, acrescida a uma visão acutilante sobre as rasteiras que ocorrem no mundo empresarial, levou-a a concluir que estava no momento de reforçar a sua defesa. A carta enviada à UTIP dias antes e os documentos que tem em sua posse sobre a parceria com a Centennial Energy Thailand, Company e a P&T Management Corporation, poderiam não ser o suficiente. Sentiu a necessidade de marcar outros passos para evitar que fosse apanhada desprevenida pelo "vendaval judicial" que suspeitava estar por vir. Escolheu, para começar, ir ao gabinete do "velho conhecido" na Cidade Alta. De onde teria vindo a acusação de ter forjado a carta e de que andara atrás do Vice-Presidente, pedindo uma garantia soberana para os tailandeses. Em companhia do seu colaborador, que participara na reunião na UTIP, foi à procura de Alcino da Conceição, assessor Económico e Social do Vice-Presidente da República, com quem, em outras ocasiões, havia abordado previamente os pormenores sobre a vinda da delegação tailandesa, com o aval de Bornito de Sousa.

Alcino da Conceição, de forma descontraída, indagou-a sobre como vão as coisas e, antes mesmo de ouvir a sua resposta, apressou-se a responder sem ela perguntar, que era do seu conhecimento que «andavam bem e mal». A empresária tentou minimizar, dizendo existir somente um pequeno desequilíbrio. O assessor presidencial pediu-lhe que contasse tudo. Celeste de Brito optou por fazer primeiro uma incursão sobre as acções desenvolvidas até ao momento, como se estivesse a apresentar um relatório a alguém que lhe delegara uma missão. Começou por assinalar como positivo a vinda ao país dos investidores estrangeiros. «Nós, a Celeste de Brito Consultoria, cumprimos os trâmites legais para eles virem. Fomos à UTIP. Apresentámos os prazos que pré-estabelecemos, as propostas e a carta de intenção, pelo que a UTIP se prontificou a fazer o convite à empresa [Centennial Energy Thailand, Company] e a providenciar os vistos», detalhou. Prosseguiu, dizendo ter sido justamente a partir da assinatura do Acordo de Intenção na UTIP, a 1 de Dezembro de 2017, que os tailandeses deram início, sem que ela se apercebesse, à segunda fase de um esquema que, supunha, ter sido orquestrado ao pormenor na Tailândia. «Desse dia em diante, surgiram interferências de altas instâncias», rematou.

Alcino da Conceição interveio, classificando as pessoas apelidadas de «altas instâncias» de «forças ocultas». Sem citar nomes, ela retorquiu que era o contrário. Considerava-os como «forças bastante visíveis». Para confirmar, exibiu ao seu interlocutor duas cartas, uma que recebera do FAS, na qual se diz haver interesse no financiamento, e outra, da UTIP, manifestando que o investimento seria bem-vindo. Ambas serviram para confirmar a disponibilidade do Executivo receber o dinheiro para ser canalizado em projectos de cariz social e humanitário.

Neste encontro ela teve um discurso totalmente contrário ao proferido na última reunião com Norberto Garcia, na UTIP. Se no outro dizia acreditar piamente que o dinheiro não estava a caminho de Angola, neste encontro com Alcino da Conceição disse o inverso: o dinheiro poderia entrar a qualquer momento. Bastante confiante de que o cheque de USD 50 mil milhões era autêntico e que tinha cobertura, Celeste de Brito defendia que a sua aplicação deveria somente destinar-se a investimentos nas áreas aprovadas, caso contrário seria considerado branqueamento de capital. O que, no seu entender, aparentava não constituir preocupação por parte dos altos funcionários do Estado e empresários, que ela acusava de a estarem, simplesmente, a afastar do negócio. Deu a conhecer que alguns generais e outras individualidades, em nome das Forças Armadas Angolanas, estabeleceram parceria com a Centennial Energy Thailand, Company para que mais de USD 46 mil milhões, dos USD 50 mil milhões fossem investidos em projectos particulares. Para si, era sinal de que estavam a preparar-se para branquear algum capital financeiro.

A sua preocupação aparentava ir muito além da possibilidade de perder a fasquia dos USD 50 mil milhões que ambicionava para os seus projectos. «Não pode. Mesmo que sejam deles os projectos, têm de passar pela UTIP. Se não passarem pela UTIP e não forem aprovados pelo governo, eu é que ficarei manchada no exterior do país porque sou KYC [Know Your Client][24]. Estou ligada internacionalmente a fundos sociais. Aqui dentro, eles podem ser exonerados ou [lhes ser aplicada] outra sanção. Eu serei sempre a mais prejudicada».

O cuidado em preservar a sua reputação de KYC e a ânsia de levar o assessor presidencial a tomar alguma medida em seu favor, levou-a a descarrilar, deixando escapar uma informação que até então ele desconhecia. Revelou ter conhecimento de que a empresa tailandesa que trouxera ao país esteve, há bem pouco tempo, envolvida num enorme escândalo nos Estados Unidos da América (EUA), relacionado com a aplicação de valores monetários em áreas contrárias às inicialmente previstas. O seu pavor assentava também no facto de existir uma tendência mundial de os jornalistas de investigação focarem as suas atenções nas entidades singulares e colectivas que movimentam somas monetárias desse calibre. Razão pela qual, advertia, que as «altas instâncias» deviam seguir os trâmites determinados pelas leis angolanas e internacionais.

Celeste de Brito lamentou que, por ter aconselhado um deles, sem especificar quem, sobre os caminhos que deveria seguir para evitar problemas com as autoridades judiciais foi chamada ao Estado Maior General das FAA para ser informada que eles passariam a cuidar do investimento, ou seja, deveria afastar-se dos investidores. Ora isso não era novidade, pois ela já estava há três semanas sem conseguir entrar em contacto com os mesmos, nem ao menos para os pontualizar sobre as propostas de empresários e empreendedores nacionais que recebeu da UTIP para analisar e fazer o enquadramento, com base nas normas nacionais e internacionais que regulam o sector. Passou também a mensagem de que os seus potenciais sócios estrangeiros abriram, sem o seu conhecimento e da UTIP, no dia 6 de Dezembro de 2017, a conta bancária n° 27032993, domiciliada no

---

[24] Frase em língua inglesa, que em português traduz-se para "Conheça o seu Cliente".

BNI, e depositaram o cheque de USD 50 mil milhões, com o número 4518164, emitido a 24 de Novembro de 2017, pelo Banco Nacional das Filipinas NG em Nova Iorque.

Alcino da Conceição quebrou os minutos de silêncio a que se havia remetido, ouvindo atentamente a explicação de Celeste de Brito. Afirmou que nestes casos não se deposita o cheque, faz-se transferência. «Como é que eles fizeram?», perguntou. Ela esclareceu que fora emitido um *request*[25] para o serviço social e humanitário ao cheque. Só que ao depositá-lo tinham de pedir ao BNI a emissão de uma MT 110, código bancário de confirmação 100 por cento [26].

Satisfazendo o seu ego, desvalorizando os conhecimentos das pessoas que firmaram acordos com o magnata tailandês, afirmou ser a única, entre eles, que conhece a alta finança. «Eles afastaram-me. Prometeram coisas ao senhor [Raveeroj Rithchoteanan] que são impossíveis de se fazer».

Alcino da Conceição procurou saber a quem em concreto se referia. A resposta foi lacónica. «Não são somente oficiais superiores das FAA, há também polícias, entre outras individualidades».

A cobiça dos angolanos que, a afastara do negócio, a seu ver não era o que mais lhe corroía a mente. Era, sobretudo, a falta de lealdade dos expatriados e dos generais para com a sua pessoa. Isso sem esquecer, no seu entender, que Raveeroj Rithchoteanan estava a desrespeitar o "pacto" selado antes de vir a Angola.

No entanto, Celeste de Brito continuava bem informada sobre os passos dados pelos tailandeses, como se tivesse um espião entre eles para monitorá-los. Acreditava dominar perfeitamente as operações realizada pelo BNI até à Quinta-feira, 11 de Janeiro de 2018.

****

Consciente de que a melhor defesa é o ataque, a empresária descreveu-se como uma pessoa pequena, mas com grandes conhecimentos na área de investimento privado que não estava a ser levada em conta. Em suma, tentou alertar as «altas instâncias» sobre

---

[25] Palavra em língua inglesa que em português significa "pedido".

[26] O MT 110 é código bancário de informação que não se emite nem por e-mail tão pouco por recados. Os bancos trocam *suift* e vão processando o cheque a base deste dispositivo.

as irregularidades que estavam a ocorrer, mas não foi bem-sucedida. Razão pela qual, estava interessada a lavrar uma acta, passando a responsabilidade para os estrangeiros e as pessoas colectivas ou singulares com as quais estavam a trabalhar, se fosse necessário. «Ele [Raveeroj Rithchoteanan] já está aqui [em Angola] há 40 dias. Não é normal que, durante esse período (...) o banco [BNI] não tenha recebido uma comunicação *swift* [directamente do Banco Central das Filipinas]. Não é normal. Então, as coisas não estão bem. Só quero (...) que uma das instituições com quem [Raveeroj Rithchoteanan] está a relacionar-se assuma amigavelmente tudo e estarei fora. Caso ninguém queira assumir, os senhores [tailandeses e canadiano] devem regressar aos seus países. Organizar as coisas a partir de lá, já que têm os acordos assinados e os projectos acautelados. Depois de estarem homologado [pelo FAS e pela UTIP], a quantidade de projectos que cobrem essa quantia [de USD 50 mil milhões] eles [tailandeses e canadiano] podem voltar [a Angola]».

Para sustentar que esse seria o método ideal, exemplificou que fazia duas semanas que o Banco Nacional de Angola recebera o processo de outra organização que manifestava a intenção financiar projectos em Angola, avaliados em 25 milhões de dólares, por via de uma parceria celebrada com a Celeste de Brito, Lda. Insistiu nas suas suspeitas de que o facto de Raveeroj Rithchoteanan não estar a usar cartões de créditos há 40 dias para pagar as suas contas apontava para uma possibilidade de estar a esconder-se de alguém. Para si, o pior é que os seus conterrâneos angolanos não suspeitavam. Tentou alertá-los, foi acusada de estar a tentar atrapalhar o negócio. Neste particular, ela omitiu a informação de que as contas bancárias do magnata tailandês estavam suspensas por ordem de um tribunal filipino.

Alcino da Conceição voltou a intervir. Questionou-a sobre quem a convocou a comparecer no Estado Maior General das Forças Armadas Angolana, ao que ela indicou ser o seu velho "amigo" general Altino Carlos. E enfatizou: «Quando lhe expliquei a irresponsabilidade [que estava a ocorrer] e que as Forças Armadas [Angolanas] não deviam se meter nisso, ele [o general Altino] mostrou-me que não sabia. Para mim, eles também estão a ser enganados. Eles não têm informação exacta de como se transita este tipo de processo». Fundamentou que, nestes casos, basta que se desvie uma pequena quantia retirada de um fundo do sistema internacional para gerar um escândalo. Conforme aconteceu nos EUA com a organização de Raveeroj Rithchoteanan.

A esperança de ficar com uma parte do bolo renasceu no seu íntimo ao ouvir de Alcino da Conceição a promessa de que se reuniria com o director da UTIP, Norberto Garcia para abordar o assunto. Que, na semana a seguir, a convocaria para outra reunião, com vista a tentar reconciliar as partes e congregá-las. Aparentemente fazendo fé nas declarações de Celeste de Brito, Alcino da Conceição garantiu: «Vamos ver como é que podemos convergir os interesses entre as Forças Armadas [Angolanas], a sua empresa [Celeste de Brito, Lda] e a UTIP [o próprio Governo]. Só assim poderemos trabalhar de forma concertada».

Satisfeita com o que acabava de ouvir, Celeste de Brito aventou a possibilidade de, caso a conciliação se efectivasse, os projectos da cooperativa N'jango Yetu serem acomodados por via do FAS ou da UTIP, no âmbito dos projectos sociais. O assessor do Vice-Presidente da República corroborou, ressaltando ser isso que inicialmente haviam previsto. Além de que, não podia ser afastada do negócio por ser quem trouxe os tailandeses ao país.

Agradecida, a empresária deu-lhe a conhecer que enviou uma "carta de divórcio" à UTIP para desfazer a parceria, dias antes desta reunião. Entretanto, garantiu, «no que descarrilou no país não há problema. Será facilmente ultrapassado, mas o que se estava a ser gerado no exterior do país é que seria difícil contornar». Procurou descartar o envolvimento de outras pessoas singulares ou colectivas, ressaltando a necessidade de se levar em conta que os tailandeses devem trabalhar apenas com a UTIP e a outra instituição com a qual têm acordo firmado. «O senhor [Raveeroj Rithchoteanan] agora está a sentir-se dono de Angola. Reúne-se com chineses que têm casino porque já não está ligado a mim. É muito complicado».

****

Antes que Alcino da Conceição desse por encerrada a reunião, Celeste de Brito manifestou a pretensão de contar algo que acontecera no dia anterior. Criou algum suspense. Pretendia quebrar o sigilo que lhe fora "suplicado" no SIC. Sentia-se no dever de o fazer por dois motivos, primeiro por julgar que não fazia sentido atender ao clamor e, segundo, por considerar mero gesto de intimidação. Não imaginava que a pessoa com quem falava sabia exactamente o que pretendia dizer. Com algum entusiasmo, contou que prestara declarações sobre a proximidade que tinha com o Vice-Presidente da República, Bornito de Sousa. Disse ter esclarecido aos polícias que as normas dos programas internacionais de apoio a projectos de cariz social e humanitário com os quais trabalha estabelecem como crime receber garantias do Estado para esse fim e ela nunca usufruiu esse benefício. «Na proposta que apresento, a pessoa [colectiva] que vem trabalhar com o Estado é obrigada a dar participação dos lucros ao Estado e nunca pedir garantias».

Dos investigadores – disse Celeste de Brito – recebeu a garantia de que haveriam de descobrir o (a) autor(a) da carta. Em sua defesa, contou aos polícias que tem o e-mail pessoal de Bornito de Sousa, a quem enviou a primeira carta de intenção que recebera dos alegados investidores. Na época, ela encontrava-se na pequena nação insular de Taiwan. Os operacionais do SIC surpreenderam-na ao mencionarem somente a carta de confirmação/convite.

Pondo fim à conversa, Alcino da Conceição disse que já ouviu tudo. Prometeu telefonar para a sua interlocutora depois de falar com Norberto Garcia e receber orientações do seu superior hierárquico, no caso, o Vice-Presidente da República.

À saída do gabinete, a pastora e empresária conversava com o seu colaborador. Confidenciou-lhe que, entre as pessoas que a traíram, estava o general Arsénio, presidente da cooperativa N´jango Yetu. Ela desconhecia que dias antes, uma equipa de peritos do SIC central e do Laboratório Central de Criminalística (LCC) estive no mesmo edifício, localizado nas proximidades do Palácio da Colina de São José, a examinar a caligrafia do Vice-Presidente da República com o intuito de aferir a autenticidade do documento. O resultado aumentou as suspeitas sobre ela.

---

[i] Texto escrito com base na gravação da reunião, feita por um dos participantes. Chegou às mãos do autor, na época repórter do jornal OPAÍS, dias depois da detenção de quatro tailandeses, um canadense, dois angolanos e um eritreu, a 21 de Fevereiro de 2017, em Luanda, implicados no mediático Caso Burla à Tailandesa. Como repórter desse órgão, o autor contactou o director do Gabinete de Comunicação Institucional e Imprensa do Vice-Presidente da República, Kumuenho da Rosa José Cambuandy, que, ladeado de Eleazar Van-Dúnem Jerónimo, chefe do Departamento de Comunicação Institucional e Imprensa do referido gabinete, confirmou a sua autenticidade e que também tinha no seu telemóvel.

XXIV
Os generais, os tailandeses e o Presidente da República

Impotência. Era esse o sentimento que se terá apossado de Raveeroj Rithchoteanan, PCA da empresa tailandesa Centennial Energy Thailand, Company. Vencido pelas barreiras burocráticas que o impediam de obter o CRIP, sem reunir os critérios legalmente exigidos. Para piorar, terá concluído que pouco podia contar, nesse sentido, com o apoio da Cooperativa N´jango Yetu, com a qual estabelecera quatro acordos de parceria. As duas instituições estavam na eminência de ver se tornarem inválidos os acordos de investimentos, cuja implementação, repita-se, beneficiaria directamente milhares de militares e trabalhadores civis das Forças Armadas Angolanas.

Raveeroj Rithchoteanan, em companhia de general Arsénio, já haviam recorrido ao general Sachipenho Nunda, na esperança de que este conseguisse influenciar a UTIP a atribuir-lhe o CRIP, mas sem sucesso. Com a agravante de as tentativas desenvolvidas para resgatar o cheque de USD 50 mil milhões, n°45184164, terem fracassado.

Os seus parceiros na N´jango Yetu não se deram por vencidos. O general Arsénio convocou, na primeira semana do ano de 2018, os directores da Cooperativa para uma reunião com o intuito de analisar essa situação. Entre os convocados, estava Afonso Lopes Teixeira Garcia, mais conhecido por general Led. Consultor/conselheiro do PCA da N´jango Yetu e quadro sénior da Casa de Segurança do Presidente da República. Apesar de o estatuto orgânico dessa organização mutualista não prever essa função, concede ao seu gestor máximo a prorrogativa legal de contratar alguém para o efeito.

Analisada e ponderada a situação, os participantes decidiram recorrer ao Comandante-em-Chefe das FAA. Consideraram ser o único que poderia resolver a situação. Endereçaram-lhe uma carta reportando a parceria estabelecida entre a Cooperativa e a Centennial Energy Thailand, Company, a 4 de Janeiro de 2018 e os benefícios que traria à sociedade angolana.

Na carta, fazem menção unicamente ao contrato de investimento rubricado no dia, 5 de Dezembro de 2018, mas, entretanto, incluíram projectos cujos acordos foram assinados em outras ocasiões. Diz que o contrato está estabelecido no valor de USD 46 mil milhões, 382 milhões, 927 mil, 080 e 87 cêntimos para o Investimento Directo, sem quaisquer custos para o Estado Angolano, em projectos nas áreas da habitação, agricultura, pecuária, indústria, energia e águas, mineração, lazer, etc.

Embora tivessem consciência de que o destinatário já sabia da existência da cooperativa, por ter sido antes ministro da Defesa, departamento ministerial a que as FAA estão vinculadas, optaram por começar a missiva com uma breve apresentação:

«A cooperativa N'jango Yetu foi constituída em 2015, cujo objecto social consiste em contribuir para a melhoria da qualidade de vida dos efectivos e funcionários das Forças Armadas Angolanas, por via da implementação de programas sociais de apoio à habitação e ao enquadramento profissional, após o cumprimento do serviço militar. De acordo com os seus estatutos, a mesma poderá celebrar convénios com instituições financeiras e de fundos sociais, com vista à obter as condições mais favoráveis de acesso ao crédito para os associados, estimados em mais de 50 mil membros».

Anexaram uma tabela com a descriminação dos 16 projectos que seriam executados através desse investimento, especificando as respectivas previsões orçamentais. Previa a execução de três projectos a serem erguidos em todas as províncias, designadamente, construção de 62 mil e 912 habitações (18 mil milhões, 302 milhões, 803 mil, 717 USD e 10 cêntimos); de 190 fazendas Agro-Industriais no âmbito do Projecto Agrícola Nova-Angola (7 mil milhões, 423 milhões, 585 mil, 292 USD e 53 cêntimos) e de construção e desenvolvimento de 100 fazendas e um centro de serviços (1 mil milhão, 611 milhões, 167 mil, 743 USD e 70 cêntimos). Por outro lado, projectaram a construção de seis hospitais universitários em seis províncias (2 mil milhões, 26 milhões, 10 mil, 781 USD e 50 cêntimos). Não especificavam em quais provinciais.

Acreditando na viabilidade do investimento de USD 50 mil milhões, os militares que dirigem a cooperativa N'jango Yetu projectaram edificações de infra-estruturas sociais que são da exclusiva competência do Executivo, como o Projecto de Captação e Abastecimento de Água na Matala, na província da Huila (8 mil milhões, 234 milhões, 58 mil, 778 USD e 92 cêntimos); de Estação de Energia Fotovoltaicas de 150 MW, na província do Namibe (398 milhões, 821 mil e 20 USD) e de campos de energia eólica de 150 MW, nas províncias da Huila e do Cunene (466 milhões, 620 mil, 593 USD e 40 cêntimos). Detalhavam que o projecto Agro-Industrial Pérola do Cuchi, a ser erguido na província do Cuando Cubango, estava orçado em USD 2 mil milhões e 550 mil.

Os projectos empresariais que ambicionavam concretizar vão muito além dos acima mencionados. Na lista constam ainda a realização dos seguintes projectos: uma fábrica de cimento no Namibe (614 milhões, 184 mil, 370 USD e 80 cêntimos); uma fábrica de açúcar na Huila (398 milhões, 821 mil e 020 USD); um parque aquático em Luanda (810 milhões, 936 mil e 074 USD); parques temáticos na capital do país e outras províncias que não vêm detalhadas (1 mil milhão, 621 milhões, 872 mil e 148 USD); uma cidade hospitalar e universitária – alojamentos para o Staff e Hotel em Luanda (1 mil milhões, 648 milhões, 460 mil e 216 USD); 6 hotéis para áreas agrícolas nas províncias do Centro e Sul do país (98 milhões, 907 mil, 612 USD e 96 cêntimos); 6 móteis/albergarias para áreas agrícolas, também nas províncias do Centro e Sul (24 milhões, 726 mil, 903 USD e 24 cêntimos) e de três Shopping Centers em províncias por seleccionar (151 milhões, 950 mil, 808 USD e 62 cêntimos).

O somatório do dinheiro a ser aplicado em todos esses projectos fica muito abaixo dos 46 mil milhões, 382 milhões, 927 mil, 080 dólares e 87 cêntimos a que a carta faz referência. O general Arsénio viria mais tarde a esclarecer, em tribunal, que a disparidade no orçamento deveu-se a um erro do técnico de contabilidade e finanças da cooperativa. Arredondou para USD 38 mil milhões. Apesar de serem atractivos, nenhum dos 16 projectos despertou o interesse do engenheiro de construção civil canadiano, André Roy.

A direcção da cooperativa N´jango Yetu pediu a intervenção do Chefe de Estado e de algum órgão competente do Executivo para viabilizar os projectos de investimentos dos tailandeses, eliminando as barreiras burocráticas que impediam a sua concretização. Invocou, também, o tempo de espera da delegação tailandesa, encabeçada por Raveeroj Rithchoteanan, que se encontrava no país impedida de levar a vante o projecto.

****

O general Afonso Garcia "Led", valendo-se da sua qualidade de funcionário da Casa de Segurança do Presidente da República, onde trabalha há 23 anos, prontificou-se a levar pessoalmente a carta para fazer chegar ao destinatário. Ao que os demais presentes na reunião não se opuseram, por não verem mal algum. Dois dias depois, a 6 de Janeiro de 2018, Afonso Garcia "Led" fez outra carta que juntou como "capa de rosto" à carta da cooperativa, com o seguinte conteúdo:

«Em aditamento a minha missiva de 19 de Dezembro de 2017, envio, para o Seu Douto e Superior conhecimento, o Projecto de Investimento Estrangeiro a ser levado a cabo pela empresa Centennial Energy Thailand, Company Limited, no valor inicial de USD 50.000.000.000.00 (Cinquenta mil milhões de dólares americano), onde, para além doutros projectos e subprojectos, está previsto o financiamento de construção de infra-estruturas na cidade do Soyo [província do Zaire] e a ponte de ligação entre Soyo e Cabinda.

O processo todo inclui:
1. Carta da Cooperativa N'jango Yetu dirigida ao Camarada Presidente:
2. Proposta concreta sobre o assunto que a Empresa investidora endereçou a Sua Excelência Ministro de Estado da Coordenação Económica e do Desenvolvimento Social.

Documentos:
De notar que já foi feito todo um trabalho em curso junto do BNA, do Banco de Negócios Internacional (BNI) e de outras instituições, nomeadamente a UTIP e o Guiché Único de Empresa, cujos documentos de suporte, anexo, incluindo [fotocopia] do cheque de USD 50.000.000.000.00 (Cinquenta bilhões (sic) de dólares americanos) já depositado no BNI.
Reitero os protestos da minha mais alta estima e consideração.»

A junção das duas cartas foi feita com o conhecimento do general Arsénio. Deram entrada no Gabinete do Presidente da República a 8 de Janeiro de 2018, tendo ficado registada com o número 00067.

O general Afonso Garcia "Led" viria a justificar, a 13 de Março de 2019, em tribunal, que o facto de ter procedido dessa maneira não constituía infracção de natureza cível ou criminal. É um procedimento usual na Casa de Segurança, com vista a ajudar as estruturas das FAA e dos órgãos de Segurança a solucionarem os grandes problemas que enfrentam. Reportou ao Comandante em Chefe para que aproveitasse essa oportunidade de investimento.

Em resposta, João Lourenço exarou um despacho ao ministro de Estado da Coordenação Económica e do Desenvolvimento Social, Manuel Nunes Júnior, no sentido de se reunir com os Presidentes dos Conselhos de Administração da Cooperativa N´jango Yetu e da Centennial Energy Thailand, Company, o general Arsénio e o magnata tailandês Raveeroj Rithchoteanan. Ao tomarem conhecimento de que deveriam comparecer na Cidade Alta para uma reunião com o "Homem forte" do Titular do Poder Executivo para abordarem o conteúdo da carta, os convocados recuperaram algum fôlego. Sentiram-se felizes, como se se tratasse de uma "luz" que os ajudaria a eliminar a "escuridão" originada pelo cumprimento rigoroso das leis, que consideravam estar na origem de barreiras administrativas.

Manuel Nunes Júnior intimou o seu gabinete a incluir na participação à reunião os nomes de Archer de Sousa Mangueira, o ministro das Finanças, e Ricardo Daniel Sandão Queirós Viegas de Abreu, secretário para os Assuntos Económicos do Presidente da República.

Entre os três, Ricardo de Abreu estava melhor informado sobre o investimento tailandês. No dia 30 de Novembro 2017, um dia antes do Acordo de Intenção para a Tramitação de Proposta de Investimento Privado ter sido assinado na UTIP, havia sido alertado por Francisca Salomé Massango de Brito, directora da UIF, a ter cuidado porque o processo poderia não ser viável. Desconhecendo esse parecer técnico da directora da UIF, Norberto Garcia, em representação do Estado Angolano, viria a assinar o acordo com Celeste de Brito, como promotora da vinda do investidor ao país, e Raveeroj Rithchoteanan, presidente do Conselho de Administração da empresa investidora.

À data do encontro, o general Arsénio e o magnata Raveeroj Rithchoteanan, acompanhado por dois membros da sua delegação, compareceram na Cidade Alta para o tão esperado encontro. Só não imaginaram que seria demasiado breve.

Apesar de caber a Manuel Nunes Júnior a responsabilidade de presidir, foi o ministro das Finanças Archer Mangueira quem, mas impressionou os convidados. Perguntou-lhes de imediato, após as cordiais saudações, se a parceria teria algum custo para o Estado. Raveeroj Rithchoteanan retorquiu que seria um investimento estrangeiro directo, sem qualquer ónus para o Estado. E foi tudo, nada mais foi questionado. Os visitantes ficaram bastante surpresos. De seguida, Manuel Nunes Júnior deu por encerrada a reunião, informando-os que haveria de analisar as propostas. Foram convidados a sair da sala, sem que Raveeroj Rithchoteanan tivesse tempo para se auto-apresentar como um magnata com mais de USD 3,3 triliões. Embora a UTIP fosse um órgão Auxiliar do Presidente da República, tanto as cartas como a reunião e a decisão que dela saiu não foram comunicadas a Norberto Garcia. Ele continuava a aguardar pelos resultados das diligências UIF e do BNI.

****

Estava jogada a última cartada. Só lhes restava aguardar pelo parecer que Manuel Nunes Júnior emitiria após analisar as propostas. Enquanto isso, Raveeroj Rithchoteanan tinha de lidar diariamente com Million Haile, o seu sócio eritreu.

O incumprimento do prazo que lhe havia sido indicado para a chegada do navio com a mercadoria no Porto de Luanda, levou-o a suspeitar de que pudesse estar a ser burlado. Sentiu a necessidade de fazer alguma pressão sobre os tailandeses. A sua preocupação tornou-se maior ao se aperceber que alguns dos integrantes da delegação, nomeadamente, Kanphitchaya Kanyaprasit, Watcharinya Techapingwaranukul, Thipsiri Chumnongnit e Miyazaki Yasuo, vice-presidente Executivo e directores Executivos da Centennial Energy Thailand, Company, bem como de Pierre René, canadiano, tinham regressado aos seus países de origem.

Em certa ocasião, Million Haile questionou Raveeroj Richtchoneanan, na qualidade de chefe da delegação, sobre o que se estaria a passar e dele recebeu garantias de que estava tudo nos conformes. Os seus colegas ausentaram-se de Angola temporariamente para irem tratar de assuntos relacionados com os negócios que tinham em curso. Para reestabelecer a confiança, Raveeroj Richtchoneanan convidou o Million Haile a se hospedar também no hotel Epic Sana, à sua custa. Conferiu-lhe também a possibilidade de participar nas reuniões de negócios que tinham agendadas com diversas entidades angolanas. Em contrapartida foi-lhe exigido que adequasse o seu guarda-fato ao nível dos encontros, pois deveria aparecer sempre trajado formalmente.

Million Haile aceitou. Passou a intercalar os momentos de desfrutar do descanso merecido à noite, entre o modesto quarto do apartamento, localizado no bairro Maculusso, em que vivia com a irmã, o cunhado e um sobrinho, e a cama de uma das luxuosas *suítes* do hotel de cinco estrelas situado na rua da Missão, no coração de Luanda.

Participou em três reuniões de negócios, uma das quais com Norberto Garcia, alto funcionário da Presidência da República. O que era, até então, impensável para esse cidadão eritreu, sentar-se à mesma mesa com um dos colaboradores directos do Chefe de Estado angolano e aumentou a sua convicção de que fizera um bom negócio. Não obstante tanto aparato, a sua preocupação continuava assente na morosidade que se registava no envio da mercadoria. E passou-lhe pela cabeça, "será que há mercadoria?". Questionado uma vez mais, Raveeroj Richtchoneanan acalmou o eritreu, alegando que estavam a enfrentar alguns problemas técnicos. Garantiu que as coisas melhorariam, assim que rubricasse o acordo de investimento externo directo com o Presidente da República, João Lourenço

XXV
Camarada Norberto… O Presidente da República chama-o ao Palácio!

Quarta-feira, 21 de Fevereiro de 2018. O Presidente da República, João Lourenço, preparava-se para regressar à capital do país depois de dois dias de trabalho na província de Benguela, onde presidira a primeira reunião do Conselho de Governação local. Um órgão criado por sua iniciativa a 9 de Fevereiro de 2018, pelo Decreto Presidencial nº 36/18.

«No essencial, tem como competência "contribuir para a reformulação e acompanhamento da execução das políticas de governação local, apreciar as questões relativas à organização político-administrativa do Estado a nível local e acompanhar a implementação de projectos estratégicos desenvolvidos localmente (…)"».[27]

A sua intervenção no conclave ficou marcada com o reafirmar de promessas feitas durante a pré-campanha e a campanha eleitoral de 2017, que atraíram a atenção de "caçadores de investidores" como o canadiano Pierre René, o parceiro de Celeste de Brito. Ambos responsáveis pela vinda da delegação tailandesa da Centennial Energy Thailand, Company à Angola.

Em Luanda, na sede do MPLA, na Av. Ho Chi Minh, o discurso do líder foi encarado como mais um sinal de que tinham de redobrar os esforços para não defraudar a confiança que os angolanos depositaram nele e no partido. Era nesse ambiente que Norberto Garcia se encontrava a trabalhar, como porta-voz do Bureau Político, quando foi informado pela secretária de João Lourenço, na esfera do partido, que deveria dirigir-se ao Palácio Presidencial, na Cidade Alta. A orientação partira das "Terras das Acácias Rubras" e era de cumprimento obrigatório. Cancelou todos os seus afazeres e foi atender ao chamado do seu duplo superior hierárquico, tanto no partido como no aparelho do Estado. Todavia, foi na condição de director da UTIP que tinha sido convocado. Chegou à Cidade Alta muito antes do Presidente da República.

Depois de João Lourenço entrar na sala de trabalho presidencial, a secretária convidou-o a entrar. Pragmático como é, o Chefe de

---

[27] Fernando; Luís. Em Notícias do Palácio: o primeiro ano de mandato do Presidente João Lourenço. Mayamba Editora. Luanda. 2018.

Estado pediu-lhe esclarecimentos sobre a proposta de investimento de USD 50 mil milhões da Centennial Energy Thailand, Company. Norberto Garcia desconhecia, até então, que os oficiais generais José Arsénio Manuel e Afonso Garcia "Led" haviam solicitado a intervenção da pessoa que estava diante de si, no sentido facilitar tal investimento, eliminando algumas barreiras burocráticas que inviabilizavam a sua concretização. Não lhe passava sequer, pela mente, que, em função disso, o magnata tailandês e o General Arsénio participaram numa reunião presidida por Manuel Nunes Júnior, ministro de Estado da Coordenação Económica e do Desenvolvimento Social, da qual fizeram parte Archer Mangueira, ministro das Finanças, e Ricardo de Abreu, secretário para os Assuntos Económicos do Presidente da República. Desconhecia, também, qual foi o parecer que Manuel Nunes Júnior fez chegar ao seu mandatário, depois desse encontro. Há ainda a possibilidade de, na mesma data, Ricardo de Abreu já ter informado o Titular do Poder Executivo, depois de ter sido advertido, no dia 30 de Novembro de 2017, por Francisca de Brito, directora da UIF, a ter algum cuidado em relação a esse dossier por aventar a possibilidade de ser uma fraude.

Desconhecia, também, que o Banco Central das Filipinas endereçara ao BNI, dois dias antes, uma carta, dando a conhecer que não emitiu o cheque nº 4518164, não reconhecia a transacção nem a origem do processo e muito menos mantinha qualquer relação com a Centennial Energy Thailand, Company. Com base nessa missiva, o BNI contactou o BNA, requerendo esclarecimentos sobre o tratamento a dar ao documento. Este, por sua vez, orientou que se enviasse o cheque original à UIF para prossecução do inquérito. O que aconteceu justamente no mesmo dia, 22 de Fevereiro de 2018. Atendendo ao facto de a UIF e o BNA serem os órgãos que respondem directamente ao mais alto mandatário do país, não é de se estranhar que este já tivesse conhecimento de tal expediente.

Resumindo, Norberto Garcia estava totalmente às "cegas", todavia, julgava ter domínio perfeito da situação e esclareceu as dúvidas do Chefe de Estado negando a realidade. Passou-lhe a informação que recebera do BNA e dos bancos comerciais, aos quais solicitou que fizessem *due diligence* para aferir a autenticidade do cheque e se o fundo tem cobertura, dava conta de que não existiam anomalias. E assegurou que da UIF, a instituição com competência para aferir a proveniência licita ou ilícita de investimento estrangeiro, não tinha recebido, até àquele momento, informação contrária. Mencionou que o investimento seria realizado sem qualquer ónus para o Estado Angolano e, desastre, considerava o que tinha revelado verdades absolutas a respeito deste caso. João Lourenço viu logo que alguma coisa não estava a correr como devia ser entre os decisores dos órgãos auxiliares da Presidência da República. Pediu a Norberto Garcia que lhe remetesse uma informação actualizada sobre o que se estava a passar, dando por terminada a reunião.

Mal se ausentou do perímetro do gabinete de trabalho do Chefe de Estado, Norberto Garcia contactou por telefone Francisca de Brito. Precisava de esclarecimentos sobre os resultados das operações que solicitara nas duas cartas que endereçou à UIF, nos dias 24 de Janeiro e 5 de Fevereiro de 2018. Mas Francisca de Brito estava impossibilitada de o fazer naquele momento por, alegadamente, se encontrar fora do gabinete. Não tinha como consultar o expediente. Contudo, prometeu fazê-lo na manhã do dia seguinte.

****

Nesse mesmo dia aconteceu, como que coincidência, uma equipa de efectivos do SIC realizar uma mega operação no Hotel Epic Sana, cumprindo mandados de captura. Os alvos estavam bem identificados: Raveeroj Rithchoteanan, Monthita Pribwai, Manin Wanitchanon, Theera Buapeng e André Roy. Outra equipa andava à procura de Celeste de Brito e Christian Albano de Lemos. Os demais membros da delegação tailandesa que já haviam regressado aos seus países, entre os quais, Pierre René, foram catalogados como foragidos.

As informações em posse dos investigadores apontavam ainda o envolvimento de dois a três oficiais superiores das Forças Armadas Angolana (FAA) na rede de presumíveis burladores. Todavia, não podiam detê-los por gozarem de fórum privilegiado. Só os profissionais da Direcção Nacional de Investigação e Acção Penal (DNIAP), afecta à Procuradoria-Geral da República, tinha poder para tal.

Os resultados preliminares das investigações não eram suficientes para se aferir em que condições e circunstâncias os militares se envolveram neste esquema, como viria a esclarecer o chefe do departamento Central do SIC, superintendente-chefe Tomás Agostinho, a 6 de Março de 2018.

Não foi por mero acaso que a equipa do SIC, a quem havia sido incumbida a missão de desvendar o mistério que envolvia a carta/convite de chamada endereçada aos tailandeses, com a assinatura forjada do Vice-Presidente da República Bornito de Sousa, em Dezembro de 2017, decidira avançar com a presente detenção preventiva. Fizeram-no motivados, também, por uma informação que a directora da UIF, Francisca de Brito, fez chegar no mesmo dia, 21 de Fevereiro de 2018, ao director-geral do SIC, comissário-chefe de investigação, Eugénio Pedro Alexandre. Ela dizia que os actos praticados pela delegação tailandesa podiam ser de branqueamento de capital.

Antes da chegada da equipa de investigadores ao hotel Epic Sana, trajados à civil e equipados com colectes do SIC, havia alguns dos seus operativos à paisana no local a vigiar a movimentação dos hóspedes tailandeses, sobre os quais recaíam as suspeitas. Pela forma como estavam trajados, os vigias passavam despercebidos. Informada sobre a operação, a gerência do hotel atendeu prontamente ao pedido dos polícias, indicando os quartos onde os indiciados estavam alojados.

Raveeroj Rithchoteanan, Monthita Pribwai, Manin Wanitchanon, Theera Buapeng e André Roy foram apanhados completamente desprevenidos. Não acreditaram quando ouviram um dos oficiais do SIC dizer-lhe que estavam detidos. Diziam ser inocentes, em inglês, mas de pouco lhes servia. Raveeroj Rithchoteanan tentou explicar que era um magnata tailandês e que estava em Angola para investir USD 50 mil milhões. O seu próprio dinheiro. Não foi tido nem achado. Foram conduzidos nas viaturas da Polícia.

Nos luxosos quartos que ocupavam no hotel os polícias retiveram tudo que lhes pertencia, designadamente, aparelhos telefónicos; documentos da Centennial Energy Thailand, Company com os respectivos carimbos; exemplares dos acordos estabelecidos entre essa empresa e a Cooperativa N'jango Yetu; o Acordo de Intenção para a Tramitação de Proposta de Investimento Privado e um cheque supostamente titulado pelo Banco da China, localizado em Hong Kong, no valor de USD 99 mil milhões, passado a favor da empresa tailandesa Centennial Energy Company Limited. E foram conduzidos à sede do SIC, no Bairro Popular. No local, encontravam-se, na mesma condição, a empresária e pastora Celeste de Brito e o "tradutor" Christian de Lemos.

****

Entre os vários documentos que retiraram dos quartos dos indiciados, um despertou especialmente a atenção dos investigadores. O exemplar do acordo celebrado entre Million Isaac Haile e Raveeroj Rithchoteanan. Suspeitaram que ele também fizesse parte do grupo e lhes tinha escapado. Além de que, no registo dos quartos do hotel não existia nenhum passado em seu nome. Um dos investigadores telefonou para o terminal escrito no contrato. Million Haile atendeu à chamada. Estava completamente a leste do que se passava. Questionado sobre a sua localização, após ser informado com quem estava a falar, respondeu estar num dos quartos do Hotel Epic Sana, que ocupara desde 30 de Janeiro. Foram ao seu encontro e ouviram a sua versão dos factos. E suspeitaram que teria sido burlado pelos tailandeses, ou seja, era mais um africano que caíra facilmente num esquema que suspeitavam ter sido ardilosamente arquitectado por asiáticos e americanos.

No entanto, por uma questão de prevenção, usando a técnica de prender para depois investigar, decretaram a sua detenção para aferirem a verdade dos factos. Concederam-lhe a possibilidade contratar um advogado e de comunicar via telefónica a um dos seus familiares, ou amigo, a fim de o informar sobre o que se estava a passar para não ser dado como desaparecido. A ambição de Million Haile e a esperança dos seus familiares que fosse prosperar com esse negócio transformou-se em pesadelo.

Depois de ser interrogado nas instalações do SIC, foram todos conduzidos às celas do Hospital Prisão de São Paulo. Um ambiente totalmente inverso ao luxo que os expatriados desfrutavam no Hotel Epic Sana. Estavam impedidos de se comunicarem e alojados em celas separadas. Dias depois, o magnata tailandês e os seus conterrâneos, assim como os angolanos, foram transferidos para o estabelecimento penitenciário de Viana. Onde viriam a permanecer até ao julgamento.

Na antiga Casa de Reclusão, no Rangel, ficaram o eritreu Million Haile e o canadiano André Roy, privados da liberdade e de comunicarem entre si. No entanto, o tempo de permanência de André Roy neste estabelecimento penitenciário foi curto. Algum tempo depois, viria a ser solto sob termo de identidade e residência. A seu favor pesaram fortes suspeitas de que teria sido também vítima da delegação tailandesa e por não gozar de boa saúde. Roy é diabético e Million Haile era o único estrangeiro que tinha familiares em Angola.

Na manhã do dia seguinte, como o prometido é devido, Francisca de Brito enviou uma mensagem, SMS, ao telemóvel de Norberto Garcia, dizendo: «A resposta vinda da nossa congénere das Filipinas sobre o assunto por nós tratado [o fundo de USD 50 mil milhões] nada revela, continuámos à espera de outras respostas». Fazendo fé nessa informação e nas que recebera do BNI e do BNA de que não havia anomalias, Norberto Garcia enviou, no dia 22 de Fevereiro de 2018, um ofício ao Presidente da República, informando que o investimento de USD 50 mil milhões era exequível. Erro. Horas depois veio a se aperceber que os quatro tailandeses, o canadiano e os dois angolanos estavam presos desde o dia anterior. Não havia nada a fazer. O documento já estava no gabinete do Titular do Poder Executivo.

No dia 13 de Março de 2018, João Lourenço extinguiu a UTIP, APIEX e a UTAIP, criando, em substituição, a Agência de Investimento Privado e Promoção das Exportações (AIPEX). Com isso, deu por findo os mandatos de Garcia e de Cláudia da Encarnação Pedro. Como era de se esperar, em Abril do mesmo ano foi a vez do general Geraldo Sachipengo Nunda, do cargo de Chefe do Estado Maior General das Forças Armadas Angolanas.

XXVI

A controversa acusação da PGR

Sexta-feira, 15 de Junho de 2018. Fazia quatro meses desde que o processo, apelidado pelo jornal OPAÍS "Caso Burla Tailandesa" fora transferido do SIC para o DNIAP.[28] Durante esse período, compareceram na sede desse órgão da Procuradoria-Geral da República, localizada na Vila Alice, no Rangel, dezenas de individualidades que gozam de fórum privilegiado, arroladas por via deste como doutros processos, às entidades nomeadas pelo Titular do Poder Executivo, Provedores de Justiça, deputados à Assembleia Nacional, Magistrados Judiciais e do Ministério Público.

A comparência de pessoas com esse estatuto nesse edifício representava um sinal de maior dinamismo por parte dos magistrados do Ministério Público. Até então, os resultados do trabalho desenvolvido pelos operadores de justiça que ocupam os 30 gabinetes aí existentes, repartido nos dois pisos, eram desconhecidos da sociedade angolana. Havia pouquíssimos registos públicos de qualquer uma dessas entidades que tivesse sido alvo de processos-crimes, nem sequer privada da liberdade por ordem desses magistrados. Havia sim, em abundância, registos de jornalistas que foram lá depor por crimes ligado à liberdade de imprensa.

Ao fim de quatros meses de intenso trabalho, colhendo os depoimentos de 34 pessoas com as quais os tailandeses, os dois canadianos e o eritreu, com o auxílio dos seus parceiros angolanos, mantiveram contactos, o procurador-geral adjunto da República, João Luís de Freitas Coelho, estava em condições de valorar as provas. Não eram definitivas, muito menos conclusivas. Serviriam, porém, para sustentar a acusação que viria a ser analisada ao pormenor na audiência de discussão e produção de provas. Previa-se que as sessões seriam renhidas pela complexidade do processo e o elevado nível de profissionalismo dos advogados dos arguidos, bem como do elenco de

---

[28] O DNIAP foi criada pela Lei nº 8/06, de 29 de Setembro.

juízes e de procuradores indigitados, que seriam magistrados do mais alto nível.

Baseando-se nas provas documentais, o Ministério Público (MP) concluiu que existiam indícios bastantes de que Raveeroj Rithchoteanan, Monthita Pribwai, Manin Wanitchanon, Theera Buapeng, André Roy, Million Haile, Celeste de Brito, Norberto Garcia, José Arsénio Manuel, Geraldo Sachipengo Nunda e Christian de Lemos cometeram os diversos crimes pelos quais haviam sido indiciados, entre os quais, de tentativa frustrada de burlar ao Estado angolano com um isco de USD 50 mil milhões.

Fundamentou que eles agiram de modo livre, voluntário e consciente, sabendo que o seu comportamento é proibido por lei. No seu entender, os expatriados constituíram a Centennial Energy Thailand, Company para falsificar, de forma concertada, cheques e outros documentos. Depositado o cheque de 50 mil milhões dólares, encenando uma aparência de idoneidade de investidor/financiador, obtiveram benefícios por via de circunstâncias alheias à vontade de terceiros.

Quanto ao envolvimento dos quatro cidadãos nacionais, o MP considerou que, ao juntarem-se à organização, apoiando-a, quer com meios financeiros, quer por informações técnicas, ajudaram-nos a contactar as autoridades angolanas e contribuíram para dar a aparência de que efectivamente o investimento/financiamento era sério. O facto de o general Sachipengo Nunda, Norberto Garcia e José Arsénio se terem deixados fotogravar com os putativos investidores também foi levado em consideração. Para o procurador João de Freitas Coelho, eles aderiram ao embuste que estava em curso, por terem aceite ser fotografados em conjunto em representação de instituições públicas, assinando protocolos e memorandos de intenções, sem antes aferirem a idoneidade da Centennial Energy Thailand, Company. Face a tudo isso, baseando-se nas normas jurídicas vigentes em Angola, acusou-os nos seguintes termos:

- **Raveeroj Rithchoteanan, Monthita Pribwai, Manin Wanitchanon e Theera Buapeng:**

1.   Um crime de Associação Criminosa[29]*;*

2.   Um crime de fabrico e falsificação de Títulos de Crédito[30]*;*

3.   Um crime continuado de falsificação de Documentos e uso de documento falso[31]*;*

4.   Um crime de burla por defraudação na forma frustrada[32]*.*

-     **André Louis Roy e Million Isaac Haile:**

1.   Um crime de Associação Criminosa[33]*;*
2.   Cúmplice no crime de burla por defraudação na forma frustrada[34]*;*
3.   Um crime de exercício ilegal de funções públicas ou profissão titulada[35]*. Incorre neste apenas o arguido Million Haile.*

-     **Celeste Marcelino de Brito António t.c.p. "Celeste de Brito", Christian Albano de Lemos, Ernesto Manuel Norberto Garcia, José Arsénio Manuel, t.c.p. "General Arsénio":**

1.   Um crime de Associação Criminosa[36]*;*

---

[29] P. e p. pelo artigo 8.º n.º 1 e 4, incorrendo o arguido Raveeroj Rithchoteanan no n.º 5 da Lei 3/14, de 10 de Fevereiro (sobre a Criminalização das Infracções Subjacentes ao Branqueamento de Capitais)

[30] P. e p. pelo artigo 31.º n.º 1 da Lei 3/14, de 10 de Fevereiro

[31] P. e p. pelo 216.º n.º 1, 3, 5 e 222.º do Código Penal

[32] P. e p. pelos artigos 10.º, 104.º, 451.º n.º 3.º com referência ao artigo 421.º n.º 5. Todos do Código Penal

[33] P. e p. pelo artigo 8.º n.º 1 e 2, da Lei 3/14, de 10 de Fevereiro (sobre a Criminalização das Infracções Subjacentes ao Branqueamento de Capitais)

[34] P. e p. pelos artigos 10.º, 104.º, 451.º n.º 3.º com referência ao artigo 421.º n.º 5. Todos do Código Penal.

[35] P. e p. pelo artigo 236.º do Código Penal

[36] P. e p. pelo artigo 8.º n.º 2, da Lei 3/14, de 10 de Fevereiro (sobre a Criminalização das Infracções Subjacentes ao Branqueamento de Capitais).

2. Cúmplice no crime de burla por defraudação na forma frustrada[37];

3. Um crime de tráfico de influência[38];

4. Um crime de promoção e auxílio à emigração ilegal[39];

5. Um crime de falsificação de documentos[40]. Este apenas para a arguida Celeste de Brito.

- **Geraldo Sachipengo Nunda;**

1. Um crime de Associação Criminosa[41];

2. Cúmplice no crime de burla por defraudação na forma frustrada[42];

3. Um crime de tráfico de influência[43];

4. Um crime de abuso do poder[44]»

---

[37] P. e p. pelos artigos 10.º, 104.º, 451.º n.º 3.º com referência ao artigo 421.º n.º 5. Todos do Código Penal.

[38] P. e p. pelo artigo 41.º n.º 1, da Lei 2/14 de 10 de Fevereiro (sobre a Criminalização das Infracções Subjacentes ao Branqueamento de Capitais).

[39] P. e p. pelo artigo 113.º da Lei n. 2/07, de 31 de Agosto (Sobre o Regime Jurídico dos Estrangeiros na República de Angola).

[40] P. e p. pelo artigo 216.º números 2 e 5 do Código Penal.

[41] P. e p. pelo artigo 8.º n.º 2, da Lei 3/14, de 10 de Fevereiro (sobre a Criminalização das Infracções Subjacentes ao Branqueamento de Capitais).

[42] P. e p. pelos artigos 10.º, 104.º, 451.º n.º 3.º com referência ao artigo 421.º n.º 5. Todos do Código Penal

[43] P. e p. pelo artigo 41.º n.º 1 da Lei 2/14, de 10 de Fevereiro (sobre a Criminalização das Infracções Subjacentes ao Branqueamento de Capitais)

[44] P. e p. pelo artigo 39.º da Lei n.º 3/10, de 29 de Março (Lei da Probidade Pública).

Em relação aos 30 mil dólares que André Roy transferiu para a conta de Fátima Manin, a directora Executiva do Banco Central NG das Filipinas, a pedido de Raveeroj Rithchoteanan, João de Freitas Coelho entendeu que fê-lo com o intuito de apoiar as actividades da organização em Luanda, uma vez que, em contrapartida, a quantia se multiplicaria até USD 36 milhões no prazo de cinco anos. A multiplicação seria de USD 12 milhões (no primeiro ano), USD 18 milhões (no segundo ano), USD 24 milhões (no terceiro ano), USD 30 milhões (no quarto anos) e USD 36 milhões (no quinto ano).

Para sustentar a acusação, anexou como provas reais, o resultado de perícias e exames de documentos autenticados: da Centennial Energy Thailand, Company; cronograma de eventos da Centennial na sua relação com o BNI; exame pericial de Informática Forense; documentos da relação estabelecida entre a Cooperativa N'jango Yetu e a empresa Centennial Energy Thailand, Company; Acordo de Intenção para a Tramitação de Proposta de Investimento Privado, de 1 de Dezembro de 2017; Project New Dawn; documento da *Joint Venture Agreement* e os cheques nos valores de 50 mil milhões de USD e de USD 99 mil milhões, passados em nome da Centennial Energy Thailand, Company.

Por outro lado, arrolou como declarantes: Sílvia da Cunha Fernandes; Mário Abílio Palhares; Edson Rogério Matoso; Gil Famoso da Silva; Israel Carlos Nambi; Altino Carlos Santos; Flávia Furtado Gomes; Eusébio Américo Sapalo; Hélio de Jesus Alves; Jorge Wilson Pinto; Gunther Leonel da Costa; José Chinjamba; Alice Fernandes Sobrinho; Ângela Vera Cruz Bessa; Lello João Francisco; Ruth Inglês Gomes; Ottoniela Conceição Bezerra; Cláudia da Encarnação Pedro; Agostinho Pambasse; Celso Domingos Arsénio; José Alfredo Chingango "Ekuikui"; Alfredo Eduardo Mingas "Panda"; Tomás Mabiala; Feliciano Vilulu António; Coronel Dombel; Belarmino Van-Dúnem; Santinho Figueira; Afonso Lopes Garcia "Led"; Dabire Dabine; José Maria Borges; Alcino Izata da Conceição; Rogério Cabuinda; Elvino Mariano; Anibal Palhares Mesquita e Edilson Inácio.

Decidiu manter a situação carcerária de Raveeroj Rithchoteanan, Monthita Pribwai, Manin Wanitchanon, Theera Buapeng, Million

Isaac Haile, Celeste de Brito e Christian de Lemos, por considerar que não havia decorrido o prazo de prisão preventiva, bem como por subsistirem as razões que motivaram as suas detenções.

João de Freitas Coelho reforçou à sua convicção alegando que: «reexaminando os pressupostos da prisão preventiva, verifica-se que os arguidos são muito influentes, estão organizados a nível internacional e persistem em cometer crimes. Mesmo estando demostrado que o cheque não foi emitido pelo Banco Central NG das Filipinas, ainda, assim, continuam a alegar que pertence àquela instituição. Têm grande capacidade de sensibilizar e mobilizar, podendo mesmo, caso estejam em liberdade, obstar que o processo prossiga»[45].

Em relação ao engenheiro de construção civil André Roy, o procurador optou por manter também a medida de coacção que lhe foi aplicada, alegando subsistirem as razões que as motivaram. Quanto aos casos de Norberto Garcia, do general Sachipengo Nunda e do general Arsénio, decidiu mantê-los em liberdade, não se pronunciando sobre a aplicação de qualquer medida de coacção. Feito isso, o processo, foi catalogado como o nº 009/18-DNIAP e deu entrada na secretária judicial da Câmara Criminal do Tribunal Supremo, 11 dias depois da elaboração da acusação. Os advogados foram notificados da acusação para que pudessem contestar dentro do prazo legalmente estabelecido. Dias depois, o processo foi sorteado e calhou recebê-lo ao magistrado judicial Joel Leonardo, juiz-presidente da Camara de Crimes Comuns desse tribunal, na qualidade de juiz turno.

---

[45] Nos termos do artigo 39.º n. 1, al. b) da Lei n.º 25/15, de 18 de Setembro (Medidas Cautelares em Processo Penal)

XXVII

Pronúncia: Geraldo Sachipengo Nunda ilibado e José Arsénio Manuel e Norberto Garcia em prisão domiciliária

Ao analisar minuciosamente o processo, o juiz-presidente da Câmara Criminal do Tribunal Supremo, Joel Leonardo, teve algumas dúvidas. Considerou imperioso esclarece-las para decidir se devolve o processo a ré-instrução ou emite a pronúncia. Além do que, tinha em sua posse pedidos de instrução contraditória do General Arsénio, Norberto Garcia e de Celeste de Brito (apresentados pelos seus advogados, designadamente, Sérgio Raimundo, Evaristo Maneco e Carlos Salumbongo).

Da análise dos documentos, Joel Leonardo concluiu que existiam fortes indícios de que o cheque de USD 50 mil milhões foi apresentado ao BNI e ao BNA por todos eles com o propósito de enganarem o Estado Angolano, à excepção de Sachipengo Nunda. Não teve dúvidas de que, num dos encontros com uma equipa técnica do BNA, os putativos investidores pediram, alegadamente, que lhes fosse passado um documento que servisse de garantia ao cheque, o que não foi aceite. Este não teria sido o único pedido. Houve outro, em que solicitaram uma tranche de 50% dos USD 50 mil milhões, o que também foi recusado.

Por outra, a carta que Norberto Garcia enviou ao Titular do Poder Executivo confirmando a viabilidade do investimento, sem saber que os putativos investidores e os seus parceiros, canadiano, eritreu e angolanos, já estavam presos, não passou despercebido ao juiz de turno. Considerou que tinha opinado de forma propositada.

Para si, existiam provas inequívocas de que Raveeroj Rithchoteanan, Monthita Pribwai, Theera Buapeng e Manin Wanitchanon, produziam documentos com aparência de autênticos: «no quarto do hotel em que se encontravam hospedados, assinavam e colocavam vinhetas, carimbos e selos brancos adulterados».

O resultado da análise ao *swift* que Raveeroj Rithchoteanan enviou, por e-mail, a Edson Matoso, o director comercial do BNI, confirmando a autenticidade do cheque e que tinha cobertura, incriminou-o. «Repara-se que neste *Swift* falso constava a informação de que o valor do cheque tinha sido remetido ao BNI a 12 de Dezembro de 2017, a favor da Sociedade Centennial Energy Comércio e Prestação de Serviço. Valor este que até à presente data nunca chegou a entrar nos cofres do banco».

Joel Leonardo conferiu a mesma importância ao aviso do Banco Central NG das Filipinas, intitulado "Cuidado com Cheques falsos BSP", enviado ao BNI, que advertia ao público da existência de «indivíduos inescrupulosos que solicitam dinheiro em troca de cheques feitos para parecerem como se fossem emitidos» por esse banco central. Facto esse que foi associado aos tailandeses, uma vez que o banco garantiu que não emite documentos de seguro ou garantia comercial em nome de indivíduos ou grupos privados.

Baseando-se em tudo o que havia sido produzido pelo DNIAP durante a fase de instrução processual, incluindo as informações que receberam do BNI e da UIF, ficou convicto de que o cheque é falso. Enumerou ser, não só pelo aspecto externo que apresenta, mas também pelo «valor irreal nele constante». No seu entender, tanto a UTIP como a N´jango Yetu e os seus proponentes, não deviam ter encarado com seriedade esse assunto, por não ser comum um cheque com este valor ser manuseado do jeito que Raveeroj Rithchoteanan o fazia. Só o facto de o transportar em mão, era mais do que bastante para considerar a operação como sendo muito duvidosa. Ademais, a sua convicção foi impulsionada pela firmeza com que Banco Central NG das Filipinas reiterou que não fez transacção com a sociedade Centennial Energy Thailand, Company.

A tese defendida por Celeste de Brito nos encontros que manteve em separado com Norberto Garcia, na qualidade de director da UTIP, e Alcino da Conceição, assessor Económico e Social do vice-Presidente da República, de que o cheque era um mero instrumento financeiro e não bancário, também foi analisada. O juiz de turno recorreu à técnica do subsistema de cheque do BNA, Alice Fragoso Benge. A bancária classificou a teoria como sendo completamente errada e que «nem é consentida pelas normas do circuito bancário».

As suspeitas de Joel Leonardo foram todas esclarecidas. A sua convicção era de que existiam nos autos fortes indícios de que todos eles, com excepção do general Sachipengo Nunda, cometeram os diversos crimes a que a acusação faz referência. «Investidores credíveis e sérios não falsificariam a assinatura do vice-Presidente da República; não se refeririam, supostamente, em vendas de ouro perante dirigentes do BNA, muito menos se hospedariam em hotéis sem dinheiro próprio para o custeamento de necessidades básicas, como alimentação e transporte».

Considerou que «eles actuaram de forma concertada e organizada, sob a liderança de Raveeroj Rithchoteanan, com um núcleo de direcção organizado sob obediência de regras e procedimentos, com sede própria (num imóvel que arrendado no Condomínio Jardim de Rosas), e estavam unidos no alcance de objectivos e finalidades comuns para a repartição de dividendos entre si».

À luz do que estabelecem as normas processuais em direito penal, o juiz Joel Leonardo fixou para todos, como agravante: o facto de o crime ter sido pactuado entre duas ou mais pessoas; de ter sido cometido por duas ou mais pessoas e, além disso, com fraude.

Sobre Norberto Garcia, pesaram ainda como circunstâncias agravantes: o facto de o crime ter sido cometido com emprego simultâneo de diversos meios ou com insistência em o consumar; em repartição pública; com desleixo de funcionário público e de ter sido cometido por alguém com a obrigação especial de não o cometer.

Celeste de Brito também foi alvo de duas circunstâncias agravantes: o facto de ter convocado outras pessoas para o cometimento do crime e de o crime ter sido cometido com auxílio de pessoas que poderiam facilitar ou assegurar a sua impunidade[46].

A favor de todos eles pesou o facto de não terem antecedentes criminais; a natureza reparável do dano frustrado e os encargos

---

[46] Todas as agravantes se encontram fixadas nos parágrafos 7.º, 8.º, 9.º, 10.º, 11.º, 14.º, 17.º, 21.º e a 25.º do artigo 34º do Código Penal.

familiares. A iniciativa de Celeste de Brito de denunciar os tailandeses à UTIP, quer pessoalmente, quer por via de duas cartas, também foi levada em consideração. Joel Leonardo invocou para ela, como atenuante, «o descobrimento de outros agentes»[47].

****

As expectativas de que o juiz de turno viesse a alterar a medida de coacção aplicada a Million Isaac Haile, cujo defensor acreditava ter ficado bastante claro que era uma das vítimas dos tailandeses, foram defraudadas. Joel Leonardo decidiu manter a sua situação carcerária e dos outros seis arguidos que se encontravam privados da liberdade, designadamente, Raveeroj Rithchoteanan, Monthita Pribwai, Manin Wanitchanon, Theera Buapeng, Celeste de Brito e Christian de Lemos. Não via motivo de substituir essa medida por outra mais branda. Considerou que se adequava à situação em que se encontrava o processo e de o magistrado do Ministério Público, João de Freitas Coelho, ser competente para a decretar.

«Compulsados os autos, afigura-se útil para a estabilidade da tramitação dos autos que estes réus sejam mantidos sob prisão. Haja vista que existem riscos de os mesmos poderem inviabilizar a realização das sessões de julgamento com a serenidade que a lei exige pela complexidade que o caso encerra. Para além de que, há que evitar que os co-réus expatriados possam contactar entre si ou com os nacionais fora do Tribunal, criando manobras perturbadoras da produção da prova que se avizinha. [Por conseguinte, considerou ser] necessário garantir a localização célere de todos os réus, o que só será possível com a manutenção da prisão dos mesmos».

Os fortes indícios de que o PCA da N´jango Yetu, general José Arsénio Manuel, e o director da UTIP, Norberto Garcia, cometeram tais crimes, levaram o juiz decidir privá-los de liberdade. Entretanto, não via razão de lhes aplicar a medida mais pesada. Optou pela prisão domiciliária. Para justificar, comparou-os aos arguidos expatriados que, em seu entender, apresentam maior probabilidade de fuga. Razão

---

[47] As três atenuantes estão previstas nos parágrafos 1.º, 19.º e 23.º do artigo 39 do Código Penal.

pela qual, considera que essa diferença não significa tratamento desigual entre eles, situados no mesmo plano processual. Explicou que: «para o caso concreto dos réus Ernesto Manuel Norberto Garcia e José Arsénio Manuel, uma vez que o crime do tipo burla por defraudação, um dos principais ilícitos penais supostamente violados pelas suas condutas, ocorreu sob forma frustrada e não consumada. É nosso entendimento que a prisão domiciliária dos mesmos é a medida de coacção pessoal que, por enquanto, melhor se adequa aos princípios da necessidade, adequação proporcionalidade e subsidiariedade»[48].

Além de estarem impedidos de sair de casa, sem autorização do Tribunal Supremo, proibiu-os de manter qualquer tipo de contacto com os outros réus envolvidos neste processo e passaram a estar sob vigilância dos efectivos dos serviços penitenciários. Na eventualidade de violarem uma dessas medidas, ser-lhes-iam aplicadas medidas de coacção mais rígida.

A mesma medida não se aplicava ao Chefe de Estado Maior das FAA, Geraldo Sachipengo Nunda. A acusação proferida pelo procurador João de Freitas Coelho carecia de sustentabilidade, no entender do juiz Joel Leonardo. Porquanto, concluiu: «os autos não trazem elementos indiciários suficientes que permitam que ele seja acusado pelo Ministério Público. Já que o articulado n.º 55 da peça acusatória contém grandes imprecisões em identificar com clareza os supostos indícios de factos jurídicos penalmente relevantes que supostamente terá praticado».

Geraldo Sachipengo Nunda, na qualidade de presidente da Mesa da Assembleia Geral da Cooperativa N´jango Yetu, recebeu em audiência os tailandeses nas instalações das FAA. Enfatiza que foi nesse local que assinou o protocolo de entendimento com a Centennial Energy Thailand, Company e o PCA da cooperativa. E, por outro lado, deixou-se fotografar fardado com os expatriados para a posteridade. No entender do juiz de turno, é normal que, em pleno dia de trabalho, no rigor castrense tenha apresentado uniformizado no referido encontro, sem qualquer intenção criminosa. Nos autos,

---

[48] Consentida pela alinha f), do artigo 16º, da Lei n.º 25/15, de 18 de Setembro (Lei das Medidas Cautelares em Processo Penal)

também não se vislumbram indícios bastantes que liguem Geraldo Sachipengo Nunda à suposta ordem para Feliciano Vilulu Emílio, motorista das FAA, apoiar as deslocações dos tailandeses. Contrariamente ao acusador, o juiz considera que tais actividades não têm dignidade penal para serem catalogadas como sinais de quaisquer infracções penais. Para finalizar, o juiz da causa declarou que: «pelo exposto não pronúncio o réu Geraldo Sachipengo Nunda, devendo em relação ao mesmo os autos serem arquivados»[49].

Na Terça-feira, 18 de Setembro de 2018, o juiz Joel Leonardo fez chegar o despacho de pronúncia à Secretaria Judicial da Câmara de Crimes Comuns do Tribunal Supremo, para que as partes pudessem ser notificadas. O processo passou a ser o nº 01/18. A equipa técnica, liderada por Elsa do Carmo, secretária judicial, notificou os mandatados dos arguidos sobre a existência do despacho de pronúncia. A Evaristo Maneco e Sérgio Raimundo, respectivamente defensores de Norberto Garcia e de José Arsénio, informou que havia a necessidade de passarem pelo cartório com urgência para confirmarem os endereços dos seus constituintes.

O Tribunal fez chegar as ordens de prisão domiciliária à direcção do Serviço Prisional. Essa, por sua vez, montou duas equipas para atender às duas solicitações: uma foi ao bairro Patrice Lumumba, rua Rei Katyavala, casa nº 47, para vigiar Norberto Garcia. A outra equipa deslocou-se ao Jardim de Rosa com o propósito assegurar que o General Arsénio cumprisse cabalmente a ordem do tribunal.

Era algo inédito nas carreiras de Sérgio Raimundo e Evaristo Maneco, que já contam com uma extensa folha de serviço. Pela primeira vez a instrução contraditória que solicitaram, acreditando que beneficiaria os seus constituintes, acabou por prejudica-los. Inconformado, Evaristo Maneco interpôs um recurso ao despacho de pronúncia ao Tribunal Pleno, constituído por 21 juízes do Tribunal Supremo que poderiam decidir sobre este pedido de *habeas corpos*. A esperança de que esse órgão poderia atender à sua solicitação satisfatoriamente evaporou-se. O recurso voltou à Câmara Criminal do

---

[49] Nos termos das disposições conjugadas dos artigos 367.º e 343.º, ambos do Código de Processo Penal (C.P.P).

Tribunal Supremo para ser decidido pelo juiz Joel Leonardo. Não teve provimento.

XXVIII

A luta para inocentar Norberto Garcia, Celeste de Brito e José Arsénio Manuel

A decisão do juiz Joel Leonardo manter as acusações sobre dez dos onze arguidos e de decretar a prisão domiciliária a dois, a Norberto Garcia e ao General Arsénio, matou a esperança de que viessem a ser ilibados sem necessariamente irem a julgamento. Com isso, desestabilizou-se a estratégia da defesa. O que para os advogados de Norberto Garcia e do General Arsénio havia sido esclarecido em sede de instrução contraditória, teve efeito contrário. Evaristo Maneco, defensor de Norberto Garcia, não encontrava fundamentos legais para que o juiz da causa alterasse a condição de arguidos de soltos para em prisão domiciliária[50]. Considerava que, de acordo com a Lei das Medidas Cautelares em Processo Penal, tal só poderia ocorrer se violassem alguma medida de coacção que lhe tivesse sido aplicada antes. O que não era o caso[51].

Achava, pelo menos, desnecessária, pelo facto de já terem sido recolhidos os elementos de prova nas fases de instrução preparatória, o que, eventualmente, poderia ser prejudicado ou perturbado pela recolha de indícios de provas para a formação do corpo do delito ter ocorrido num período em que os mesmos estavam em liberdade.

Inconformado, na Segunda-feira, 1 de Outubro de 2018, Evaristo Maneco requereu ao Venerando Juiz-Presidente do Conselho do Tribunal Supremo, Rui Constantino da Cruz Ferreira, que fosse aplicado o *habeas corpus* por considerar ilegal a prisão domiciliária. Uma vez que desde a instrução contraditória não houve alteração dos factos a desfavor do seu constituinte que sustentasse tal decisão. Pelo contrário, entende que deveria ser ilibado. A decisão do juiz relator Joel Leonardo, em seu entender, estava à margem da lei[52]. Porquanto, as limitações impostas ao seu constituinte só podem ter escopo no

---

[50] À luz do artigo 33.º da Lei n.º 25/15, de 18 de Setembro.

[51] Nos termos do artigo 22.º da mesma lei.

[52] Nos termos do n.º 1 do artigo 19.º da referida lei e do artigo 72.º da Constituição da República de Angola

imaginário de quem as decidiu, sem obedecer ao dever de fundamentação[53].

Sérgio Raimundo, defensor do general Arsénio, também recorreu da decisão nos mesmos termos. Os dois recursos foram apreciados por uma equipa de juízes da Segunda Secção de Crimes Comuns do Tribunal Supremo. Os magistrados judiciais classificaram-nos como sendo extensivos a todos os arguidos, atendendo às razões invocadas.

No dia 14 de Dezembro de 2018, decidiram negar o provimento ao recurso, mantendo a situação carcerária dos arguidos internados no estabelecimento penitenciário de Viana e de São Paulo, o que já acontecia desde 21 de Fevereiro de 2018, e em prisão domiciliária, desde 18 de Setembro de 2018. Justificaram que a privação da liberdade a Norberto Garcia e ao general Arsénio, nos termos invocado pelo juiz relator, tinha respaldo legal, não violando as leis vigentes no país[54].

Decidiram, por fim, que o julgamento seria realizado no dia 17 de Janeiro de 2019, às 9h00, numa das salas deste tribunal, no Palácio de Justiça.

****

Muito antes de receberem essa resposta do tribunal, os advogados decidiram recorrer a outras instâncias de justiça, suspeitando que lhes fosse desfavorável. Evaristo Maneco, Sérgio Raimundo e Carlos Salumbongo (advogado de Celeste de Brito e dos tailandeses) recorreram, em separado, ao despacho de pronúncia junto dos Juízes Conselheiros do Tribunal Pleno e de Recurso do Tribunal Supremo.

O recurso de Carlos Salumbongo visava somente a alteração da situação carcerária de Celeste de Brito. Em sua defesa, invocou que

---

[53] Nos termos do artigo 158.º do Código Processo Civil, aplicável subsidiariamente ao Processo Penal, por força do parágrafo único do artigo 1.º do Código de Processo Penal.
[54] A luz do artigo 34.º n.º 1 e do artigo 40.º da Lei n.º 25/25, de 18 de Setembro.

não cometera tais crimes porque, quando abraçou o projecto nunca desconfiou da possibilidade de os investidores tailandeses da Centennial Energy Thailand, Company, serem burladores ou criminosos como descreve o juiz Joel Leonardo. Por conseguinte, foi ela quem denunciou os caminhos que os demais co-arguidos pretendiam seguir, diferente dos que tinham acordado inicialmente.

Na esperança de convencer os juízes, argumentou que: «admitindo a hipótese de que ela sabia [desde o início] e fazia parte da suposta rede criminosa, então chegou a desistir do suposto plano, pelo que deve ser excluída da culpa»[55]. Neste contexto, fazia sentido que a prisão preventiva fosse substituída por uma medida não privativa da liberdade ou, em último caso, pela prisão domiciliária, a exemplo de Norberto Garcia e do general Arsénio.

Sérgio Raimundo, por seu turno, fundamentou que o seu constituinte deveria ser restituído à liberdade ou no máximo sujeito a liberdade sob termo de identidade e residência[56], por considerar inconstitucional a decisão do juiz Joel Leonardo privá-lo de liberdade. Para si, a mesma, desrespeita a supremacia da Constituição e legalidade[57]; o princípio da igualdade[58]; as garantias do processo criminal[59]; o direito a julgamento justo e conforme[60] e a função jurisdicional[61].

Evaristo Maneco advogou no mesmo diapasão. Declarou que o juiz relator pronunciou-se sobre factos não produzidos nos autos, violando o princípio da legalidade estabelecido na Constituição. No seu entender, a suposta cumplicidade de Norberto Garcia na prática do crime de burla por defraudação na forma frustrada, não fazia sentido porque à luz dos factos era impossível a sua prática contra o Estado. Nunca esteve em risco de ser afectado qualquer património ou recurso

---

[55] Nos termos do artigo 44.º, n.º 7, conjugado com os artigos 39.º e 20.º do Código Penal.

[56] Nos termos do artigo 25.º da Lei 25/15, de 18 de Setembro.

[57] À luz do artigo 6.º da CRA.

[58] À luz do artigo 23.º da CRA.

[59] À luz do artigo 67.º da CRA.

[60] À luz do artigo 72.º da CRA.

[61] Número 2 do artigo 174.º da CRA.

financeiro do Estado, no quadro global da operação de investimento que esteve em curso.

Por outro lado, quanto à denúncia feita por Celeste de Brito sobre a existência de irregularidades cometidas pelos tailandeses e alguns dignitários angolanos, não se fez referência ao que Norberto Garcia solicitara, ou seja, o apoio à UIF e ao BNI, por serem entidades habilitadas para aferir a veracidade do cheque e a autenticidade dos documentos que o acompanhavam. Na eventualidade de ele ter agido com negligência ou imprudência em determinados momentos e circunstâncias, tais como o de não ter suspeitado do cheque e d'os montantes que nele constavam, tal conduta não é crime[62].

****

O representante do Ministério Público junto Tribunal Pleno e de Recurso do Tribunal Supremo manteve a decisão do seu colega do DNIAP. O processo foi analisado por uma equipa de juízes conselheiros constituída por José Martinho Nunes, Norberto Sodré e João da Cruz Pitra. Face ao exposto, compulsados os autos, a equipa ficou dividida. Norberto Sodré e João da Cruz Pitra não compreendiam como os requerentes, perante a evidência do acervo probatório, com destaque para suposto cheque falso e a carta ofício hipoteticamente assinada por Bornito de Sousa, diziam não existirem provas sobre os ilícitos imputados.

Quanto à alegada desistência de Celeste de Brito, entenderam que só se poderá aferir a relevância para que seja excluída da ilicitude e beneficie da atenuante prevista para esses casos, após a realização da audiência de discussão e julgamento, por existirem factos que precisam de ser aclarados.

Convictos de estarem reunidos na pronúncia os factos que confirmam o juízo de probabilidade, os dois juízes decidiram levá-los a julgamento, por entenderem ser onde se fará melhor produção da

---

[62] Nos termos do artigo 2.º do Código Penal e o artigo 351.º do Código de Processo Penal. Todos conjugados com os preceitos dos artigos 18.º, 19.º e 22.º da Lei nº 25/15, de 18 de Setembro, e dos artigos 10.º, 103.º, 104.º, 105.º, 453.º e 421.º do Código Penal.

prova e consequentemente justiça. Por concluírem não existir razões suficientes para a alteração da medida de coacção aplicada a cada um deles, embora durante a instrução preparatória e contraditória, três deles (Norberto Garcia, general Arsénio e Sachipengo Nunda) estivessem em liberdade. Esclareceram que tal liberdade estava enquadrada numa das medidas de coacção prevista por lei, por ser sob termo de identidade e residência. A alteração deveu-se, sobretudo, ao concurso de infracções e ao facto de os arguidos poderem, com as suas influências, perturbar ou obstruir a produção de meios de prova que ainda pudessem vir a ser necessárias em fase de julgamento.

Baseando-se em tudo isso, na Segunda-feira, 22 de Outubro de 2018, Norberto Sodré e João da Cruz Pitra acordaram, na qualidade de juízes da 2ª Secção da Câmara Criminal, em negar provimento ao recurso, «mantendo o despacho de pronúncia nos seus preciosos termos».

O juiz José Martinho Nunes, por seu turno, fez a sua declaração de voto vencido, por considerar que a situação carcerária de Celeste de Brito e Christian de Lemos devia ser alterada de prisão preventiva para prisão domiciliária.

A pronúncia violou o princípio de legalidade consagrado na Constituição[63], ao ordenar a prisão preventiva e não domiciliária deles. Uma vez que também são cidadãos angolanos, à semelhança de Norberto Garcia e do general Arsénio e lhes terem sido imputados a prática dos mesmos crimes. Com excepção de Celeste de Brito, visto que pesava sobre si também o crime de falsificação de documentos.

Todavia, este crime não tem grande peso na determinação da medida de coacção cautelar aplicada. Pelo que, não encontrava explicação plausível para a diferença de tratamento entre eles. Sobre todos os arguidos nacionais, sem excepção, para além da gravidade das infracções, recai o perigo de perturbação da prova a que os seus colegas faziam referência.

---

[63] No artigo 23.º da CRA.

A resposta do Tribunal deixou Norberto Garcia e o seu defensor arrasados. Não conseguiam compreender o que se estava a passar. Evaristo Manico concluiu que só havia uma saída para que fosse ilibado sem necessidade de ir a julgamento: recorrer aos Venerandos Juízes Conselheiros do Tribunal Constitucional. No dia 26 de Novembro de 2018 interpôs um recurso extraordinário de inconstitucionalidade contra o acórdão proferido pelo Tribunal Supremo, na providência de *habeas corpus*. A ansiedade instalou-se em Norberto Garcia e nos seus familiares nos dias a seguir. Estavam ansiosos e esperançosos de que lhes fosse restituída a liberdade. Os seus negócios seguiam em frente, mas não à velocidade desejada. Ante a demora do Tribunal Constitucional, compreenderam que não haveria outra saída senão travar a batalha judicial. Não seria de todo mal, pois Norberto Garcia teria a oportunidade de exprimir os seus argumentos de razão diante dos juízes e na presença de uma vasta plateia. Além disso, a sua mensagem seria reproduzida por diversos órgãos de comunicação social que cobririam o julgamento, atendendo à mediatização do caso pendente. E se o Tribunal Constitucional decidisse em seu favor, seria solto imediatamente. Valia a pena esperar.

Entretanto, o recurso foi parar à secretária do venerando juiz-conselheiro António Carlos Pinto Caetano de Sousa, como relator.

XXIX

Enfim… o julgamento!

Quinta-feira, 17 de Janeiro de 2019. Todas as atenções estavam viradas para a Cidade Alta, mas não para o Palácio Presidencial. Desta vez, os repórteres de vários órgãos de imprensa, nacionais e estrangeiros, com correspondentes acreditados no país, estavam num outro palácio. O de Justiça, situado entre as ruas 17 de Setembro e do 1º Congresso do MPLA, no edifício que alberga os Tribunais Supremo e Constitucional, a Procuradoria-Geral da República bem como o Ministério da Justiça.

Era para o Tribunal Supremo que a sociedade tinha as atenções voltadas. Apesar de estar instalado entre o 10º e o 12º andar, uma vasta sala de audiência tinha sido aberta ao público no rés-chão. Tratava-se de um facto inédito, era para o primeiro julgamento público a ser realizado por uma equipa de juízes do Tribunal Supremo desde 1992. Até então, os juízes decidiam em plenário os recursos interpostos pelos litigantes. A outra inovação prendia-se com a posição dos representantes do Ministério Público. Contrariamente ao que acontece nos tribunais de primeira instância, onde os procuradores partilham o palanque com os juízes, neste caso os seus lugares foram reservados, em pé de igualdade com o dos advogados.

Às 9horas e 18 minutos, Mário Palhares (banqueiro), José Alfredo Chingango "Ekuikui" (ex-Comandante-Geral da Polícia Nacional), Alfredo Eduardo Mingas "Panda" (Comandante-Geral da Polícia Nacional, na data dos factos), Gil Famoso da Silva (comissário-chefe da Polícia Nacional, na qualidade de director do Serviço de Migração e Estrangeiro), Belarmino Van-Dúnem (PCA da Agência para a Promoção do Investimento e Exportações de Angola na data dos factos) e Santinho Figueira (director do Fundo de Apoio Social), juntaram-se aos demais declarantes e testemunhas que se encontravam na sala de audiência. A maioria eram funcionários da UTIP. Notou-se a ausência dos declarantes e testemunhas Israel Nambi, Agostinho Pambasse, Lello João Francisco, Ottoniela

Conceição Bezerra, Dabire Dabine, Rogério Cabuinda, Anibal Palhares Mesquita e Edilson Inácio.

Dez minutos depois, entraram Raveeroj Rithchoteanan, Monthita Pribwai, Manin Wanitchanon, Theera Buapeng, Millian Isaac Haile, Celeste de Brito e Christian de Lemos, escoltados por efectivos do Serviço Penitenciário. Todos trajados de uniformes castanhos dos serviços prisionais. Raveeroj Rithchoteanan, fazendo jus à sua paixão pelo branco, optou por usar sapato dessa cor. Ele e Monthita Pribwai, com quem casou e tem dois filhos, reencontravam-se ali, depois de muito tempo sem se verem. Sentaram-se no mesmo banco. Enquanto a sessão não começava, puderam conversar discretamente por alguns minutos. Estava bem patente que as juras de amor trocadas há seis anos, quando se casaram, não foram abaladas com a privação da liberdade de ambos. Permanecia puro e firme o amor que os une, apesar de separados pelos muros do estabelecimento penitenciário de Viana.

A ladear Monthita Pribwai e o seu marido, estavam Celeste de Brito, o general Arsénio e Norberto Garcia, sentados no mesmo banco. Manin Wanitchanon, Theera Buapeng, Christian de Lemos, Million Isaac Haile e André Roy partilhavam um longo banco de madeira, no lado oposto.

O juiz Lourenço José, porta-voz do julgamento, anunciou à plateia as regras que deviam cumprir a partir do instante em que o corpo de jurado entrasse na sala. Orientou também como deviam proceder em caso de necessidade de se ausentarem da sala. À imprensa distribuiu uma "cartilha" com as regras que deveriam seguir escrupulosamente. Uma delas é a proibição de gravar os depoimentos dos arguidos, dos declarantes e das testemunhas. Salvaguardar a imagem dos arguidos, em respeito ao princípio de presunção da inocência, é outra exigência. Quem desobedecesse às regras seria acusado do crime de desobediência.

Às 9horas e 40 minutos, os venerandos juízes conselheiros, Domingos Mesquita (juiz-presidente da causa), Daniel Modesto e Aurélio Simba (primeiro e segundo juízes assessores), entraram na sala, acompanhados pelos procuradores Adão António Pedro, Maria

Teresa Manuela e Yemanjá Arminda Oliveira Fortunato. A defesa dos arguidos era constituída por: Alberto Sérgio Raimundo (defensor de José Arsénio Manuel e de André Roy); José Carlos João Miguel (Christian de Lemos); Carlos Salumbongo (Celeste de Brito, Raveeroj Rithchoteanan, Monthita Pribwai, Manin Wanitchanon e Theera Buapeng); Evaristo Maneco (Norberto Garcia) e Nilton Cassoma (Million Isaac Haile). Alguns coadjuvados por Manuel Marinho e António João, este último, ex-director de Investigação Criminal de Luanda.

Os advogados, os réus, as testemunhas e declarantes bem como a plateia levantaram-se à entrada na sala dos juízes. Domingos Mesquita ocupou a cadeira central do palanque, Daniel Modesto sentou-se à sua direita e Aurélio Simba, à esquerda. Antes de decretar o início da sessão, o juiz-presidente da causa pediu aos presentes que desculpassem o atraso registado. Alegou que só não começou às 9horas porque os operacionais dos serviços penitenciários tiveram dificuldades e se tinham atrasado. Entre os pontos prévios, concedeu a possibilidade de os arguidos decidirem se autorizavam ou não os repórteres a captar as suas imagens, ao que os inquiridos negaram.

****

O advogado Sérgio Raimundo apresentou, como questão prévia, uma contestação por incompetência territorial e funcional do representante do Ministério Público que promoveu a acusação. Para fundamentar, recorreu à afirmação do professor Vasco Brandão Ramos, na sua obra "Direito Processual Penal: Noções Gerais", segundo a qual: «Os pressupostos processuais são requisitos necessários para que se inicie e se desenvolva a actividade jurisdicional e, em consequência, sejam proferidas no processo de uma decisão judicial».

Para o caso em concreto, o que interessava apenas eram os pressupostos processuais relacionados com as partes, em especial com o Ministério Público (MP), especificamente no que toca ao pressuposto relativo à competência territorial e funcional. Razão pela qual, considerava anormal ter sido o procurador-geral adjunto da República, João de Freitas Coelho, supervisor da actividade do DNIAP, órgão da PGR a quem compete investigar e instruir processo de natureza criminal, a proferir a acusação. Na prática, o magistrado do MP que conduz a instrução preparatória não pode ser o mesmo que promove a acusação, a todos os níveis. Assim, a inobservância do pressuposto da territorialidade e funcionalidade, dá origem à incompetência do Ministério Público e produz o mesmo efeito de incompetência para o Tribunal. Aplicam-se, pois, as mesmas consequências jurídicas às normas do Código do Processo Penal relativa a essa matéria.

Em suma, Sérgio Raimundo considerou o incumprimento desses pressupostos, em termos de requisitos, como causa da impossibilidade de o tribunal tomar uma decisão válida, sob o mérito ou fundo da causa. Pelo que. na etérea e ao mesmo tempo opaca fraseologia jurídica, pediu a absolvição de todos os arguidos: «Deve este venerando tribunal conhecer oficiosamente ou a requerimento das partes, no caso de arguido, e decidir sobre essa questão prévia, sob pena de comprometer a realização efectiva da Justiça e cumulativamente os fins últimos, supremos, do direito, como: a certeza e a segurança jurídica»[64].

Para evitar, no seu ponto de vista, deve o tribunal anular a acusação e todos os actos subsequentes praticados, incluindo a pronúncia. E, em consequência, soltar os arguidos por excesso de prisão preventiva e domiciliária, em homenagem aos princípios da legalidade, da igualdade, da presunção da inocência e com dignidade constitucional[65].

****

---

[64] Nos termos dos artigos 139.º, 140.º e seguintes do Código de Processo Penal.
[65] Nos termos dos artigos 6.º, 23.º, 67.º n.º 2 e 175.º da Constituição da República de Angola.

O requerimento de Sérgio Raimundo surpreendeu a maioria dos presentes na sala, senão mesmo todos. Foi como o primeiro teste de refrescamento a uma equipa de magistrados judiciais e do Ministério Público que há anos não participam em sessões de julgamentos semelhantes a este.

No âmbito do princípio do contraditório, o juiz Domingos Mesquita concedeu a palavra ao procurador-geral adjunto da República, Adão Pedro, para se pronunciar a preceito, enquanto os venerandos juízes conselheiros Daniel Modesto e Aurélio Simba esfolhavam o Código de Processo Penal, entre outros diplomas legais que tinham sobre a mesa, à procura dos artigos em que poderiam se apoiar para fundamentar a decisão final.

Entretanto, Adão Pedro considerou que exercer a acção penal não significa conduzir a instrução preparatória do processo. Ou seja, o colega João de Freitas Coelho não foi quem a conduziu. Está, pois, em condições de exercer a acção penal, tanto à luz do estabelecido pela Constituição da República de Angola, como pela Lei Orgânica da PGR. Este diploma orgânico determina que compete ao DNIAP dirigir, instruir bem como exercer a acção penal nos processos criminais e, em especial, naqueles em que sejam arguidos entidades nomeadas pelo Presidente da República nos termos da CRA[66]. Além do que, sendo ele procurador-geral adjunto da República, encontra-se no mesmo plano funcional, em relação aos seus colegas destacados junto da Câmara Criminal do Tribunal Supremo.

Tomando de volta a palavra, Domingos Mesquita esclareceu que o início do julgamento foi antecedido pelas fases de instrução e da instrução contraditória, além disso, houve recurso ao despacho de pronúncia. Fases em que essas questões deviam ser levantadas, não em audiência de discussão e produção de provas, com vista à descoberta da verdade material. Neste âmbito, concluiu, encontram-se sanadas. Os artigos a que o requerente faz referência reportam-se a regras da competência do tribunal. Por outro lado, o MP está sujeito ao princípio de isenção e da imparcialidade. A "rácio" está subjacente à necessidade de o juiz de instrução não ser o juiz do julgamento.

---

[66] De acordo com a alinha a) do artigo 68º, da Lei Organica da Procuradoria-Geral da República.

Por fim, classificou tal questão prévia como manobra dilatória e indeferiu. Concedeu ao advogado a possibilidade de consignar na acta, se assim entendesse. Ele não o fez sem antes esclarecer que a lei permite que questões do género sejam apresentadas em sede de julgamento.

Inconformado com a decisão proferida, Sérgio Raimundo interpôs recurso. Aludiu, segundo a doutrina que invocara, ao direito positivo vigente aplicado, por analogia, ao MP, no que toca às excepções, tendo em conta que o ordenamento jurídico processual penal angolano não consagra normas específicas em relação ao MP neste quesito[67]. Enfim, Domingos Mesquita admitiu este recurso, esclarecendo que será submetido ao que vier eventualmente a ser interposto da decisão final[68].

****

Seguiu-se a vez do advogado Nilton Cassoma. Depois de várias tentativas fracassadas de tentar libertar Million Isaac Haile da cadeia, tinha a soberana oportunidade de esgrimir os seus argumentos em defesa do seu constituinte. Começou por invocar inconstitucionalidades, alegando que não foi respeitado o princípio da presunção da inocência e de separação de culpa. Não há fundamento bastante para que ele responda pelos crimes pelos quais vem acusado e pronunciado[69]. A seu ver, houve também denegação de justiça. Apesar de vigorar no país o preceito constitucional segundo o qual «ninguém deve ser submetido a julgamento, senão nos termos da lei», o seu constituinte era aí que estava. Mesmo não existindo indícios suficientes de que cometera tais crimes ele encontrava-se privado da liberdade há cerca de um ano, sem que a legalidade fosse reposta.

O seu descontentamento assentava também no facto de o Tribunal Supremo não se ter dignado a responder ao recurso que ele interpusera, diluindo deste modo a garantia da defesa, consagrada na

---

[67] Disposições combinadas dos artigos 645.º e seguintes, 140.º parágrafo 1º e parágrafo único do Artigo 1º do Código de Processo Penal.

[68] Nos termos do artigo 653.º do Código de Processo Penal.

[69] Nos termos do n. 1 do Artigo 28.º, dos nrs. 1 e 4 do artigo 65, dos nrs. 1, 2 e 3 do artigo 67.º da Constituição da República de Angola.

Lei Magna da República de Angola[70] e tornava inconstitucional a realização do julgamento; invocou também a violação do princípio do «*in dúbio pro réu*», segundo o qual, sempre que a prova produzida nos autos é insuficiente, não conduz à formação de juízo de certeza sobre a existência de infracção ou cometimento de qualquer crime por parte do arguido, devendo este ser imediatamente absolvido. Em face disso, concluiu que o Ministério Público andou mal neste processo. Presumiu a culpa mesmo existindo vários pareceres constantes nos autos para a soltura do seu constituinte. Um deles diz que: «não há indícios suficientes de que o arguido Million Haile tenha cometido qualquer crime. Pelo que, propusemos a sua restituição à liberdade, tornando-o declarante no processo, pois é ofendido (…) [ou] ordenar a sua soltura e aplicar-lhe a medida de coacção de termo de identidade e residência».

Pois, mas o requerimento que não foi respondido e, deste modo, o princípio da legalidade[71] foi violado pelo MP, órgão que tem a obrigação de determinar os factos concretos que constituem crime ou violação da lei. E, caso não haja, de abster-se de acusar. No seu entender, os pressupostos da prisão preventiva deviam ser rigorosa e oficiosamente reanalisados sob pena de ocorrerem irregularidades processuais[72].

Em seguida, invocou que na fase de instrução preparatória o director do DNIAP exarou o despacho único n° 270/18, a 5 de Março de 2018, com o seguinte conteúdo: «Ordenar novamente a soltura do arguido por não mostrar evidências claras e por ser (ter sido, neste imbróglio) ofendido. Portanto, deve ser constituído declarante». Também não foi acatado.

Recorreu ainda ao relatório final da DNIAP, datado de 20 de Abril de 2018, no qual consta que: «relativamente ao réu Million Haile resulta da prova acareada nos autos que foi enganado pelos supostos investidores. Estes, fingindo a existência de bens e/ou de

---

[70] Nos termos do n. 1, 2 e 3 do artigo 54 da Constituição da República de Angola. Com respaldo no Artigo 150.° do Código de Processo Penal.

[71] Nos termos do n. 1 do Código Penal.

[72] Nos termos da alinhas a), b) e c) do n° 1 e do n° 2 do artigo 39 da Lei 25/15, de 18 de Setembro (Lei das Medidas Cautelares em Processo Penal).

poderes, aproveitaram-se da aparência e da credibilidade que lhes foi dada e determinaram que este (o lesado) transferisse (a acusação) da sua esfera jurídica para a do grupo de investidores de valores monetários. Na expectativa de ver cumpridas as falsas promessas. Portanto, o réu foi defraudado e consequentemente a sua posição nos autos é de ofendido». Esse parecer também foi ignorado por quem elaborou a acusação. Havia outro parecer nos autos em que o magistrado do Ministério Público informa que: «decide aclarar que com base nas provas produzidas em sede de instrução preparatória, Millian Haile foi enganado, pelo que não deve continuar na posição de arguido».

O juiz da causa Domingos Mesquita interveio, questionando o causídico Nilton Cassoma se estava a apresentar uma questão prévia ou uma contestação, tendo sido informado que se tratava da uma questão prévia. O advogado justificou que estava a ser penosa por ser uma oportunidade ímpar, que aguardaram cerca de um ano, pelo facto de os seus requerimentos não terem sido respondidos. Contudo, ficou por aí, reiterando o pedido de soltura do seu constituinte nesta fase do processo.

O procurador Adão Pedro protestou, classificando a intervenção de Nilton Cassoma como «uma autêntica alegação final». Citou como exemplo o facto de o seu "opositor" ter invocado a figura do *«in dúbio pro réu»*. «Me parece que isso tudo, que o advogado invocou, são elementos que devem ser levantados no final e no competente recurso que vier a ser interposto da decisão. O último exame de reavaliação da situação carcerária do réu foi feito a 14 de Dezembro de 2018. É a matéria de facto, a personalidade do réu e a natureza do crime que impuseram que a situação carcerária se mantivesse».

Nilton Cassoma e Adão Pedro consignaram na acta de forma sintetizada os seus argumentos de razão. Domingos Mesquita indeferiu a questão prévia, prometendo apreciá-la na decisão final por não ter elementos para decidir no momento[73]. O impasse foi ultrapassado e a audiência prosseguiu com a apresentação das contestações.

---

[73] Nos termos do artigo 424.º, parágrafo único do Código de Processo Penal.

XXX

Contestações: advogados tentam desmontar acusação

Vencidas que estavam as batalhas para afastar os arguidos dos crimes de que estavam a ser acusados durante as fases que antecederam o julgamento, para os advogados restava um momento sublime para manifestarem o seu desagrado diante dos juízes e procuradores. Cada defensor, a seu jeito, procurou afastar o seu respectivo constituinte dos crimes de que fora acusado e pronunciado.

O primeiro foi Evaristo Maneco, defensor de Norberto Garcia. Começou por fazer uma incursão sobre os acontecimentos que marcaram a primeira viagem de Pierre René a Angola, entre finais de Abril e princípio de Maio de 2017. Foi nesse período, a 1 de Maio de 2017, que o Conselho de Administração da Centennial Energy Thailan, Company, realizou uma reunião, na qual aprovou uma resolução com os seguintes pontos:

«Eleger a República de Angola como país de destino de futuros investimentos e, por outra, convidar a sociedade P&R Management Corporation, registada na República do Canadá, propriedade de Pierre René, como representante exclusivo em Angola dos interesses da Centennial Energy Thailand, Company, em sectores de investimento privado».

Foi justamente nesse dia, mês e ano que a empresa P&R Management Corporation celebrou o memorando de entendimento com a empresa angolana Celeste de Brito, Lda, que veio a culminar num acordo assinado em Dezembro do mesmo ano. Neste acto, a empresa canadiana conferiu à sua parceira angolana poderes exclusivos de representação alargada para efectuar diligências junto de entidades diversas em África, particularmente em Angola, para a efectivação de investimentos.

De revelação não era tudo. Evaristo Maneco esclareceu que, além da carta da Centennial Energy Thailand, Company que Pierre

René enviou a Celeste de Brito, a 13 de Outubro de 2017, esta, por sua vez, fê-la chegar ao vice-Presidente da República, Bornito de Sousa, E houve outras missivas.

No mesmo dia, a Centennial Energy Thailand, Company endereçou uma carta ao Presidente da República, João Lourenço, com o conhecimento do vice-Presidente da República, Bornito de Sousa, e do Presidente do Conselho de Administração da P&R Management Corporation, Pierre René, na qual manifestava a intenção de financiar em grande escala projectos de desenvolvimento humanitário no valor de 50 mil milhões de USD. Os projectos inseriam-se no domínio de infra-estruturas, como refinarias, aeroportos, energia, entre outros. Após a conclusão seriam explorados no modelo de parcerias público-privada.

Ainda nesse dia, a mesma empresa tailandesa endereçou outra carta com a mesma referência e o mesmo conteúdo, novamente ao vice-Presidente da República, Bornito de Sousa, e ao PCA da P&R Management Corporation, Pierre René. Entretanto, Evaristo Maneco não mencionou se tais cartas foram respondidas pelos dois mais altos mandatários do país. Em seu entender, tais documentos provam que os co-arguidos tailandeses já tinham conseguido informações e contactos privilegiados junto das instituições acima mencionadas, quando contactaram a UTIP.

O advogado, por outro lado, repudiou com veemência a acusação de burla por defraudação contra o Estado, alegando que crime como esse é impossível de se concretizar ainda que o cheque seja falso. Isso não tem nada a ver com o investimento privado nem com a UTIP. Este tipo de investimento impõe um conjunto de procedentes que só depois de esgotados culminam ou não na sua aprovação pelo Titular do Poder Executivo. Nesse longo caminho, todos os actos que contrariam a sua essência facilmente o torna inaceitável[74].

Assim sendo, concluiu que a acusação fundamentou a sua pretensão em factos não produzidos nos presentes autos e os

---

[74] Nos termos dos artigos 45.º, da Lei 14/15, de 11 de Agosto (Lei do Investimento Privado), 15.º, 17.º, 19.º do Decreto Presidencial 182/15, de 30 de Setembro.

preconizados não devem ser considerados crimes, em clara violação ao princípio *"nullum crimen sine lege"*[75]. Corolário do princípio da legalidade constitucionalmente consagrada[76]. «Todos os actos praticados pelos agentes públicos envolvidos apresentam evidências, quanto baste, de terem ocorrido no exercício das respectivas funções, em cumprimento de competências previstas na lei e o Ministério da Administração do Território esteve fortemente engajado no processo de investimento apresentado pelo grupo tailandês, através do Fundo de Apoio Social. Numa altura em que a UTIP e o seu director não estavam envolvidos no caso e os arguidos estrangeiros ainda não se encontravam em Angola».

Para si, neste contexto, ainda que, hipótese académica, a conduta do seu constituinte fosse crime, nenhum juiz togado o condenaria, uma vez que a sua conduta, «ainda que fosse um ilícito penal, seria equiparada ao disparo contra um cadáver e dai não poderia ser ele condenado pelo crime de homicídio».

****

Em defesa do general Arsénio, Sérgio Raimundo também considerou que a acusação não corresponde à verdade, por se basear em pressupostos erráticos. Em boa verdade, o seu constituinte não cometeu os crimes pelos quais vem acusado, pois as provas factuais constantes nos autos assim o dizem. Descartou que ele se tenha envolvido em associação de malfeitores porque não os conhecia antes de virem a Angola e não foi ele quem os convidou.

No que concerne o hipotético crime de burla por defraudação, é seu entendimento que não tem qualquer consistência, por «assentar na interpretação errada de conceitos básicos, mas essenciais para a leitura da situação objecto deste processo». Esclareceu que não é possível chegar à conclusão a que o Ministério Público faz referência se partir da compreensão «correcta do conceito básico e nuclear de toda uma história». Com efeito, no investimento privado, o Estado não é parte da relação em causa, estando a sua actuação limitada à de mero

---

[75] Frase em latim que significa: "Não há crime sem lei".
[76] Nos termos dos artigos 1º do Código Penal e 6.º da Constituição da República de Angola.

regulador, com o intuito de salvaguardar o interesse público subjacente nos projectos de investimentos dessa natureza. E, por outro lado, o Estado deve ter em atenção os incentivos fiscais, aduaneiros e outras facilidades a conceder aos particulares que aderirem a esse regime especial[77].

O general Arsénio, em representação da cooperativa N'jango Yetu, só estabeleceu a parceria com a Centennial Energy Thailand, Company por ter sido convidado pela UTIP. Atraído por um apelo desse órgão auxiliar do Presidente da República, feito num encontro de negócios bastante concorrido, entre os empresários e bancários nacionais com a delegação tailandesa. A reunião visava esclarecer de que modo poderiam estabelecer parcerias. Sem delongas, Sérgio Raimundo requereu a absolvição do seu constituinte, alegando não ter praticados os crimes de que vem acusado[78].

Em relação a André Roy, reafirmou que também não corresponde à verdade os factos narrados na acusação por se basear em pressupostos errados. O seu constituinte não faz parte da empresa Centennial Energy Thailand, Company: «Como os mesmos tailandeses confirmaram nos seus interrogatórios. Na acareação realizada na instrução preparatória, no dia 12 de Março de 2018, o senhor Raveeroj Rithchoteanan, considerado como sendo líder dos demais, pediu desculpas a André Roy por ele o ter colocado nesta situação, altamente prejudicial para a sua reputação empresarial e aos seus negócios».

A ser verdade que os USD 50 mil milhões não existem, o causídico enquadra o seu constituinte entre as vítimas, pelos gastos que efectuou de USD 45 mil, a pedido do, agora, alegado magnata tailandês. Parte dessa quantia, USD 15 mil, serviram para que suportar as despesas da delegação no Hotel Alvalade, e os outros USD 30 mil foram transferidos para a conta bancária da funcionária do Banco Central NG das Filipinas, identificada por Fátima Manin, atendendo

---

[77] Nos termos do artigo 1º, 2º e seguintes da Lei 14/15, de 11 de Agosto.
[78] Ao abrigo das disposições conjugadas dos artigos 6º, 23º, 67º n. 2, 72º, 174º n. 2 e 176º da Constituição da República de Angola. Conjugadas ainda com os preceitos dos artigos 10º, 11º, 20º, 21º, 44º n. 4 e 7 do Código Penal.

ao pedido de empréstimo de Raveeroj Rithchoteanan. Refutou também a tese de que, em troca desse montante, André Roy receberia 120 milhões de dólares, sendo USD 12 milhões, no primeiro ano, USD 18 milhões, no segundo ano, USD 24 milhões, no terceiro ano, USD 30 milhões, no quarto ano, e 36 milhões, no quinto ano.

Para Sérgio Raimundo, estava claro que André Roy não cometeu os crimes de que estava a ser acusado, uma vez que não faz parte de associação criminosa nem é cúmplice no crime de burla por defraudação na forma frustrada. Ele nem sequer tinha consciência e conhecimento da eventual proveniência ilícita dos valores em causa. Muito menos a falsificação de qualquer título de crédito. Entretanto, pela forma como foi recebido em Bangkok, nunca duvidou nem podia adivinhar que estava a ser envolvido numa situação delicada e proibida por lei. Razão pela qual, pediu absolvição e levantamento da medida de coacção, liberdade provisória sob termo de identidade e residência, que lhe foi aplicada[79].

$$****$$

De seguida foi a vez de Carlos Salombongo. O causídico tinha uma das missões mais difíceis neste processo: defender a empresária Celeste de Brito e os quatros tailandeses, nomeadamente, Raveeroj Rithchoteanan, Monthita Pribwai, Manin Wanitchanon e Theera Buapeng.

Celeste de Brito, ela, estava inconformada e profundamente amargurada com a acusação. Negou-a com veemência, por entender que os actos praticados nos dias em que trabalhou no processo, de parceria com a delegação tailandesa, não configuravam qualquer ilícito criminal. Explicou que, na qualidade de empreendedora, ela, ao aperceber-se do programa de captação e atracção de investidores estrangeiros do Executivo, no âmbito da parceria público-privada, convidou-os, por via da UTIP, a investir em Angola. Baseando-se nas qualidades com que o mesmo se intitulou, na carta de intenção que lhe

---

[79] Ao abrigo das disposições conjugadas dos artigos 6º, 23.º, 67,º n. 2, 72.º, 174.º n. 2 e 175.º da Constituição da República de Angola. Conjugadas ainda com os preceitos dos artigos 10º, 11.º, 20.º, 22.º, 44.º nrs. 4 e 7 do Código Penal.

apresentou meses antes. Nunca teve conhecimento da eventual existência de um plano criminoso e de que o cheque era alegadamente falso. O seu afastamento e a consequente denúncia que fez deveu-se às irregularidades que constatou ao longo do processo e que podiam levar ao ilícito criminal. Cabia à UTIP tomar as providências necessárias. Neste contexto, defendeu que, a ser verdade os crimes de que eles vêm acusados, o projecto criminoso começou no momento em que a sua constituinte angolana havia sido afastada do grupo dos constituintes tailandeses.

Por outro lado, negou que ela estivesse envolvida na alegada falsificação da carta, contendo a assinatura forjada do vice-Presidente da República, Bornito de Sousa. Esclarecendo que «a mesma foi encontrada na posse de Raveeroj Rithchoteanan, pessoa indiciada nos autos, como sendo o líder e arquitecto da associação criminosa. Mentor do crime de burla por defraudação na sua forma frustrada».

Para fundamentar essa posição, recorreu à referência que a Acusação e a Pronúncia fizeram de que era prática dos arguidos tailandeses produzirem no seu quarto do hotel, documentos com aparência autêntica, que assinavam e nos quais colocavam vinhetas, carimbos e selo branco adulterado.

Alegou não corresponder à verdade que o Banco Central das Filipinas NG enviara uma carta ao BNI, dando a conhecer que não reconhecia o cheque e muito menos a sua transacção. Se assim foi, solicitou ele, que a PGR bem como o Tribunal provem nos autos o relatório do BNI a dar conta dessa informação. Por fim, pediu a absolvição de Celeste de Brito.

Carlos Salombongo surpreendeu os presentes no tribunal ao se abster de contestar as acusações que pesavam sobre os seus constituintes tailandeses.

****

Nilton Cassoma, defensor de Million Haile, descreveu-o como uma pessoa simples, humilde e trabalhadora, que se viu envolvida neste processo por ter celebrado um contrato com Raveeroj

Rithchoteanan. «Foi enganado e nunca deveria ter sido constituído arguido, fazendo fé nas provas que constam nos autos», argumentou.

O causídico fez uma pequena incursão nas tentativas fracassadas que desencadeou, junto do juiz de turno da Câmara Criminal do Tribunal Supremo, para alterar a medida de coacção de prisão preventiva para liberdade sob termo de identidade de residência. Recordou que Chiel Jean Peng, o cidadão chinês que também terá sido vítima dos tailandeses, afirmou, aquando do seu interrogatório no DNIAP, que Million Haile nunca trabalhou e nem fez parte do grupo.

Por outro lado, protestou com veemência contra o facto de a acusação e a pronúncia sustentarem que o eritreu exercia ilegalmente uma função tutelada. Em repúdio à acusação de que cometeu o crime de exercício ilegal de funções, pública ou profissão titulada, juntou aos autos o certificado de licenciatura em engenharia informática, com especialização em gestão de base de dados, feita na Eritreia. Fazia-se acompanhar da declaração de tradução de inglês para português, feita por uma autoridade angolana competente. Estranhamente, por razão que considera imperceptível, tais documentos foram retirados dos autos. O facto de no seu sistema informático existirem programas de contabilidade que tiravam dúvidas aos seus conterrâneos, sobre os procedimentos organizativos a seguir na gestão dos seus negócios em Angola, confundiu o Ministério Público. O seu defensor explicou que ele «nunca praticou qualquer trabalho de contabilidade, resultante do Plano de Contabilidade de Angola. Pois, exerceu a função de supervisor de compras e controlo de estoque até à sua detenção».

Recorreu à teoria jurídica, segundo a qual, a única perspectiva que interessa para o direito criminal é a vontade ou a intenção do agente de propositadamente cometer o crime, cuja acção resulte necessariamente na lesão de alguma norma incriminadora, para justificar que não faz sentido a acusação. Sublinhou existirem contrariedades nas posições assumidas pelos dois representantes do Ministério Público que trabalharam neste processo.

O procurador responsável pela instrução preparatória não teve quaisquer dúvidas de que Million Haile é uma das vítimas, não podia estar preso preventivamente e muito menos julgado. Determinou no seu relatório final, junto aos autos, que fosse solto e constituído declarante. Orientação que nunca foi cumprida. E, por mais estranho que pareça, o procurador que produziu a acusação ignorou o parecer do seu colega no Ministério Público.

Como prova material, Nilton Cassoma juntou aos autos a declaração do serviço, certificado de habilitações literárias, o diploma de licenciatura, com as respectivas traduções, o Alvará Comercial da sua empresa AngoMelhor e o Cartão de Contribuinte. Apresentou ainda documentos dos bancos BFA e Sol que atestam que ele é titular de contas domiciliadas nessas duas instituições.

O advogado José Carlos, defensor de Christian de Lemos, prescindiu do direito de fazer a leitura da contestação.

****

Antes de terminar com a fase de questões prévias, o juiz-presidente da causa, Domingos Mesquita, ordenou ao escrivão que procedesse à leitura de um documento que o Ministério Público pretendia juntar aos autos, como prova. Tratava-se de uma carta, datada de 15 de Janeiro de 2019, que o BNI enviou ao vice-procurador-geral da República, Luís de Assunção Pedro da Mota Liz, narrando a sua relação com os tailandeses e o cronograma de correspondências que trocou com o Banco Central NG das Filipinas. Os causídicos protestaram em uníssono, a iniciativa do Ministério Público, considerando que tal documento não tem valor probatório. Para Sérgio Raimundo visava fundamentalmente branquear uma situação malfeita no processo. Soava-lhe estranho porque em 2018, aquando da realização da instrução do contraditório dirigida pelo juiz do Tribunal Supremo, Joel Leonardo, o funcionário do BNI convocado para o efeito, não conseguiu prestar explicações sobre o assunto. A sua reacção deveu-se também ao facto de o referido do banco não ter prestado tais informações à UTIP sobre o assunto, em 2017.

O advogado Carlos Salumbongo defendeu que não podiam juntar este documento aos autos por abordar uma informação que já lá consta. Manifestou ainda que no processo se encontrava também um documento proveniente do gabinete do Governador do Banco Central NG das Filipinas, Nestor A. Espenilla Jr, datado de 24 de Fevereiro de 2018, que confirma a autenticidade do cheque e a existência de fundos. Requereu, por outro lado, que o tribunal diligenciasse junto do BNA para que contactasse o seu congénere das filipinas para apurar a validade do cheque. Ou, por outro lado, o fizesse por via de carta rogatória.

O juiz-presidente da causa anuiu ao protesto dos advogados e ordenou ao escrivão que notificasse o BNA para o efeito. A sessão terminou às 15horas e 40 minutos, com a promessa de retomar no dia seguinte com o interrogatório de Raveeroj Rithchoteanan.

XXXI

Raveeroj Rithchoteanan conta a sua verdade

Sexta-feira, 18 de Janeiro de 2019. Várias pessoas acorreram ao Palácio de Justiça para assistir ao interrogatório de Raveeroj Rithchoteanan. Entretanto, nenhum deles era seu parente, amigo ou representante da Tailândia, ou das Filipinas (o país emissor do cheque). Eram, na sua maioria estudantes de direito cujos docentes estavam entre os advogados e, provavelmente, os representantes do Ministério Público ou dos juízes. Apesar de não serem parte do processo nº 001/2018, todos os que se encontravam na sala partilhavam a curiosidade de saber o que tailandês que se auto-intitula como multimilionário tinha a dizer em sua defesa.

Contrariamente ao dia anterior, em que houve atraso, Domingos Mesquita, ladeado por Daniel Modesto e Aurélio Simba, ambos venerandos juízes conselheiros do Tribunal Supremo de Angola, declarou aberta a audiência às 9h16. A falta de domínio da língua portuguesa que acabou sendo um entrave para que os arguidos de nacionalidade tailandesa e canadiana percebessem o que estava a ser discutido na sessão anterior, foi ultrapassada. O tribunal contratou dois tradutores. Um para converter tudo o que seria abordado de português para inglês (para os tailandeses que falam essa língua internacional) e outra, de português para francês (para o canadiano que alegou que se sente mais confortável em falar francês por ser a sua segunda língua). As traduções passariam a ser feitas em simultâneo, à medida que os acontecimentos se iam desenrolando.

Em pé, Raveeroj Rithchoteanan dividia a sua atenção entre o palanque, ouvindo atentamente as explicações de Domingos Mesquita, e o tradutor, com este colocado à sua esquerda. O juiz-presidente advertiu-o que às perguntas que se seguiriam, relacionadas com a sua identidade pessoal, seria obrigado a responder somente a verdade, sob pena incorrer na prática do crime de desobediência, ou de falsas declarações, em caso de dar informações não condicentes com a realidade. Raveeroj acenou a cabeça sinalizando que compreendeu e estava de acordo.

Para não consignarem na acta da audiência erradamente o nome dos seus pais, Raveeroj Rithchoteanan escreveu-o, com a anuência do juiz da causa, numa folha que lhe foi entregue pelo escrivão. Esclareceu que havia um equívoco na acusação, ao tratá-lo de solteiro, quando, na verdade, é casado com Monthita Pribwai, uma das vice-presidentes da sua empresa, Centennial Energy Thailand, Company. A diferença de 22 anos de idade não impediu que se apaixonassem e contraíssem o matrimónio. Uma realidade que é comum em Angola. Depois de fornecer os seus dados pessoais, foi advertido que era livre de responder ou não às questões que lhe passariam a ser feitas.

O arguido negou todas as acusações que pesam sobre si, afirmando que veio a Angola com a melhor das intenções de investir. A convicção com que abordou o assunto surpreendeu todos os presentes.

O juiz-presidente da causa localizou o cheque de USD 50 mil milhões no meio do calhamaço de papel A4 que tinha sobre a mesa e entregou-o ao oficial de diligência para que fosse mostrá-lo. Seguiu-se a questão a que milhares de pessoas, entre nacionais e estrangeiros, aguardavam ver respondidas: «Esse cheque é verdadeiro?»

Raveeroj Rithchoteanan levantou a cabeça e respondeu positivamente. Acrescentou que depositou no BNI por razões de segurança, sem que a questão lhe fosse colocada. O oficial de diligência voltou com o processo à mesa dos juízes. Domingos Mesquita procurou o outro cheque. Desta vez, o de USD 99 mil milhões. Questionou-o sobre a razão de não lhe ter dado o mesmo tratamento, guardá-lo no banco, e o arguido esclareceu que manteve-o consigo no seu quarto no hotel por não estar destinado a Angola.

Aparentemente surpreso com o que acabava de ouvir, o interrogador procurou saber se, de facto, ele está em posse de todo esse dinheiro, cujo somatório daria USD 149 mil milhões. Convicto e sem rodeios, Raveeroj Rithchoteanan respondeu, «Tenho muito mais do que isso!», deixando os presentes na sala perplexos com o que acabavam de ouvir. Acrescentou que tem os USD 50 mil milhões numa das suas contas bancárias e que o montante não tinha sido transferido para o país até à data em que foram encarcerados, a 21 de Fevereiro de 2018, porque o cheque contendo este montante não serve para operações do género. Servia somente para provar às pessoas que o convidaram a investir e ao Executivo angolano, a sua capacidade financeira.

A transferência dos valores só aconteceria depois de ele e o Presidente da República, João Lourenço, terem assinado o acordo de investimento. Sem isso, nada feito. Classificou de falsa a informação que dá conta de que informou ao BNI que os USD 50 mil milhões haviam sido transferidos para a conta bancária que abriu nesse banco, em nome da Centennial Energy – Comércio e Prestação de Serviço, Lda. Uma empresa que nem sequer personalidade jurídica tinha. «Oooh! Não era para isso. Nem o próprio BNI tem capacidade para receber essa quantia», respondeu.

Inconformado com a resposta, o juiz-presidente confrontou-o com a declaração do BNI que diz ter sido informado pelo Banco Central NG das Filipinas que não emitiu cheque em nome da Centennial Energy Tailand, Company e que não há em seu nome nem em nome dessa empresa conta bancária em dólares. O alegado magnata tailandês ficou aparentemente surpreso. Inverteu os papéis, questionando o juiz se o documento foi impresso pela máquina de imprimir swift do BNI, tendo-lhe sido respondido positivamente. «Posso ter um exemplar? Está autenticado? A máquina reproduziu o documento autenticado». Ante a confirmação do juiz Domingos Mesquita de que o documento foi passado pelo banco acima mencionado, pediu que o entregassem ao seu advogado, Carlos Salumbongo, para consulta.

Era a primeira vez, ao fim de três horas de interrogatório, que Raveeroj Rithchoteanan recorria ao seu defensor. O documento foi partilhado pelos cinco integrantes da instância de defesa. Os advogados analisaram os dois documentos (o do BNI e o alegadamente proveniente do Banco Central NG das Filipinas) e um elemento despertou a atenção: o original data de 13 de Novembro de 2017 e a tradução, feita em Angola supostamente por profissionais do

BNI, data de 11 de Novembro do mesmo ano. Ou seja, aparentemente a tradução foi feita antes da emissão do próprio documento a ser traduzido. Atendendo ao pedido de Raveeroj Rithchoteanan, o oficial de diligência exibiu-lhe o documento para que pudesse analisar e a sua reacção foi inesperada. «Não reconheço esse documento como original. Impresso por uma máquina de swift. Este documento não é aceitável», declarou. De seguida, perguntou aos juízes se gostariam de saber o porquê da sua afirmação. A resposta foi positiva. Era justamente a que se esperava naquele momento de aparente desespero. Explicou que «sempre que um banco quiser acusar alguém, deve enviar o documento autêntico, impresso pela máquina que imprime swifts e assinado por dois directores. Este parece ser fotocópia de um documento [sem essas características] e vocês acreditam!» O seu desabafo não parou por aí. De forma calma e pausada, para facilitar a tradução do jovem de 32 anos contratado pelo Tribunal, questionou: «Estão a me acusar por isso? Por que é que o BNI quer me meter em problemas com este país? Isso é inaceitável. Esse documento não é autêntico. Querem incriminar-nos. Somos inocentes... Somos inocentes...». Contudo, o seu clamor não teve o efeito esperado.

Voltando a dirigir o interrogatório, Domingos Mesquita indagou-o sobre o cheque de USD 50 mil milhões e 200 milhões, emitido Outubro de 2017, pelo Banco Nacional das SG Filipinas em Nova Iorque e certificado pela JPMorgan Chase & Co. Raveeroj Rithchoteanan esclareceu que no momento que foi convidado por Pierre René para vir investir em Angola, em 2017, era o único que tinham em sua posse e mostrou-o somente para comprovar a sua capacidade financeira. Além de que esse cheque já havia sido usado em outro país. Ele, por sua iniciativa, scaneou e enviou por e-mail a alguém em Angola. A pessoa a que se referia era a empresária angolana Celeste de Brito.

Apercebendo-se que as designações Banco Nacional SG das Filipinas em Nova Iorque e Banco Central NG das Filipinas estavam a criar confusões aos juízes, Raveeroj Rithchoteanan decidiu dissipa-las. Com a anuência do juiz da causa esclareceu que existem diferenças entre os dois bancos. O primeiro é uma representação do Banco Central NG das Filipinas nos Estados Unidos da América, dai o facto de a sua designação levar o nome da emblemática cidade americana.

Já o Banco Central NG das Filipinas está sedeado em Manila, capital do país, e exerce a função de regulador do sector bancário entre outras que são conferidas aos bancos centrais.

****

Adão Pedro, um dos três integrantes da instância do Ministério Público, entrou em cena e perguntou: «Se tem tanto dinheiro como diz, por que razão se alimentava à custa de outros [os parceiros angolanos]?» Respondeu que além das despesas que foram custeadas pelos seus parceiros angolanos e canadianos, também havia outras que foram suportadas por eles próprios. Como o dinheiro que podia trazer ao país beneficiá-los-ia, os interessados assumiram as despesas da sua delegação para seu agrado e para o entreter, uma vez que ficariam com cinco, dez e 50 por cento dos projectos empresariais que desenvolveriam. «Pagaram para nos deixar à vontade. É uma situação em que eles ganhavam e nós ganhávamos. É uma prática normal [no mundo dos negócios]. As pessoas que nos convidam gastam connosco. Faz-se isso para provar que também têm algo para nos dar».

Quanto ao dinheiro que recebera de Million Haile, disse que estava disponível para o devolver. Trata-se de AKZ 7 milhões e os USD 13 mil que lhe foram entregues como parte dos USD 100 mil que ele deveria desembolsar pela compra de 5 por cento das acções da filial da Centennial Energy Thailand, Company em Angola. Raveeroj Rithchoteanan afirmou ainda que o jovem eritreu foi à sua procura no Hotel Epic Sana por se ter apercebido, através de uma das estações televisivas, que, de facto, USD 50 mil milhões para investir no país existiam. Como na época, Million Haile não tinha disponibilidade financeira para desembolsar tais valores de uma só vez, acordaram que poderia fazê-lo em duas *tranches*, de 50 por cento cada. A outra parte ser-lhe-ia entregue 45 dias depois da primeira. «Foi uma ajuda que lhe pretendia dar. Ele foi à procura de uma oportunidade e eu atendi-o», justificou Raveeroj Rithchoteanan.

Para finalizar o interrogatório, o multimilionário tailandês assumiu que esteve duas vezes no BNA, mas em momento algum propôs fazerem negócio de venda de ouro ou que pediu garantia para investir os USD 50 mil milhões.

****

No quarto e último dia do interrogatório de Raveeroj Rithchoteanan, o seu defensor, Carlos Salumbongo, requereu ao tribunal que notifique o BNA a pedir ao seu congénere filipino uma avaliação do cheque de USD 50 mil milhões e se tem cobertura. Baseando-se nas declarações do seu constituinte, o causídico considerou ser fundamental que o Banco Central NG das Filipinas ou o seu representante legal em Nova Iorque, EUA, apresentem esclarecimentos sobre o assunto.

De requerimentos não era tudo. O mesmo advogado solicitou ao tribunal para notificar o cônsul honorário das Filipinas em Angola a comparecer em juízo, na condição de declarante. A sua presença tornara-se imperiosa, na óptica de Carlos Salumbongo, por ser a pessoa que fez chegar a Raveeroj Rithchoteanan a declaração do banco filipino, datada de 24 de Fevereiro de 2018, confirmando a autenticidade do cheque e a existência de fundos. O alegado magnata tailandês solicitou a referida carta ao banco, por intermédio do seu advogado, três dias depois de ter sido detido para provar às autoridades angolanas que é uma pessoa de bem que pretendia somente investir os seus recursos financeiros. Em resposta ao facto de os investigadores terem catalogado o cheque e a certificação que o acompanha, emitidas a 24 de Novembro de 2017, como falsos, o causídico teve a garantia do seu constituinte de que «o cheque e certificado são cem por cento genuínos».

Antes de o juiz da causa responder aos requerimentos, passou a palavra à instância do Ministério Público. O procurador Adão Pedro contestou o primeiro pedido, alegando que continuavam a receber muitas cartas do Banco Central NG das Filipinas, negando a existência do fundo e de qualquer relação com a empresa tailandesa em causa. A última ainda no decorrer do interrogatório de Raveeroj Rithchoteanan, em tribunal.

O magistrado do MP considerou que tais cartas que recebia deveriam ser lidas e traduzidas durante a sessão por as considerar fundamentais para a descoberta da verdade. A defesa, por sua vez, insistiu na necessidade de ter acesso ao documento original e não às fotocópias a que os promotores da acusação faziam referência. Insistiram, dentro do princípio do inquisitório penal, que o tribunal deveria ir ao fundo da questão para conseguir os documentos originais. Carlos Salumbongo classificou os documentos apresentados pelo MP como sendo «altamente duvidosos». Lamentou que mesmo conhecendo essa realidade, os tenham acolhido quando, enquanto garante da legalidade, tinham a obrigação de agir de maneira diferente. As críticas foram bastante incisivas e acentuadas pelo facto de o procurador também se opor ao interrogatório do cônsul honorário.

Domingos Mesquita deferiu os dois requerimentos. Recomendou ao escrivão que tais contactos devem ser efectuados com a máxima brevidade possível. Os advogados e os seus constituintes ficaram satisfeito com a decisão. Restava-lhes apenas aguardar.

XXXII

O contributo de Manthita Pribwai, Manin Wanitchanon e Theera Buapeng

O dia 23 de Janeiro do ano em curso foi reservado para o interrogatório de Manthita Pribwai, Manin Wanitchanon e Theera Buapeng. Assim que o juiz bateu com o martelo na mesa, cumprindo o ritual de abertura das sessões de julgamento, o procurador Adão Pedro manifestou que tinha um ponto prévio a apresentar: «O Banco Central NG das Filipinas já respondeu ao BNA no que toca às preocupações apresentadas pelos advogados e as provas disso já se encontram devidamente reconhecidas e autenticadas nos autos». O seu ponto prévio foi acolhido, mas, partindo do princípio de que "o que abunda não atrapalha" mantivesse a decisão de que não seria lido e validado durante a sessão.

Em declarações à instância do juiz da causa, Manthita Pribwai esclareceu que veio ao país na condição de vice-presidente da referida empresa e de mulher de Raveeroj Rithchoteanan. Não conseguiu precisar no momento em que ano a empresa de que é sócia e exerce o cargo de vice-presidente do Conselho de Administração foi criada. Recordou apenas que integra os quadros de funcionários há quatro anos porque o seu marido não lhe permitiu ir trabalhar para outra empresa. O exercício deste cargo limita-se a prestar assistência ao marido e a acompanhá-lo nas viagens e reuniões de negócios sempre que necessário. Em contrapartida, aufere mensalmente o equivalente a USD 2.000.

Questionada por Domingos Mesquita sobre o detentor dos USD 50 mil milhões que diziam ter disponíveis para investir em projectos de cariz social e humanitário em Angola, respondeu serem da Centennial Energy Thailand Company. Insatisfeito com a resposta, o juiz insistiu, procurando saber onde foi que a empresa de que diz ser sócia conseguiu tais valores. Manthita Pribwai descontrolou-se e acabou por dar uma resposta que pouco tinha a ver com a questão. «A empresa pertence à Raveeroj [Rithchoteanan] e eu acredito nas suas palavras. Portanto, esse dinheiro vem do seu trabalho», declarou. A sua resposta descontextualizada deixou os juízes mais intrigados por considerarem esse elemento como fundamental para se esclarecer o mistério à volta destes fundos, cuja existência é duvidosa.

Domingos Mesquita refez a pergunta e a arguida reafirmou que o dinheiro pertence a essa empresa, sediada na Tailândia. «Como é que a Centennial [Energy Thailand, Company] conseguiu esse dinheiro?". Ante a insistência, aparentemente calma e serena, ela retorquiu que até onde sabe, o seu marido tem trabalhado com o Banco Central NG das Filipinas. Desde que ela ingressou na empresa participou na concepção de projectos que serão implementados na República da União de Myanmar, na República Democrática Popular do Laos e na Tailândia, que se encontram ainda em fase de estudo de viabilidade.

Confrontada com a carta que Raveeroj Rithchoteanan enviara ao BNI contendo o swift (código bancário), alegadamente proveniente do Banco Central NG das Filipinas, mostrou-se surpreendida. Alegou ser a primeira vez que o via.

A informação que consta nos autos, dando conta de que os USD 50 mil milhões fazem parte da fortuna que pertenceu ao ex-Presidente das Filipinas, Ferdinando Emmanuel Edralín Marcos, não passou despercebidas ao juiz da causa. Domingos Mesquita questionou a tailandesa se já tinha ouvido falar deste ex-Presidente das Filipinas, ao que ela respondeu negativamente. Indo directo ao assunto, instou-a a pronunciar-se se sabia se o dinheiro que diziam ter disponível para investir em Angola pertenceu Ferdinando Marcos, falecido a 28 de Setembro de 1989. Aparentemente calma e com ar de inocência, respondeu que não.

****

Entre os arguidos, Manin Wanitchanon era o único com cadastro na justiça do seu país. Há vários anos havia sido condenado na Tailândia a uma pena de um ano de prisão por uso de drogas. Este factor não pesou desfavoravelmente ao ser contratado por Raveeroj Richotenan para fazer parte dos quadros da Centennial Energy

Thailan, Company. Ambos se conheceram numa unidade hoteleira de Bangkok, em que Manin Wanitchanon trabalhava como gestor do bar e Raveeroj Richotenan era um dos clientes assíduo.

O jovem, cujo empenho e dedicação à empresa fez com que em apenas dois meses de serviço ascendesse da categoria de mero técnico para director executivo, não trazendo muitos elementos determinantes para a descoberta da verdade.

Confirmou que o desentendimento entre Celeste de Brito e a delegação de expatriados foi motivado pelo facto de ela não ter conseguido concretizar a promessa de realizar um encontro entre Raveeroj Richotenan e o vice-Presidente da República, Bornito de Sousa, bem como com outros membros do Executivo.

O interrogatório de Theera Buapeng teve de ser adiado por diversas vezes, por falta de um tradutor idóneo de Tai (língua falada na Tailândia). Ele é o único integrante da delegação tailandesa que não fala qualquer língua internacional. O tribunal solicitou à Embaixada da Tailândia na África do Sul um tradutor oficial, mas não foi atendido dentro do prazo previsto, pelo que acabou por ser o último arguido a ser interrogado.

Para o efeito, o tribunal contratou como interprete, por intermédio de uma agência, Bencharassamee Jujraweehiran, 29 anos, uma jovem tailandesa que viveu durante quatro anos em Moçambique e Portugal. Theera Buapeng certificou a versão dos seus colegas, confirmando que o cheque é verdadeiro.

XXXIII

O contributo de André Roy e Christian de Lemos

Segunda-feira, 28 de Janeiro de 2019. O empresário canadiano André Roy chegou ao tribunal, como quase sempre, antes da hora marcada para o início do julgamento, com uma mochila às costas e trajo social. O juiz da causa, Domingos Mesquita, o advertira numa das sessões, que caso voltasse a se atrasar seria encarcerado. Era o dia do seu interrogatório. Para facilitar a comunicação, o tribunal contratou Aldimira Manuel da Costa Lomba, de 25 anos, para traduzir de português para francês e vice-versa o que seria dito. Roy fez uma incursão sobre as circunstâncias em que se encontrou com Raveeroj Rithchoteanan e as razões. Recordou que o alegado magnata mostrou, a ele e ao Pierre René, no dia 10 de Outubro de 2017, documentos que atestavam ter mais de USD 3,3 triliões em três contas bancárias domiciliadas em três bancos nos EUA. Uma fortuna superior à do norte-americano Jeff Bezos, fundador e CEO da Amazon, considerado como o homem mais rico do mundo, cujo império avaliado em USD 112 mil milhões, de acordo com a lista dos bilionários de 2018 da revista Forbes. Lista essa de que Raveeroj Rithchoteanan nunca fez parte. Apesar de André Roy não ter conhecido a sede da aludida empresa tailandesa, teve a impressão de que ele era uma pessoa honesta que se levanta cedo para ir trabalhar. Por isso, acreditava que seria incapaz de fazer lhe algum mal.

Fazendo fé na explicação do seu conterrâneo, Pierre René, de que a fortuna em causa fazia parte da herança do ex-Presidente das Filipinas, Ferdinando Marcos, André Roy não procurou saber se era ou não verdade a 100 por cento. Só tomou conhecimento depois de eles terem sido presos, que os seus parceiros tailandeses traziam em mão um cheque de USD 99 mil milhões. Aclarou que pagou somente USD 7 mil pelos quatro dias que a delegação ficou hospedada no hotel Alvalade, e não 15 mil como a acusação faz referência.

Atendendo ao pedido do 1º juiz-assessor, Daniel Modesto, André Roy esclareceu que não celebrou por escrito ou verbalmente qualquer contrato com Raveeroj Rithchoteanan para receber elevadas quantias monetárias no prazo de cinco anos, em troca dos USD 30 mil. A quantia que a PGR diz na acusação que seriam pagas de forma faseada em cinco anos resulta de uma proposta verbal que apresentou, no dia 17 de Dezembro de 2017, durante um dos vários momentos de descontracção que a delegação teve no hotel Epic Sana. O pagamento seria feito nesse molde e nessa quantia se a sua empresa fosse contratada para executar os projectos que a Centennial Energy Thailand, Company pretendia concretizar em Angola, através de parcerias público-privadas.

****

Christian de Lemos foi ouvido a 19 de Fevereiro de 2019. O 2º juiz assessor, Aurélio Simba, procurou saber dele se estava envolvido nos procedimentos que possibilitaram a atribuição do visto de trabalho aos tailandeses, mesmo sem os requisitos legalmente exigidos, ao que ele afastou qualquer responsabilidade. Recordou que estava no hotel Epic Sana quando recebeu o telefonema de uma mulher, que supõe ser funcionária do SME. Perguntou-lhe se era o Christian, o tradutor, ao que respondeu positivamente. A mulher pediu-lhe que levasse os passaportes e toda a documentação dos tailandeses Raveeroj Rithchoteanan, Monthita Pribwai, Manin Wantchanon e de Theera Buanpeng à sede do SME. Assim procedeu, tendo-a encontrado à sua espera.

Feito isso, regressou ao hotel de cinco estrelas onde residia temporariamente. Às 23horas do mesmo dia, voltou a receber uma chamada telefónica de outro alegado funcionário do SME, cujo nome também não soube precisar. O efectivo convidou-o a ir levantar os passaportes já com os vistos. Questionado pelo juiz Aurélio Simba se o general Arsénio pagou alguma multa a favor dos tailandeses, respondeu que desconhece. Essa resposta não satisfez Carlos Salumbongo, advogado de Celeste de Brito e dos tailandeses.

Na sua instância, o causídico confrontou-o com as declarações prestadas durante a fase de instrução processual, em que afirmou ter sido o PCA N´jango Yetu que pagou os emolumentos para os tailandeses obterem os vistos de trabalho. «Quem disse que foi o general Arsénio?». O arguido retorquiu que terá sido mal-entendido pelo instrutor que lavrou o auto de interrogatório. Em momento algum fez tal afirmação, mas sim que foi um dos funcionários da cooperativa.

Neste ponto, o tribunal acabou por confirmar a participação indirecta do general Arsénio no processo de atribuição de vistos de trabalho aos tailandeses. O que foi por ele negado.

XXXIV

Celeste de Brito e general Arsénio

Indecisa estava Celeste de Brito sobre a autenticidade do cheque e se tinha fundos na manhã de Quarta-feira, 30 de Janeiro de 2019. Declarou à instância dos juízes que não tem capacidade técnica para garantir se o mesmo é verdadeiro ou falso por não existirem instituições financeiras apropriadas para o efeito, usando o sistema de *compliance*. Esclareceu que só os bancos comerciais mais importantes do mundo, que figuram no "top 10", ou o banco emissor estão em condições de o fazer. Isso por fazer-se acompanhar de dois certificados com códigos bancários que só por eles podem ser decifrados.

Confirmou a versão de Raveeroj Ritchchoteanan de que o cheque que despertou o interesse de diversas entidades angolanas servia somente como um instrumento financeiro. Não permite depósito ou transferência monetária. Foi por essa razão que no dia 27 de Novembro de 2017, assim que a delegação de tailandeses e canadianos chegou ao país, depois de uma curta reunião com a direcção da UTIP, foram ao BNA inteirarem-se sobre os procedimentos que deveriam seguir, com base nas normas que regulam o sector em Angola. Uma vez que só o BNA, na qualidade de banco central, tinha competências para solicitar à sua congénere das Filipinas, na qualidade de titular do cheque, informações a seu respeito.

Contudo, segundo Celeste de Brito, para Raveeroj Ritchchoteanan a reunião foi um «desastre», por terem sido recebidos por técnicos que «não entendem nada sobre as regras de funcionamento do alto sistema financeiro internacional e disseram alguns disparates». Diante disso, decidiram procurar um banco comercial liderado por alguém que julgaram melhor conhecer os meandros das altas finanças. A escolha recaiu sobre o BNI por saberem que Mário Palhares, o seu criador e presidente do Conselho de Administração, trabalhou no BNA. Acreditavam que daria melhor tratamento ao cheque. Este era apenas um passo, mas não o determinante para o envio do dinheiro ao país. Nesse caso, o banco central angolano haveria de garantir que a transferência de tais montantes não provocaria um colapso no nosso sistema económico, no prazo de um ou dois anos.

Comparando o cheque de USD 50 mil milhões com o de USD 50 mil milhões e 200 milhões, Celeste de Brito esclareceu que este último, por ter sido certificado por um banco de primeira linha, o "J. P. Morgan", já servia para a transacção bancária. Nestas circunstâncias, em caso de não haver fundo toda a responsabilidade é do banco que emitiu o certificado.

Tanto os juízes, como os procuradores e os advogados manifestaram que tinham conhecimentos muito abaixo dos seus sobre alta finança e o sistema financeiro internacional. Algo que ela já se teria apercebido logo no princípio do interrogatório.

No entanto, os juízes procuraram conduzi-la a limitar-se aos factos constantes na acusação. Sobre a carta com a assinatura forjada do vice-Presidente da República, Bornito de Sousa, negou ter participado na feitura da mesma e de a ter usado.

Segura de si, alterou a sua estratégia de defesa (que passava por sustentar a contestação apresentada pelo seu advogado) e contra-atacou os promotores da acusação. Acusou-os de não terem sido transparentes e isentos, como recomendam os cânones do sistema judiciário angolano. Declarou ter conhecimento de que os tailandeses reuniram-se com alguns ministros e estavam em vias de celebrar acordos de investimentos durante os cerca de 65 dias que ficou afastada deles por ordem do general de três estrelas Altino Carlos José dos Santos, vice-presidente da Cooperativa N´jango Yetu. No entanto, esses elementos foram excluídos da acusação e nem sequer foram arrolados ao processo como declarantes. Os instrutores da PGR desconheciam que no final das reuniões com tais entidades angolanas, sem citar nomes, Raveeroj Ritchchoteanan enviava-lhe fotografias pela rede social Whatsapp, com o propósito de exibir a sua crescente rede de "influência". Garantiu que os investigadores do SIC que realizaram as buscas e apreensões no hotel Epic Sana tiveram a oportunidade de ver essas fotografias e exemplares dos contratos que seriam celebrados.

Fez lembrar que tinha explicado a Norberto Garcia que dos 50 mil milhões de dólares que os seus potenciais parceiros tinham para investir em Angola, apenas de 25 por cento serviriam para concretizar os seus projectos, alegando que já tinha garantia de financiamento por parte de outros investidores com capacidade financeira muito superior à de Raveeroj Ritchchoteanan. E surpreendeu todos, ao garantir que Raveeroj Ritchchoteanan era o investidor com menos dinheiro que até então trouxera ao país. «Aiéééééé… a senhora?», questionou o 2º juiz-assessor Aurélio Simba, surpreso. A empresária respondeu positivamente, reafirmando que já trouxe ao país investidores que possuem mais do que os USD 50 mil milhões. A presença deles no país só não despertou a ambição de terceiros (generais e membros do Executivo) ao ponto de desembocar em processos judiciais por não os ter levado a conhecerem à UTIP.

Por fim, disse que Raveeroj Ritchchoteanan não pediu garantia soberana a Angola, enquanto esteve sob a sua alçada e da UTIP. O seu interrogatório durou três dias.

****

Os dias 12 e 13 de Fevereiro de 2019 foram reservados ao interrogatório do general Arsénio, presidente do Conselho de Administração da Cooperativa N'jango Yetu. Logo no princípio, esclareceu que não ambicionava tirar benefício pessoal da parceria que celebrou com a Centennial Energy Thailand, Comapny, em representação dos filiados da sua organização mutualista. O mesmo sucedeu com a carta que endereçou ao Titular do Poder Executivo, na qualidade de Comandante-em-Chefe. Alegou que pretendia unicamente dar a conhecer os projectos que seriam implementados por via dessa parceria.

Instado a abrir o jogo, fez um resumo sobre as circunstâncias em que Geraldo Sachipengo Nunda (Chefe de Estado-Maior General), o general Altino Carlos dos Santos (vice-presidente da cooperativa), e o general Afonso Lopes Teixeira Garcia, vulgo "general Led" (alto funcionário da Casa de Segurança do Presidente da República e consultor da cooperativa) se envolveram no negócio de que resultou a conhecida "Burla Tailandesa". Para si, o facto de o general Led ter juntado outra carta que a cooperativa endereçou ao Comandante-em-Chefe, de sua autoria, não infringia as suas competências enquanto presidente da organização. Disse que «tratou-se apenas de um caso especial».

O general Altino Carlos dos Santos, meses depois de ter despoletado este caso, foi promovido a comandante da Força Aérea Nacional (FAN), é a pessoa que lhe apresentara a empresária Celeste de Brito. Na ocasião, descreveu-a como uma consultora internacional que poderia ajudar a captar investimento externo com vista à materialização dos projectos que a cooperativa tinha em carteira, mas estavam emperrados por falta de verbas.

Mudando de assunto, contou que a informação sobre a prisão preventiva dos membros da delegação tailandesa, mais a Celeste de Brito e o Christian de Lemos, surpreendeu-o. Sentiu-se defraudado e decidiu ir ao SIC apresentar uma queixa-crime de burla, em nome da cooperativa. Os visados eram a sua amiga e sócia Celeste Brito e o seu parceiro Raveeroj Ritchoteanam. Excluíram Norberto Garcia por acreditarem que agiu como recomenda a lei e que também podia ser uma vítima dos tailandeses. Com a queixa-crime pretendia reaver os AKZ 56 milhões, 625 mil, 426 e 75 cêntimos que gastaram com o alojamento e a alimentação da delegação tailandesa no hotel Epic Sana. Um processo esse que pretendem levar avante, à margem deste.

XXXV

Instalada a divergência entre os advogados

O ambiente de concordância plena que existia entre os cinco principais advogados, de cinco Escritórios de Advogados, que arduamente defenderam os dez arguidos "evaporou-se" hoje, num momento inesperado. Em causa estavam quatro requerimentos apresentados pelo advogado Sérgio Raimundo no dia em que se iniciou o interrogatório de Norberto Garcia, ex-colaborador directo dos Presidentes da República, José Eduardo dos Santos e de João Lourenço.

O defensor do general Arsénio e de André Roy advertiu que apresentava os requerimentos com vista a garantir o dever consagrado na Constituição, bem como em homenagem ao princípio da verdade material e do inquisitório. Criou um ambiente de suspense na sala. Todos aguardavam pelos aludidos requerimentos.

O primeiro foi no sentido de o tribunal notificar o perito do SIC que apresentou a Celeste de Brito a carta forjada com a assinatura do vice-Presidente da República, Bornito de Sousa. Esse pedido devia-se ao facto de ela alegar que foi informada pelo investigador que a retirou na Internet. A preocupação do causídico estava relacionada com o facto de ela ter aventado a possibilidade de a carta ter sido forjada pelas "altas instâncias" do país que a tinham afastado dos seus parceiros tailandeses. Subentendendo o envolvimento dos seus mandatários José Arsénio e Sachipengo Nunda.

Num outro, requeria ao tribunal a possibilidade de criar as condições necessárias a fim de o prófugo Pierre René prestar declarações por videoconferência, uma vez que se encontra no Canadá, seu país, e manifestou a disponibilidade de esclarecer os factos que lhe são imputados. Para tal, constituiu como representante legal em Angola o advogado Bruce Manzambe Filipe.

Sérgio Raimundo requereu ainda que os dois tradutores devem estar presentes em todas as sessões de discussão e produção de provas para traduzir tudo o que for discutido aos arguidos que não falam português, incluindo os depoimentos dos declarantes e testemunhas. No seu ponto de vista, desse modo eles estariam em melhores condições de se defenderem, em caso de instrução contraditória.

O quarto e último pedido gerou polémica. Está relacionado com a possibilidade de o advogado Carlos Salumbongo estar em conflito de interesse, por defender a Celeste de Brito e os tailandeses ao mesmo tempo. Isso, por existirem aspectos em que um está a imputar eventuais responsabilidades ao outro. Sérgio Raimundo esclareceu que levou o assunto ao conhecimento dos juízes depois de ele e o seu colega José Carlos, este como membro do Conselho Nacional da Ordem dos Advogados de Angola, o terem aconselhado a renunciar a um dos dois mandatos judiciais. No entanto, Carlos Salumbongo recusara.

Pelo que requeria a constituição de outro defensor ou a nomeação de um defensor oficioso, desde que não fosse nenhum dos advogados já envolvidos no caso. Exaltado, Carlos Salumbongo protestou. Alegou não existirem conflitos de interesses. Fundamentou que nas declarações que constam tanto no processo como nos autos de interrogatórios de Celeste de Brito como dos tailandeses, em Tribunal, não há qualquer conflito de interesse que possa prejudicar um ou outro. Desabafou que «qualquer contacto a esse respeito deveria o ilustre colega oficializá-lo e não trazer a este tribunal uma conversa de bar».

O juiz Domingos Mesquita advertiu que devia tratar o seu colega com urbanidade, tendo ele alterado na acta a frase «conversa de bar» para «conversa que não existiu». Sérgio Raimundo, inconformado, murmurou que deveria ter gravado a conversa em que o advertiu sobre os eventuais conflitos de interesse.

Dando sequência, Carlos Salumbongo manifestou que deixava ao critério dos juízes a resposta ao primeiro requerimento, sobre a comparência do investigador do SIC ao tribunal.

Já Evaristo Maneco, advogado de Norberto Garcia, corroborou com Sérgio Raimundo, exemplificando que há momentos em que, segundo a acusação, Celeste de Brito entra em conflito com os tailandeses. Ele havia sido solicitado para defendê-la e declinou o convite para se dedicar exclusivamente à defesa do seu amigo de longa data que estava em apuros. O causídico afirmou que não se perderia nada se, no interesse de Celeste de Brito, o investigador se apresentasse ao tribunal para esclarecer em que sítio da Internet tirou a carta.

O juiz Domingos Mesquita esclareceu ao causídico que o processo começou através de uma carta que Bornito de Sousa enviara ao ministro do Interior, Ângelo Veiga Tavares. Pelo que, não via interesse na presença do instrutor.

Por outro lado, Evaristo Maneco corroborou com a ideia apresentada pelo seu colega Carlos Salumbongo, de que é desnecessário ouvir o prófugo Pierre René e deixou também a decisão ao critério do tribunal. Porém, advertiu, caso os juízes decidissem favoravelmente tornariam o processo mais penoso para os arguidos que estão privados de liberdade, como é o caso do seu constituinte Norberto Garcia, que se encontrava em prisão domiciliária. Essa mesma posição foi manifestada por Nilton Cassoma, advogado de Million Haile. José Carlos, defensor de Christian de Lemos, alinhou na proposta de Sérgio Raimundo.

Atendendo ao adiantar da hora, o juiz Domingos Mesquita anunciou que responderiam aos requerimentos na manhã seguinte, antes de dar início ao interrogatório de Norberto Garcia.

****

Na manhã do dia seguinte, Domingos Mesquita começou a sessão respondendo aos pedidos. Quanto à comparência do instrutor do SIC que mostrou a carta, o tribunal indeferiu por considerar que não vai contribuir para a descoberta da verdade material. No que tange a predisposição do prófugo Pierre René se pronunciar na condição de testemunha ou declarante, por videoconferência, sobre a origem e a autenticidade da referida carta, entre outras questões no processo, o tribunal entendeu que está impedido de o fazer por força da lei[80].

---

[80] Nos termos do artigo 216, nº 5 do Código de Processo Penal.

Além de que, o interesse que está em causa bem como a relação que ele tem com os arguidos, materialmente fragilizam as suas declarações. Outro factor que pesou contra é por estar juridicamente em parte incerta. Se anuísse a tal pretensão, poderiam prolongar o período do julgamento e tornaria a situação mais penosa para os réus presos. Relativamente ao terceiro pedido, pelas razões expostas e para se garantir o princípio do contraditório e o melhor direito de defesa dos arguidos, o tribunal deferiu.

Já em relação à hipotética incompatibilidade da defesa verificada no decurso da audição de Celeste de Brito, o tribunal considerou que tratou-se de uma questão de âmbito particular das partes. Todavia, reconheceu que, como os tailandeses não dominam a língua portuguesa, não perceberam. Determinou, assim, que fosse feita a leitura das declarações em causa e traduzidas em inglês de modo a permitir que eles analisem se existe a referida incompatibilidade e se pronunciem para que o tribunal possa decidir. Em reposta, Raveeroj Ritchchoteanan declarou que estavam a ser bem defendidos. Com isso, Carlos Salumbongo prosseguiu com a sua tarefa e instaurou-se um ambiente de conflito latente entre ele e Sérgio Raimundo. Nas sessões a posteriori assistiu-se às intervenções de Carlos Salumbongo, assinalando divergência entre ambos. Fora da sala, a convivência era mais salutar.

XXXVI

Norberto Garcia e a confirmação do BNA

Quinta-feira, 07 de Fevereiro de 2019. Finalmente chegara a oportunidade que Norberto Garcia aguardava desde que foi constituído arguido e, mais tarde, lhe foi coarctada a liberdade, resultante da aplicação da medida de prisão domiciliária, a 29 de Setembro de 2018.

Para o ex-director da UTIP, não se tratava apenas de contar aos venerandos juízes da Câmara Criminal do Tribunal Supremo a sua versão sobre os factos que lhe eram imputados. Era a oportunidade de limpar a sua honra e a sua imagem diante da sociedade que o julgou como criminoso, antes mesmo de o processo ter transitado em julgado.

Estava consciente de que o seu interrogatório atraiu ao Palácio de Justiça, na Cidade Alta, uma quantidade de jornalistas superior à que se registou nos interrogatórios da empresária Celeste de Brito e do auto-intitulado multimilionário Raveeroj Rithchoteanan. Depois da primeira audiência de julgamento, os interrogatórios de ambos foram os que até então haviam figurado entre as prioridades das pautas nas redacções de jornais, agências de notícias, rádios e televisões nacionais e estrangeiras, com correspondentes acreditados em Angola. Entretanto, tais níveis de audiência estavam na eminência de serem ultrapassados, pois, além de o deponente ter sido constituído arguido no exercício de um cargo que era equivalente ao de Secretário do Presidente da República (director da UTIP), era até então secretário para a informação do partido no poder em Angola.

O juiz-presidente da causa, Domingos Mesquita, centrou-se no primeiro momento a inqueri-lo sobre os seus dados pessoais, depois de o advertir que poderá responder criminalmente em caso de prestar falsas declarações ou omitir algum dado. Norberto Garcia acatou com bom grado a advertência. Finalizou a sua primeira intervenção esclarecendo que nunca esteve preso nem nunca respondeu criminalmente.

«De agora em diante o senhor não é obrigado a responder às questões que lhe serão colocadas. No entanto, toda a contribuição que prestar para a descoberta da verdade material ser-lhe-á favorável», advertiu o juiz Domingos Mesquita. De seguida, passou a palavra ao primeiro juiz assessor, Daniel Modesto, para conduzir a primeira parte do interrogatório.

As primeiras questões centraram-se na estrutura e metodologia de funcionamento da UTIP. Norberto Garcia, que é um jurista de profissão emprestado à política, esclareceu que se tratava de um órgão auxiliar do Titular do Poder Executivo, com a responsabilidade de preparar, avaliar, negociar e conduzir as propostas de investimento privado, cuja aprovação fosse da competência deste. Essa competência estava reservada a todo o investimento externo com montante global equivalente ou superior a USD 1 milhão bem como aos investimentos internos orçados em USD 500 mil.

A fundamentação jurídica que invocara os referidos diplomas legais suou como um recado a todos os presentes na sala de que estava devidamente preparado para o efeito. E, por conseguinte, que se os juízes e os representantes do Ministério Público, o promotor da acusação, não tivessem feito devidamente o trabalho de casa seriam "engolidos" pelo arguido. Ele apareceu tecnicamente preparado como se fosse defender uma tese de mestrado ou de doutoramento.

Vagueou pela memória, recordando as circunstâncias em que conheceu a empresária Celeste de Brito, na primeira quinzena de Novembro de 2017, em dia que já não soube precisar. Do general Arsénio, presidente da Cooperativa N´jango Yetu, a única recordação que lhe veio à memória é de uma vez, que não soube precisar o dia, mês e ano, o ter visto a trabalhar com um dos membros da sua equipa técnica, na UTIP. A ser verdade, estava a ser acusado de associação criminosa com um individuo que só passou a conhecer com o despoletar deste processo, registado na secretaria do Tribunal Supremo, com o nº 001/18.

Aparentemente surpreendido com a explicação técnica, o juiz Daniel Modesto teve a modéstia de confessar que não havia feito um estudo profundo sobre as normas jurídicas que regulam a actividade da UTIP. Entretanto, advertiu que faria uma questão polémica, tendo, para o efeito, recorrido ao Decreto Presidencial 185/15, de 2 de Outubro, para aferir se o invocado pelo arguido Norberto Garcia como estando consignado na alinha f) do Artigo 4º, condizia com a realidade.

O que não agradou a Evaristo Maneco, defensor de Norberto Garcia. Interveio, advertindo o juiz que deve limitar-se a questionar o seu constituinte sobre os factos que lhe são imputados e não a discutir questões de direito. Embora também fosse jurista de profissão, estava sujeito a trocar um artigo ou o número dos diplomas legais. Daniel Modesto recuou estrategicamente.

O juiz-presidente da causa, Domingos Mesquita, ordenou-lhe que se sentasse. O tempo que Norberto Garcia permaneceu em pé serviu como um teste a sua forma física, pois, antes de 29 de Setembro de 2018, dia que lhe foi coarctada a liberdade de circulação, corria frequentemente mais de 7 Km da Marginal de Luanda.

E o interrogatório prosseguiu.

«A UTIP recebeu algum projecto concluído?», questionou o juiz. O arguido esclareceu que o projecto foi abordado na fase em que os empresários e empreendedores nacionais estavam a negociar com os tailandeses da Centennial Energy Thailand, Company, enquanto aguardavam fundamentalmente a prova de fundo. Esta resultaria das diligências que a UIF estaria a realizar junto da sua congénere filipina e do Banco Central NG das Filipinas.

Neste contexto, Daniel Modesto instou-o a aclarar se estavam à espera da confirmação da prova de fundo, por que razão promoveram o encontro entre eles e os empresários nacional e os apresentaram publicamente como investidores. Aparentemente confiante, Norberto Garcia disse ser normal fazer as duas coisas em simultâneo, sendo que o anúncio público de que há financiamento é da responsabilidade do investidor. No caso em concreto, referia-se a responsabilidade assumida por Raveeroj Rithchoteanan diante da imprensa. Um acto que teve repercussões internacionais não pela assinatura do Acordo de Intenção em si, mas pelo montante em causa.

Daniel Modesto esfolhou um dos três volumes do processo que tinha sobre à mesa, à procura das duas cartas que a empresa Celeste de Brito, Lda enviara à UTIP, nos dias 9 e 10 de Janeiro de 2018, para fundamentar a questão a seguir: «A Celeste de Brito advertiu sobre a inconveniência de prosseguir com as negociações com a empresa Centennial [Energy Thailand, Company]?»

Era outra oportunidade que Norberto Garcia ansiava para aclarar a opinião pública nacional e internacional sobre os motivos que o levaram a não accionar os órgãos de investigação criminal, na época. Depois de ela ter sido presa, as referidas cartas vazaram nas redes sociais e foram partilhadas por milhares de usuários. Cada um fez o seu juízo de valor e, pelas evidências, os cometários da maioria não eram nada abonatório para a sua imagem. A primeira impressão que ficava a quem lesse o documento era de que ele agiu de má-fé, com a intenção de se apropriar de uma parte dos USD 50 mil milhões.

Norberto Garcia, antes de mais, pediu que lhe concedessem a possibilidade de explicar o conteúdo das cartas e as razões que o levaram a proceder de tal modo, tendo obtido parecer favorável.

«Na primeira carta a senhora Celeste de Brito dizia que pretendia continuar a trazer investidores ao país e que, para isso, queria que a sua empresa Celeste de Brito, Lda fosse registada na plataforma de investidores nacionais e estrangeiros da UTIP», frisou. O pedido foi aceite.

Ao falar sobre a segunda carta, datada de 10 de Janeiro de 2018, Norberto Garcia manteve-se telegráfico. Resumindo-a em três questões fundamentais: «1º, a mudança do código swift, 2º, que Raveeroj Rithchoteanan a tinha abandonado e juntado a "altas patentes e figuras do país" e, em 3º, ela reafirmou a sua confiança na UTIP e que esperava continuar a trabalhar com essa instituição para o sucesso dos seus projectos». Porém, acrescentou, quem tratou das duas cartas foi à sua directora-adjunta, Cláudia da Encarnação Pedro, por terem dado entrada na instituição num período em que se ausentava frequentemente do país, com o fito de acompanhar a sua mulher que se encontrava hospitalizada.

Apesar de existir diferença apenas de um dia, na data de emissão das duas cartas, a segunda recebeu o seu parecer. Assim que deu entrada nas suas instalações, a directora-adjunta da UTIP remeteu uma fotocópia ao seu superior hierárquico para que tomasse conhecimento do que se estava a passar, atendendo à gravidade da denúncia. Ele, por sua vez, exarou um despacho dando conta que o documento deveria ser encaminhado à equipa técnica para acusar a recepção e trabalhar com os acusados, os tailandeses.

Face a essa situação, a equipa técnica, coordenada por Sílvia Fernandes, chefe do departamento jurídico da UTIP, sugeriu-lhe que convinha salvaguardar as informações dos projectos dos angolanos que se encontravam em posse de Celeste de Brito. Tratava-se de 57 projectos empresariais que lhe haviam sido entregues para os enquadrar às normas internacionais que regulam esse tipo de parceria. Neste período, à UTIP chegara uma carta do BNI, dando conta de que estavam com dificuldades de confirmarem o código swift do cheque junto do Banco Central NG das Filipinas. Havia apenas possibilidade de comunicação via internet. O que não era suficiente para se fazer a prova de fundo que tanto queriam alcançar.

****

Mudando de assunto, o juiz instou Norberto Garcia a esclarecer por que razão não tentou conciliar Celeste de Brito e Raveeroj Ritchchoteanan. De forma lacónica, respondeu que «no investimento privado as partes funcionam como crianças: Brigam de manhã e de tarde já estão bem. Não é a primeira vez que ocorrem situações do género».

O juiz recorreu às declarações por ele prestadas na fase de instrução processual, na DNIAP, a fim de as comparar ao que acabara de ouvir. De seguida, confrontou-o com a seguinte frase: «por ter constatado que os investidores 'batiam a várias portas' e falavam sobre a UTIP, convidou Raveeroj Rithchoteanan para um encontro, durante o qual advertiu-o no sentido de evitar pronunciamentos indecorosos que pusessem em causa o processo que está a ser tratado, e que adoptasse uma postura correcta».

Após ouvir atentamente a leitura, Norberto Garcia confirmou que proferiu tais declarações. Esclareceu que o processo a que se referia era o de atribuição do CRIP. No seu ponto de vista, alguém informara Raveeroj Rithchoteanan que era possível obter tal registo antes de celebrar o acordo de investimento com o Titular do Poder Executivo, o que não condizia com a realidade. A recusa não agradou a Raveeroj Rithchoteanan, pois, fazia fé nas informações que recebera de que lhe podia ser atribuído tal certificação nas circunstâncias em que se encontrava. Insistiu por diversas vezes, mas acabou por ficar convencido de que não seria possível.

Norberto Garcia desabafou que foi muito pressionado para atribuir-lhe o CRIP, ao ponto de ter sido acusado de estar a atrasar o processo de investimento tailandês. Esse pormenor acabou por passar despercebido às instâncias dos juízes e dos procuradores. Não se sabe se foi de forma propositada, pois, não demonstraram interesse em saber quem o havia pressionado.

Daniel Modesto voltou a olhar para o processo que tinha sobre a mesa, desta vez com foco na relação que a UTIP mantinha com a UIF. «Consta ainda nos seus depoimentos que dirigiu uma carta à UIF...», comentou.

Com o tom de voz alto que lhe é característico, seguro de si, Norberto Garcia retorquiu que não foi apenas uma, mas três. Detalhou que no âmbito da articulação entre as instituições, caberia à UIF fazer a confirmação da prova de fundo de USD 50 mil milhões e verificar a autenticidade de todo o expediente que suporta o referido cheque.

O magistrado questionou-o se era habitual receberem um instrumento como prova da capacidade financeira do investidor, no valor de USD 50 mil milhões ou superior, Norberto Garcia respondeu que: «no mundo de negócio não se advinham valores, muito menos quem tem ou não dinheiro. Tem de se confirmar». Para aclarar por que razão essa quantia não lhe causou qualquer suspeita de que poderia se tratar de uma tentativa de burla, exemplificou que na altura em que foi exonerado, a 13 de Março de 2018, estava a tratar de um investimento estrangeiro de USD 150 mil milhões. «Nunca me passou pela cabeça que estaria aqui», desabafou, num aparente profundo desalento.

****

O pedido que Carlos Salumbongo fez ao Tribunal Supremo, no sentido de notificar o BNA a requerer junto do seu congénere das Filipinas uma avaliação sobre a autenticidade do cheque de USD 50 mil milhões e se tem cobertura foi atendido.

José de Lima Massano, governador do BNA, enviou ao juiz da causa, Domingos Mesquita, um ofício, a 19 de Fevereiro de 2019, acompanhando os documentos que receberam da sua congénere das Filipinas com a resposta à pergunta que milhares de angolanos esperavam ver respondida, desde que eles foram apresentados à imprensa, em Março de 2018. O conteúdo era devastador para Carlos Salumbongo e os seus constituintes. Atestam que o cheque e o certificado de autentificação que o acompanha são falsos. O Banco Central NG das Filipinas diz ainda, no documento enviado ao BNA, que a assinatura dos funcionários que aparecem em tais documentos são falsificações.

Nas fotocópias da carta do BNA distribuídas aos advogados existiam algumas letras que estavam invisíveis. José Carlos solicitou ao juiz que lhes disponibilizasse o original para que pudessem analisar com maior precisão. Domingos Mesquita anuiu ao pedido. No momento em que o oficial de diligência movimentava o processo, o meritíssimo explicou que a carta resulta das diligências feitas pelo BNA junto da Embaixada de Angola nas Filipinas, em Manila, e desta, por sua vez, ao banco central local.

Os advogados Evaristo Maneco, Carlos Salumbongo e José Carlos mostraram-se reticentes com relação ao documento. José Carlos defendeu que o mesmo enferma alguma insuficiência por não ter sido reconhecido pelo Ministério dos Negócios Estrangeiros do país emissor e pela Embaixada de Angola naquele país. Domingos

Mesquita informou que terão isso em conta no momento de valorar as provas constantes nos autos. Acrescentou que o banco Filipino fez chegar os referidos documentos à missão diplomática de Angola naquele país.

Evaristo Maneco, por seu turno, reforçou a necessidade de se avaliar a prova, invocando que o emissor da referida carta ao afirmar que as assinaturas constantes no certificado de autenticidade, de 24 de Fevereiro de 2018, são falsas, deveria apresentar um relatório de perícia que justifique. «É assim que acontece em todo o mundo, em situações do género, inclusive em Angola», fundamentou.

Já o advogado Carlos Salumbongo não atribuiu muita credibilidade aos referidos documentos pelos motivos acima mencionados. Esperava que o Banco Central NG das Filipinas enviasse uma carta rogatória e não essa. O procurador Adão Pedro, por seu turno, classificou-os como sendo "factos sagrados" sobre os quais a instrução prévia se guiou.

Domingos Mesquita pediu ao advogado Carlos Salumbongo para não banalizar o tribunal, tendo recordado que o processo é demasiado sério. Deu-lhe a recordar que foi ele quem requereu ao tribunal, na segunda sessão de julgamento, que usasse os meios necessários por carta rogatória ou outros meios, de modo a apurar junto do banco tailandês a autenticidade do cheque de USD 50 mil milhões e dos demais documentos. Esclareceu ainda que se tivesse de recorrer à carta rogatória, teria de enviá-la ao Tribunal Supremo das Filipinas para que averiguasse junto do banco central daquele país a validade dos documentos em causa.

Insatisfeito, Carlos Salumbongo desabafou que, no seu entender, esse seria o método ideal, uma vez que os bancos obedecem à regra de sigilo profissional que pode ser posto em causa em tribunal. Afirmou ainda que tem a certeza de que não foi o governador do Banco Central NG das Filipinas quem respondeu ao seu homólogo angolano, mas sim uma funcionária que não se identifica no referido documento.

"Então está a dizer que o documento do Banco [Central NG] das Filipinas é falso?", questionou o juiz, Domingos Mesquita, ao que o advogado dos tailandeses e de Celeste de Brito respondeu que não estava a dizer isso, mas sim que o documento não reúne os requisitos que comprovariam a sua autenticidade.

Evaristo Maneco, advogado de Norberto Garcia, acrescentou que o documento não é falso, mas sim inidóneo para produzir o efeito probatório que se pretende. O juiz deu por ultrapassado o assunto, manifestando que não haviam de ler o conteúdo da carta e que teria em conta o parecer de todos no momento de valorar as provas.

No dia 20 de Fevereiro de 2019, numa altura em que Norberto Garcia já havia sido interrogado em tribunal, o Plenário de Venerandos Juízes do Tribunal Constitucional reuniu para analisar o seu recurso extraordinário de inconstitucionalidade contra o acórdão proferido pelo Tribunal Supremo, na providência de *habeas corpus*.

Visto e ponderado, o Plenário acordou em negar provimento ao recurso. Já era indiferente para o solicitante. Assinaram o Acórdão nº 529/2019 os juízes Manuel Miguel da Costa Aragão (juiz-presidente), Américo Maria de Morais Garcia, Josefa Antónia dos Santos Neto, Júlia de Fátima Leite da Silva Ferreira, Maria da Conceição de Almeida Sango, Raul Carlos Vasques Araújo, Simão de Sousa Victor, Teresinha Lopes e o António Carlos Pinto Caetano de Sousa.

XXXVII

Francisca de Brito em confronto com Norberto Garcia

O interrogatório de Francisca de Brito, directora da UIF, tornara-se no mais aguardado, depois do interrogatório de Geraldo Sachipengo Nunda, entre as testemunhas e declarantes. Dela teria partido a jogada mal feita no "xadrez" de João Lourenço: o seu silêncio, num momento inoportuno. Tanto a instância do Ministério Público como a da defesa de Norberto Garcia haviam requerido a sua comparência no tribunal como testemunha.

Dias antes da data prevista para o seu interrogatório, Francisca de Brito enviou uma carta ao Tribunal, informando que não poderia estar presente por ter de se deslocar ao exterior do país em missão de serviço. Regressaria dias depois, a 29 de Março de 2019.

O juiz-presidente da causa, Domingos Mesquita, propôs às partes envolvidas no processo que deveriam ler e validar as declarações prestadas na DNIAP por Francisca de Brito durante a fase de instrução processual, para não suspender temporariamente as sessões de julgamento. A proposta foi aceite pelo representante do Ministério Público, Adão Pedro. Os defensores dos dez arguidos, com realce para Evaristo Maneco, advogado de Norberto Garcia, protestaram, considerando os seus depoimentos como sendo fundamentais para a descoberta da verdade material. Ante a contrariedade, Domingos Mesquita decretou intervalo de dez minutos para que Evaristo Maneco pudesse concertar com o seu constituinte e os demais advogados essa possibilidade. Norberto Garcia afirmou peremptoriamente aos causídicos que não abria mão dessa oportunidade.

O ex-director da UTIP sentia que tinha sido tramado pelos seus companheiros de trincheira partidária e colegas no Executivo, com a conivência da directora da UIF. Ela lhe garantira que não havia sido detectado nada de anormal com o cheque de USD 50 mil milhões, quando 12 dias antes tinha denunciado o contrário ao SIC e à PGR.

Francisca de Brito diz na carta que enviou ao director-geral do SIC, comissário-chefe Eugénio Alexandre, datada de 9 de Janeiro de 2018, que estava em curso uma operação suspeita de tratar-se de branqueamento de capital. Após ouvir a leitura do conteúdo da carta lida pelo seu advogado, Norberto Garcia disse que estava "muito triste" com a atitude da pessoa que dirigia a UIF, a instituição do Estado com competência para auferir autenticidade de documentos dessa natureza junto das suas congéneres. O seu desagrado devia-se ao facto de ter solicitado por três vezes à direcção da UIF, em Dezembro, Janeiro e Fevereiro, que fizesse a prova de fundo do cheque de USD 50 mil milhões e nunca obteve resposta.

Face ao que acabava de ouvir, Norberto Garcia concluiu tratar-se de má-fé por parte de Francisca de Brito. Era responsabilidade da UIF confirmar a autenticidade do cheque e se tinha cobertura: «Mesmo os bancos comerciais trabalham com a UIF para confirmar a existência ou não de fundos, de acordo com as regras de compliance», frisou. E explicou: «Se a UIF nos dissesse para avançar, avançaríamos, se dissesse para parar, pararíamos».

O juiz anuiu ao pedido. Só lhe restava aguardar pelo regresso de Francisca de Brito.

****

Segunda-feira, dia 1 de Abril de 2019. Dia Mundialmente conhecido como sendo das Mentiras, mas para Norberto Garcia representava o dia da verdade. Francisca de Brito compareceu à barra do tribunal às primeiras horas da manhã para contar a verdade sobre os factos que se desencadearam no processo-crime 001/18, conhecido por "Caso Burla à Tailandesa".

O juiz concedeu a Evaristo Maneco o "privilégio" de ser o primeiro a interrogar Francisca de Brito. Esta confirmou que recebera a primeira carta da UTIP datada de 23 de Janeiro de 2018 que, no entanto, deu entrada na sua instituição no dia seguinte. Confirmou também que um dia antes da assinatura do Acordo de Intenção para a Tramitação de Proposta de Investimento Privado, enviara um e-mail a Recardo de Abreu, secretário do Presidente da República para os

Assuntos Económicos, alertando-o a ter cuidado com este processo. O mesmo aconteceu com as duas cartas a que os autos fazem referência. Em função dos resultados que obteve das diligências efectuadas junto da sua congénere filipina, a UIF enviou duas cartas, à PGR e ao SIC, nos dias 9 e 21 de Fevereiro de 2018, dando a conhecer as suas suspeitas.

Esclareceu que não os denunciou, mas sim «disseminou informações sobre operações suspeitas de branqueamento de capitais», que estavam a ser levadas a cabo pelos tailandeses da Centennial Energy Thailand, Company. Não compete a UIF fazer participação criminal e muito menos informar a direcção da UTIP sobre as informações que estava sob estrito domínio dos três órgãos. Em seu intender, a UTIP pedira apenas um parecer e a sua instituição não tinha a obrigação de responder. Entretanto, poderia tê-lo feito eventualmente se compreendesse a natureza do parecer que lhe foi solicitado.

A seguir, foi a vez do advogado Sérgio Raimundo. Incrédulo com o que acabava de ouvir, perguntou-lhe por que razão não manifestou que necessitava de esclarecimentos sobre o tipo de parecer, se não entendeu que tipo de pedido era solicitado. A resposta acabou por surpreender ainda mais a instância de defesa: «Até aqui nada específico porque só pediram um parecer», disse ela, acrescentando que na carta compreendeu somente a frase «segundo as regras de compliance».

Desagradado, o causídico indagou-a sobre se a UIF respondeu ao tal pedido de parecer. Francisca de Brito voltou a emitir sinais de que não iria facilitar-lhes a defesa. Respondeu, «Até aí não, porque não tinha a informação».

Sérgio Raimundo estava decidido a vergá-la. Solicitou-a a esclarecer quais são as suas atribuições, enquanto directora da UIF, ao que ela respondeu, «receber, analisar e disseminar informações sobre operações suspeitas de branqueamento de capitais e financiamento ao terrorismo». Com base nesta asserção, o causídico pediu-lhe que esclarecesse, no âmbito das suas obrigações, se a UIF tinha ou não a obrigação de cooperar com as demais instituições do Estado, como a

UTIP. Ela respondeu que sim, que deve cooperar, não só com instituições públicas, mas também com as privadas. Mantendo a convicção de que o pedido de "parecer" difere de "pedido de informação", ela esclareceu que não partilhou com a UTIP a informação que um dia antes da assinatura do Acordo de Intenção forneceu a Ricardo de Abreu. A informação foi baseada na sua a experiência pessoal. Já depois de obter a confirmação da sua congénere filipina e de a partilhar com a PGR e o SIC, não o fez também com a UTIP por dois motivos: por não lhe ter sido solicitado e por não ser um órgão de aplicação da lei.

No que tange à mensagem telefónica com Norberto Garcia, na qual anunciou que "a resposta vinda da nossa congénere das Filipinas sobre o assunto por nós tratado [o fundo de 50 mil milhões de dólares] nada consta, continuamos à espera de outras respostas", o juiz Domingos Mesquita perguntou-lhe por que razão não informou Norberto Garcia que estava a decorrer uma investigação criminal sobre o caso, ao invés de dar-lhe esperança de que estava à espera da resposta da sua congénere filipina. Como se estivesse a sentir-se encurralada, respondeu, «a UIF dissemina suspeitas de branqueamento de capitais e financiamento ao terrorismo somente aos órgãos de aplicação da lei, a PGR e o SIC».

«Mesmo assim, a senhora não respondeu à minha questão. Então por que não prestou a informação à UTIP?», insistiu o juiz da causa, ao que a directora da UIF respondeu rebatendo na mesma tecla, reafirmando que não o fez por a UTIP não ser um órgão de aplicação da lei.

****

A pedido de Evaristo Maneco, o tribunal realizou uma acareação no mesmo instante entre a testemunha e o arguido Norberto Garcia. Os dois ficaram em pé de igualdade. O arguido esclareceu que a chamada telefónica que fez a Francisca de Brito, à saída da audiência que lhe fora concedida pelo Presidente da República, foi a primeira e a única. «Ligámos para a directora da UIF, que nunca nos respondeu e não nos disse em que pé estavam as duas cartas enviadas pela UTIP, a 24 de Janeiro de 2018 e a 5 de Fevereiro do mesmo ano, a solicitar informações, muito antes de ter sido chamado pelo Presidente da República, a 21 de Fevereiro. Só no dia seguinte, a 22 de Fevereiro, é que enviou a mensagem», detalhou o arguido.

Ora, foi por fazer fé na resposta dela e nas informações que recebera do BNI e do BNA que Norberto Garcia enviou o ofício ao Titular do Poder Executivo. Naquele momento, chocado e visivelmente emocionado, desabafou, «eu nunca iria mentir ao Presidente da República. Somente informei aquilo que me foi informado. Dói muito essa cabala. É triste!»

De seguida, passaram a palavra Francisca de Brito. Esta confirmou que só mantiveram uma conversa telefónica de voz. E esclareceu, «não confirmo ele ter dito que pretendia obter respostas sobre as duas cartas, mas sim, sobre a carta». Indagada se, além disso, se falou de mais alguma coisa, a directora da UIF rematou, «disse ao Norberto Garcia que devia levar esse caso mais a sério e ele respondeu que os angolanos são pobres e mal-agradecidos. Esta experiência já tinha sido levada a cabo nas Filipinas».

O juiz Domingos Mesquita interveio, recordando à testemunha da UIF que, nessa altura, ela era das poucas pessoas que já sabia que o caso não era sério, sugerindo nas entrelinhas, talvez, que ela devia ter dado o alerta à UTIP.

Revoltado, Norberto Garcia não se deteve, levantou a voz e clamou: «Se há pessoa que mais defende os angolanos sou eu. Mesmo no exterior do país. Essa senhora não tem moral. É uma mentirosa compulsiva». Em sua defesa, Francisca de Brito alertou aos juízes que estava a ser ofendida. Domingos Mesquita procurou acalma-los. Garantiu à testemunha que não precisava de temer, pois estava protegida.

A audiência terminou com a marcação das alegacões finais e a previsão da data para o anúncio do veredicto.

XXXVIII

«O tribunal acorda em nome do povo em...»

À semelhança do que aconteceu na primeira sessão de julgamento e no dia em que Norberto Garcia foi interrogado, o Palácio de Justiça voltou a ser o centro das atenções no dia 16 de Abril de 2019. Perto de uma centena de pessoas acorreram ao local, mas nem todos puderam entrar. Os jornalistas de diferentes órgãos que durante 89 dias cobriram as sessões sem poder gravar, filmar ou fotografar, já podiam usar os seus instrumentos de trabalho. A TPA alterou a sua programação diurna para transmitir a sessão em directo. A TV Zimbo fê-lo parcialmente, concedendo ao repórter de plantão a possibilidade de fazer apontamentos pontuais em directo. Algumas estações radiofónicas implementaram a mesma estratégia. Tudo porque as atenções da sociedade estavam viradas para a decisão que os venerandos tomaram em nome do povo angolano.

A hora em que usualmente inicia a sessão foi alterada das 9 para as 10horas, com a anuência dos advogados e procuradores. Entretanto, o som do martelo sinalizando a abertura suou somente às 11horas e 44 minutos. Os juízes inovaram. Antes de anunciarem as respostas aos quesitos e a sentença, optaram por proceder à leitura da douta acusação e da pronúncia. O que tornou a sessão mais angustiante para os dez arguidos. Ao fim de uma hora e meia de exaustiva leitura da acusação feita pelo procurador-geral adjunto da República, João de Freitas Coelho, e da pronúncia do juiz relator Joel Leonardo, o juiz-presidente da causa, Domingos Mesquita passou à leitura das respostas aos quesitos. Nestes também houve inovação. O trio de juízes optou por fundamentar as respostas, ao invés de se limitar a dizer se ficou ou não provado, como é da praxe. Talvez para fugir aos inflexíveis e exclusivos significados das respostas "provado" e "não provado", dando a entender que, neste caso, poderá haver algo de mais ou menos provado e outros mais ou menos não provados, o que não cabe numa decisão judicial.

Começou por explicar que o tribunal formou a sua convicção sobre os factos provados e não provados, depois de uma análise crítica e ponderada de todas as provas produzidas durante as 29 sessões, designadamente, as declarações dos arguidos, dos declarantes e das testemunhas, bem como os documentos juntados ao processo.

Concluíram que não existem provas testemunhais e documentais de que o cheque de USD 50 mil milhões seja verdadeiro. Embora entre os documentos constantes nos autos, existam dois alegadamente emitidos pelo Banco Central NG das Filipinas confirmando a validade do mesmo e a existência de fundo. Trata-se de uma carta que Raveeroj Ritchchoteanan enviou por e-mail ao director comercial do BNI, Edson Matoso, na qual dá a conhecer o código swift que serviria para se efectuar a transacção. O outro documento data de 24 de Fevereiro de 2018, três dias depois de eles terem sido presos. Uma carta supostamente proveniente do banco central filipino, confirmando a validade do cheque.

No entanto, os juízes atribuíram maior valor probatório aos documentos enviados pelo Banco Central NG das Filipinas directamente às autoridades angolanas. Entre os quais, está um ofício que enviou ao seu congénere angolano, no qual nega ter emitido, a 24 de Novembro de 2017, o cheque número 4518164, com o valor de USD 50 mil milhões, em nome da Centennial Energy Thailand, Company. Este documento foi protestado por Raveeroj Ritchchoteanan e Celeste de Brito. Questionaram a sua autenticidade. Em causa está o facto de o mesmo não ter sido assinado pelo governador do banco filipino, mas por uma funcionária que não especifica a função que exerce. Além de que o documento está todo informatizado, com excepção da data de emissão.

Os magistrados justificaram que conferiram maior credibilidade a este documento, em detrimento dos outros, em obediência a três princípios: de imediação da prova; de livre apreciação do julgador e da regra de experiência comum.

Domingos Mesquita, juiz-presidente da causa, explicou que, apesar de o documento que o Banco Central NG das Filipinas enviou a BNA não ter a força de documento autêntico, tem de ser aceite como bom. De acordo com as regras de experiência comum e a dignidade que essas instituições merecem por parte dos órgãos do Estado, sob pena de se inviabilizar as relações económicas nacionais e transnacionais bem como a recolha de provas em tempo útil.

O cheque de USD 99 mil milhões encontrado pelos peritos do SIC no quarto de Raveeroj Ritchchoteanan também foi levado em consideração. Embora a acusação e o despacho de pronúncia não fazerem menção que seria usado em Angola, serviu para sustentar a convicção dos julgadores. Outro elemento que pesou desfavoravelmente foi o facto que eles não terem cartões de crédito ou débito, nem dinheiro, no momento em que foram privados da liberdade, a 21 de Fevereiro de 2017, no hotel Epic Sana. Os efectivos do SIC apreenderam apenas em posse dos réus carimbos, selos, vinhetas entre outros meios geralmente usados para a falsificação de documentos.

Na eventualidade de o cheque ser autêntico e ter cobertura, os juízes questionam por que razão Raveeroj Ritchchoteanan não orientou o seu mandatário judicial a solicitar a transferência dos USD 50 mil milhões para a conta bancária da Centennial Energy Comércio e Prestação de Serviço, Lda, domiciliada no BNI, de modo a que fossem de imediato restituídos à liberdade. Havia outras questões que os juízes gostariam de ver respondidas, mas consideravam já não ter᾽ tempo: «Como se chega a um país pela primeira vez com o propósito de fazer um investimento privado, sem estar precavido com valores em cheque ou em cartões electrónicos para custear as suas necessidades básicas?»

A teoria de Raveeroj Ritchchoteanan, segundo a qual não pagou o alojamento e a alimentação da sua equipa porque os seus cartões de pagamento electrónico estavam com problemas, não faz sentido. No entender dos magistrados, os problemas com os cartões desta natureza podem ser resolvidos com o banco emissor através de um simples e-mail ou telefonema. Está claro que não tinham dinheiro.

Se o BNI fizesse a compensação do cheque, sem apurar atempadamente a sua autenticidade, eles poderiam financiar empresas fantasmas e transferir o dinheiro para o exterior, causando prejuízos tanto ao próprio banco comercial como ao sistema bancário angolano, tendo em conta a soma astronómica em causa. Provocaria um colapso económico que traria prejuízos ao Estado, uma vez que este lhes concederia vários benefícios como isenções fiscais.

Ficaram convencidos de que Raveeroj Ritchchoteanan, Manthita Pribwai, Manin Wanitchanon, Theera Buapeng e Celeste de Brito sabiam que o cheque era falso. Pretendiam prejudicar o Estado Angolano, porquanto, não tinham condições financeiras para o investimento que publicitavam. O mesmo não se pode dizer do general Arsénio e de Christian de Lemos, em relação a isso.

****

O envolvimento de André Roy, Norberto Garcia e Million Haile neste processo foi analisado à parte. Cada um deles, no seu lugar, torcia para que as conclusões lhes fossem favoráveis. Duas horas depois do início da sessão, André Roy foi o primeiro, dentre eles, a suspirar de alívio ao ouvir o juiz Domingos Mesquita anunciar «factos não provados», seguido do seu nome. Pesou a seu favor, o pedido de desculpas que recebeu de Raveeroj Ritchchoteanan, durante a instrução contraditória, pelos constrangimentos que lhe estava a causar. Estava provado que veio Angola convicto de que o investimento a que os tailandeses se predispunham realizar não estava eivado de actos ilícitos. Confiara na boa-fé deles.

Sobre Million Haile ficaram completamente esclarecidos que não cometeu os crimes de que foi acusado e pronunciado. Era vítima de um crime de burla por defraudação consumada, com um isco de USD 50 mil. Os actos que praticou, enquanto integrou a delegação tailandesa, não justificam a imputação dos crimes de «associação criminosa» e de «burla por defraudação na forma frustrada».

Norberto Garcia, enquanto director da UTIP, tinha poderes superiores ao de ministros (pelo facto de o seu cargo ser equivalente ao de secretário do Presidente da República), mas teve de aguardar cerca de 3 horas para ouvir as conclusões dos juízes a seu respeito. Estava convicto de que era inocente e de que os actos que praticou não configuram crime. Todavia, o sentimento que se apossara de si, dos seus familiares, amigos e antigos colaboradores na UTIP presentes no tribunal era de incerteza. Não era para menos. Estavam a viver um momento que nunca sequer imaginaram: vê-lo privado da liberdade e a responder em tribunal como arguido.

Em alguns deles, esse sentimento foi substituído pelo de alívio quando Domingos Mesquita anunciou que a sua intercedência na concessão de vistos e na constituição da empresa veículo (Centennial Energy Comércio e Prestação de Serviço, Lda) foi no âmbito das suas atribuições, enquanto director da UTIP. Tem respaldo legal no Regime Jurídico de Constituição, Organização, Funcionamento e Procedimentos da UTIP[81]. Reconheceram também que efectuou todas as diligências necessárias para confirmar a existência de fundo, baseando-se nos depoimentos dos declarantes Eusébio Sapalo e Flávia Furtado Gomes e da testemunha Sílvia Fernandes, ex-funcionários da

---

[81] Decreto Presidencial 185/15, de 2 de Outubro.

extinta UTIP. Os documentos que a equipa de Norberto Garcia enviou à UIF, ao BNA e ao BNI para o efeito, serviram de prova.

****

De seguida, o juiz passou para a fundamentação jurídica. Ficou provado que Manthita Pribwai, Manin Wanitchanon e Theera Buapeng participaram activamente, com Raveeroj Ritchchoteanan, no fabrico do cheque de USD 50 mil milhões. Tendo deste modo cometido o «crime de fabrico e falsificação de Títulos de Crédito».

O mesmo acontece com o «crime continuado de falsificação de documento» e uso de «documento falso na forma continuada». A falsificação materializou-se num único acto. Quanto à «forma continuada» nada se provou, em relação aos outros documentos. Os juízes consideraram que nestas circunstâncias se está diante de um «crime e meio» que, por lei, deve servir somente como factor de agravação da sanção. Fazendo o seu enquadramento na moldura penal do crime de burla, com o qual está em concurso aparente.

Com isso, somente os quatro tailandeses devem ser sancionados pelo «crime de burla por defraudação na forma frustrada».

Absolveram Celeste de Brito do crime de falsificação de documento. Porém, ficou provado que usou o ofício com a assinatura forjada do vice-Presidente da República. O mesmo ocorreu com o «crime de tráfico de influência» que incide sobre Celeste de Brito, Christian de Lemos, Norberto Garcia e o general Arsénio. Entretanto, a "Lei sobre a Criminalização das Infracções Subjacentes ao Branqueamento de Capitais"[82] é recente e não existe ainda doutrina nem jurisprudência que lhes permita aferir o sentido desse normativo.

A influência que o general Arsénio tentou exercer para que a UTIP atribuísse o CRIP a Raveeroj Ritchchoteanan foi classificada de ilícita e que devia ser punida.

Já Christian de Lemos, por ter solicitado ao PCA da então APIEX, Belarmino Van-Dúnem, e ao director do SME, Gil Famoso da Silva, que facilitassem o visto de trabalho dos tailandeses cometeu o crime de tráfico de influência.

Million Haile foi absolvido também do crime de exercício ilegal de funções públicas ou profissão titulada por não constar na acusação factos que comprovem que tenha praticado tal delito.

---

[82] Lei nº 2/14, de 10 de Fevereiro.

Quanto ao crime de promoção e auxílio à emigração ilegal, os juiz declararam que: «uma leitura da lei permite concluir, sem grandes considerações, atendendo à simplicidade do caso, que mal andou o digno magistrado do Ministério Público ao imputá-los aos réus. (…) No caso, os estrangeiros entraram regularmente com vistos concedidos pelo SME. Assim resta-nos apenas absolvê-los da prática desse crime».

O trio de Domingos Mesquita, Daniel Modesto e Aurélio Simba acordaram, em nome do povo angolano, julgar parcialmente provada e proceder à douta acusação do Ministério Público em: absolver André Roy, Million Haile e Norberto Garcia.

As pessoas que foram ao tribunal prestar solidariedade a Norberto Garcia e Million Haile não conseguiram conter os ânimos e desataram a bater palmas. O oficial de diligência teve de intervir, alertando que não podiam fazê-lo naquele instante.

Os familiares do general Arsénio e de Christian de Lemos suspiram de alívio ao ouvirem que acordaram em condená-los a penas de sete e seis meses de prisão por terem praticado o «crime de tráfico de influência» e foram absolvidos nos demais crimes.

Decidiram condenar Manthita Pribwai, Manin Wanitchanon e Theera Buapeng nas seguintes penas parcelares: de dois anos de prisão cada um, pelo «crime de associação criminosa»[83] e de dois anos de prisão pela «burla por defraudação na forma frustrada»[84]. Feito o cúmulo jurídico, fixaram em pena única de três anos de prisão maior.

Condenar Celeste de Brito a seis meses de prisão pelo crime de «associação criminosa». Todavia, fez-se a equivalência[85], fixando-a em quatro meses de prisão. Foi lhe aplicada ainda a sanção de seis meses de prisão pelo «crime de tráfico de influência». Fez-se, igualmente, a equivalência e fixaram em quatro meses de prisão.

Pela sua cumplicidade no «crime de burla por defraudação na forma frustrada» foi condenada a um ano de prisão. A mesma pena foi aplicada pelo «crime de uso de documentos falsos». Feito o cúmulo jurídico, fixaram em dois anos de prisão.

---

[83] Prevista e punível com base no artigo 8 º, nº 1, da Lei 3/14, de 10 de Fevereiro.

[84] Previsto e punível pelas disposições combinadas dos artigos 451.º, 10 º, 104 º número 1, com referência ao artigo 421º, nº 5 todos do Código Penal.

[85] Nos termos do artigo 98.º do Código Penal.

Raveeroj Ritchchoteanan, por ser o líder do grupo, foi-lhe aplicada a sanção mais pesada. Foi condenado a seis anos de prisão maior pelo crime de «associação criminosa» e de três anos de prisão maior pelo «crime de burla por defraudação na forma frustrada». Contudo, feito o cúmulo jurídico fixaram em sete anos e seis meses de prisão maior.

O juiz da causa Domingos Mesquita esclareceu que cada um deles terá de pagar 80 mil Kwanzas de taxa de justiça e ordenou que os condenados fossem recolhidos à cadeia.

****

No entanto, persistem as dúvidas sobre a autenticidade do cheque e se tem cobertura. Durante as alegações finais, no dia 8 de Abril de 2019, uma semana antes do anúncio da sentença, o advogado Carlos Salumbongo apresentou ao tribunal uma carta alegadamente proveniente do Banco Central NG das Filipinas que contraria as demais, classificadas de prova bastante. Nesta carta, enviada à defesa duas semanas antes, a pedido de Raveeroj Ritchchoteanan, o banco filipino diz que não foi contactado por nenhuma instituição angolana, garante que o cheque é autêntico e que existe o fundo de USD 50 mil milhões para investir em Angola. A tríade de venerandos juízes conselheiros do Tribunal Supremo desvalorizou essa informação. Não realizou diligências para apurar a veracidade da informação.

Todavia, o veredicto satisfez os advogados e os procuradores. À saída da audiência, Carlos Saumbongo anunciou à imprensa que o seu elenco haveria de analisar se recorreriam da decisão dentro do prazo de cinco dias úteis legalmente estabelecidos. O que não aconteceu.

O general Arsénio e o Christian de Lemos puderam regressar ao convívio dos seus familiares por se encontrarem há mais de um ano privados da liberdade. Celeste de Brito seguiu o mesmo caminho por já ter cumprido mais do que metade da pena, durante o tempo que aguardou pelo julgamento na cadeia.

Já Raveeroj Ritchchoteanan, Manthita Pribwai, Manin Wanitchanon e Theera Buapeng foram recolhidos na Cadeia Central de Viana para cumprirem as respectivas penas. Reafirmam que o cheque é verdadeiro e que o fundo existe.

Nomes sonantes

Rendemos aqui homenagem aos jornalistas que de 2000 até aos nossos dias passa(va)m várias horas nos tribunais, em condições adversas, imbuídos do espírito de formar e informar à sociedade sobre os julgamentos em curso, navegando nos meandros de um sistema de justiça apertadíssimo. São eles:

Mariano Brás: o Grande Repórter que inspir(a)ou dezenas de jovens da sua época, em cobertura de fórum criminal e judicial. Com ele tive o prazer de partilhar e concretizar o sonho de criar O Crime, um jornal exclusivamente dedicado a matérias de cariz criminal e judicial.

Liberato Furtado, Gabriel Veloso (Rádio Luanda), Olga Tancredo (Canal A da RNA), Deniz Kapapelo e João Feliciano (A Capital), Isabel João, Borralho Ngonda e Fernando Calueto (Novo Jornal), Norberto Abias Sateco, Leão Vital e Adão Tiago (TV Zimbo), Salgueiro Vicente (Rádio Eclésia), Mateus Gaspar e Wandi Manjogo (TPA), Coque Mukuta (Voz da América), Cândido Calombe, Gonçalves Vieira (Rádio Despertar), Nisa Mendes (Agência Lusa), André da Costa, João Dias, Yara Simão, Gabriel Bunga e Kilssia Ferreira (Jornal de Angola), Daniel Jamba e Pedro Cardoso (Angop).

Alguns dos jovens que dão cartas hoje fora do âmbito criminal e judicial: António Miguel, Romão Brandão, Conceição Culeca, Alberto Bambi, Rila Berta, Miguel Kitari, Augusto Nunes, Jorge Fernandes, Neusa Filipe, Milton Manaça, Edjail dos Santos, Elsa Alexandre, Sebastião Vemba, Jaquiline Saluvo, Laurinda Calças, Marcelina Gonçalves, Patrícia Oliveira, Nok Nogueira, Maria Teixeira, Álvaro Victória, António Paulo, Esperança Afrodite Zumba, Júlio Gomes, Esperança Gaspar, Tom Carlos (Tom Maior), Antónia Gonçalo, Daniel Miguel, Jacinto Figueiredo, Miguel Gilungua, Gaspar Micolo, Francisco Adão Miguel, Walter dos Reis, Walter Cristóvão, Pelágio Neyamba, Lito Canhangulo, Nelson Rodrigues, Carlos Augusto, Félix Abias, Pedro Nicodemos, Martins Chambassuco, Gisela Silva, Paulo Duda, Ernesto Gouveia, Albano Capitango, Teodoro Albano, Emílio José, Manuel Vieira, João Pinto, Wilson Troco, Otanásio Matias, Alcino David, Constantino Eduardo Chivela, João Marcos, Zacarias

Capoco, Cabingano Manuel, Suzana Mendes, Ireneu Mujoco, André Mussamo, Eduardo Gito, Aurélio Janeiro Soi, Fidel Francisco, Adérito Gayeta, Victoria Quintas, Arnaldo Sapele, Gil Lupassa, Marcial Domingos, Celeste Fonseca, Marcelino Serrote, Salesiano Pereira, Adolfo Adão, Vladimiro Dias, Hamilton Viage, Manuel Lutomatala, Sebastião Félix, Mário Silva, Mariano Quissola, Stela Cambamba, Carlos Capitango, Mateus Cavumbo, entre outros.

E, como não podia deixar de ser, os profissionais que se dedica(ra)m a formar a geração acima mencionada: Aguiar dos Santos, António Freitas (in memória. Meus eternos mestres), João Van-Dúnem, Américo Gonçalves (in memória), Mário Paiva, Amílcar Xavier, Graça Campos, Willian Tonet, Silva Candembo, Severino Carlos, Reginaldo Silva, Salas Neto, Rafael Marques de Morais, Ilídio Manuel, Victor Silva, Gustavo Costa, José Miereles, Teixeira Cândido, Maria Luísa Rogério, Caetano Júnior, Osvaldo Gonçalves, Zé Manuel, Eugénio Mateus, Tandala Francisco, Dani Costa e José Kaliengue (os dois últimos meus mestres).

O autor

Paulo Sérgio Baptista dos Santos, nasceu no Rangel, um dos bairros periféricos de Luanda, em 1983. É jornalista de profissão há mais de uma década. Iniciou a carreia profissional na empresa de Comunicação e Marketing Elo-Comunicação. Tendo mas tarde ingressado no Semanário Agora, onde trabalhou cerca de quatro anos como repórter e editor de Sociedade. Trabalhou ainda como repórter e Chefe de Redacção da extinta revista de Economia, Sociedade e Cultura Xietu Angola.

Desde 2 de Outubro de 2008 que faz parte do quadro de funcionário do jornal OPAÍS. Entrou como repórter de política, tendo mais tarde se transferido para a editoria de Sociedade. Em Dezembro de 2015 foi nomeado sub-editor de Sociedade, em Janeiro de 2018 editor de Sociedade e, em Julho de 2019, Chefe de Redacção Adjunto. É co-criador do primeiro órgão de comunicação social angolano especializado em matéria de fórum criminal e judicial em Angola, designado jornal O Crime.

É licenciado em Relações Internacionais pelo Instituto Superior de Ciências Sociais e de Relações Internacionais (CIS) e formado em jornalismo pelo Instituto Médio de Economia de Luanda (IMEL). Premiado como jornalista mais destacado do jornal OPAÍS.

Opiniões sobre o livro

"Neste livro, o autor dá ao leitor, uma visão concreta da «Burla a Tailandesa", neste caso, muito além do processo, como descreve o título. Paulo Sérgio revela-nos um esquema orquestrado no exterior do país com um gancho de cinquenta mil milhões de dólares. Uma linda história para qualquer um dos apaixonados da leitura contemporânea".

Coque Mukuta, jornalista, professor e comissário e secretário da Comissão da Carteira e Ética dos Jornalistas Angolanos.

"Paulo Sérgio traz uma narrativa inovadora. Entrou e saiu no submundo da Burla Tailandesa, registou factos, fez anotações, encontros ultrassecretos, conversas e mensagens encriptadas. Revela a apetência diabólica, amor incondicional e feroz pelo dinheiro fácil. E, mais, a nudez do tecido empresarial angolano".

Domingos Chipilica Eduardo, jurista.

O livro "Burla Tailandesa" é, inicialmente, uma obra histórica para a realidade angolana, visto que é a primeira obra do género no país. É um livro repleto de subsídios, que ajuda a compreender como funcionava o sistema de negócio e o tráfico de influência em Angola. É importante sublinhar, por outro lado, que o autor de "Burla Tailandesa", como jornalista, é um dos mais detalhistas, criteriosos e responsáveis. Porém, tal habilidade também pode ser percebida neste novo caminho como autor.

Mariano Brás, jornalista

Este livro pode ser muito útil para os futuros homens de negócios e empresários que tenham interesse em investir no mercado angolano, pois o mesmo aborda como funciona o investimento estrangeiro no país tal como as suas principais barreiras. Espero que tenham uma boa viagem assim como eu tive. Paulo, obrigado por nos teres presenteados com a tua obra, espero que seja a primeira de muitas.

Vladimiro da Silva, gestor e especialista em Relações Internacionais

Na sua narrativa textual, o autor dá-nos a conhecer os meandros de um dos julgamentos mais mediáticos de que até se tem memória em Angola. Também, pudera, foi um caso inédito! Evidencia-se um faro investigativo bastante apurado, de tal sorte que, quem lê, fique com a impressão de que o autor terá integrado a equipa 'engenheiros', entre angolanos e tailandeses, que teria levado o Estado Angolano à 'Burla (à) Tailandesa'

Constantino Eduardo, jornalista

NIMBA
EDIÇÕES

NIMBA
EDIÇÕES

TÍTULOS DISPONÍVEIS